OURS ET OURSONS

TOME PREMIER

PARIS. — DE SOYE ET BOUCHET, IMPRIMEURS, 2, PLACE DU PANTHÉON.

THÉATRE DE LELION-DAMIENS

OURS ET OURSONS

PARIS
N. TRESSE, ÉDITEUR
PALAIS-ROYAL, GALERIE DE CHARTRES, 2 ET 3

1861

ENVOI.

—

Cette publication n'est destinée qu'à un petit nombre de lecteurs, peu d'exemplaires arriveront au public ; aussi nous espérons qu'on ne la prendra pas, contre nos intentions, pour une protestation à l'adresse des directeurs de théâtre.

L'auteur n'est plus assez jeune, il n'a jamais été assez mécontent de son lot, ici-bas, pour se donner le ridicule de prendre rang parmi les incompris. Il sait trop bien à quelles conditions s'obtiennent les honneurs de l'affiche.

Comme il lui a plu de choisir son milieu en dehors du mouvement dramatique ; comme il n'a pas osé, pour la sécurité des siens, demander à la littérature l'*aurea mediocritas* qui les fait heureux ; comme, à tort ou à raison, il s'est tenu à l'écart des occasions ; il est tout naturel que les occasions ne soient pas venues le trouver.

Ce n'est point dédain des juges, ce n'est point sotte estime de son propre mérite ; mais seulement amour du repos, paresse, si l'on veut.

Nul n'ignore quelles tribulations incessantes s'attirent ceux-là qui tentent, quand même, d'arriver à la rampe.—Pour si peu que ce soit, en dehors du travail que demande l'œuvre, il leur faut, sinon l'intrigue, au moins la ténacité.

Les directeurs, sans qu'on puisse songer à leur en faire un reproche, penchent nécessairement du côté de leurs amitiés, de leurs relations.—Ils n'ont d'ailleurs que l'embarras du choix. L'activité de nos heureux confrères ne laisse guère les théâtres au dépourvu et l'on prétend que les cartons y regorgent de chefs-d'œuvre.

Quelles chances de bon accueil auraient pu avoir, auprès des intéressés, les ouvrages d'un homme étranger dans leur monde et dont bien peu ont reçu les compliments.

Il n'y a pas là d'illusions possibles : à moins d'un miracle, quand on a sous la main tant de gens prêts à travailler sur commande; gens expérimentés, gens éprouvés, poinçonnés, dont on a pu mesurer le fort et le faible, qu'on voit tous les jours, avec lesquels on a, depuis longtemps déjà, des relations d'habitude ou d'intimité; — relations qui remontent souvent jusqu'aux jours de la vache enragée; — comment se résigner à la fastidieuse corvée de lire, à bonne intention, les inventions d'un quidam, dramaturgeant quelque part, parce qu'il a plaisir à dramaturger?

Donc il est bien entendu que nous ne récriminons point, que c'est notre faute si la plupart de nos pièces n'ont pas été représentées; notre faute encore, si quelques-unes ont été refusées.

Nous avons entendu prononcer un jour notre condamnation : condamnation méritée, il nous faut en convenir: «*On ne le voit nulle part.*» C'était vrai, rien à répliquer à cela.

C'est, hélas! encore vrai, et nous n'en ferons pas notre acte de contrition, parce que ne nous sentant point d'humeur aux démarches indéfiniment répétées, aux sollicitations importunes, il nous convient mieux de rester paisiblement aux devoirs que nous nous sommes choisis.

En ce cas, pourquoi publier?

Parce que nous composons........

Parce que nous avons, Dieu merci, quelques bons amis à qu il serait malséant d'imposer l'obligation d'ouïr nos lectures, quand ils viennent jaser à notre foyer.

Parce qu'il en est d'autres, amis inconnus, à qui nous souhaitons prouver notre gratitude, pour l'accueil fait par eux à nos précédents ouvrages, et particulièrement au *Bréviaire des Comédiens*.

Nous nous complairions à voir se confirmer, dans leur esprit, la bonne opinion qu'ils ont daigné émettre sur le nôtre.

Enfin, et nous avouons ici notre faible, il nous semblerait doux d'être, encore une fois, classé parmi les honnêtes gens, pour qui le culte des arts est chose sérieuse et quasi sainte.

L. D.

UNE AME EN PEINE

COMÉDIE

EN TROIS ACTES ET EN PROSE

A LA MÉMOIRE

DE

EMMANUEL **LUGERS**, LIEUTENANT DU GÉNIE;

AU CAPITAINE LOUIS **LUGERS**

(ARMÉE BELGE).

> Multis ille bonis flebilis, occidit....
> Durum; sed levius fit patientia,
> Quidquid corrigere est nefas.
> (HORACE.)

PERSONNAGES

Gérard CORBIER, 34 ans.
Louis CORBIER, 22 ans.
Antoinette DUVAL, 20 ans.
Raoul DE KARNY, 25 ans.
Machabeus JAFFA, 35 ans.
Mᵐᵉ Anaïs DES ORMES, 28 ans.
Ursule MARTEAU, 50 ans.
JOLLINET.

L'action se passe vers 18..; au 1ᵉʳ et au 2ᵉ acte, chez Gérard Corbier; au 3ᵉ acte, deux ans après, chez Louis Corbier.

UNE AME EN PEINE

ACTE PREMIER.

Chez Gérard Corbier. — Un cabinet-bureau. Mobilier simple. — Au fond trois portes : La porte d'entrée au milieu ; une autre à gauche, conduisant à l'imprimerie ; à droite, celle conduisant aux appartements. — Vers le milieu, à gauche, une cheminée ; auprès, le bureau de Gérard couvert de papiers, de livres, de brochures, etc. etc. — En face, à droite, sous les fenêtres, la table de travail d'Antoinette.

SCÈNE PREMIÈRE.

GÉRARD, — RAOUL, — ANTOINETTE.

Au lever du rideau, Gérard, assis à son bureau, corrige des épreuves ; — Raoul debout derrière lui le regarde faire ; — Antoinette raccommode de la dentelle.

RAOUL.

Cette œuvre-ci n'est point destinée aux cabinets de lecture, mais aux boudoirs ; soignez le tirage, monsieur Gérard.

GÉRARD.

Les premières feuilles ne laissent rien à désirer, ce me semble?

RAOUL.

Le prote est-il à l'Imprimerie? J'ai quelques renseignements à lui donner.

GÉRARD continuant son travail.

Voyez-le et préparez-nous de la copie.

RAOUL.

Déjà!...

GÉRARD.

Pour demain.

RAOUL.

Je tâcherai. — Mais, mon cher imprimeur, si j'écris

lentement, c'est pour arriver à bien écrire. — Fi! des brosseurs! — L'art se meurt, il serait mort tout-à-fait avant peu, si quelques hommes sérieux et du meilleur monde ne daignaient y consacrer leurs loisirs. — Demain, c'est bien tôt.

GÉRARD.

Comme il vous plaira.

RAOUL.

Malheur à qui se hâte imprudemment! — Un roman, mon cher, ne doit pas s'écrire en galimatias de journal. — N'est-ce point votre avis, Mademoiselle, à vous qui faites lentement de si jolies choses?

ANTOINETTE.

Oh! moi, Monsieur, je ne fais pas d'art. — Raccommoder des dentelles, cela n'a rien qui ressemble à la prose d'un roman. — D'une jolie chose, comme vous dites, à ce qu'on nomme les œuvres de Monsieur tel ou tel, il y a trop loin pour que j'aie un avis.

RAOUL, se rapprochant d'Antoinette.

Ce qui n'empêche pas que vous en ayez un.

ANTOINETTE sans lever les yeux.

Celui de tout le monde, sans doute : C'est qu'il est sage d'être riche pour oser écrire et que, probablement, vous n'écririez point, si vous n'étiez du meilleur monde.

RAOUL.

Un grain de malice, Mademoiselle, — cela vous sied comme un grain de beauté. — Eh bien! Vous vous trompez; — j'aime les arts pour les arts; mais, alors même qu'il m'en faudrait vivre, je les aimerais encore, et autant que les aime votre frère Louis. — Où donc est-il, ce matin, notre Juvénal?

GÉRARD.

Nous l'attendons...

ANTOINETTE.

Il ne peut tarder à rentrer.

RAOUL.

S'il arrive, priez-le de m'attendre. — Je ne serai qu'un instant à l'imprimerie. (Il sort par la gauche, au fond.)

SCÈNE II.
GÉRARD, — ANTOINETTE.

GÉRARD se levant.

Le fat!... Que je voudrais pouvoir fermer ma porte à ces Olibrius et ne jamais lever une lettre pour eux!...

ANTOINETTE.

Est-ce bon, ce qu'il écrit?

GÉRARD.

Hélas! oui... et très-bon, souvent; — ce qui m'étonne, — Monsieur Raoul de Karny n'étant qu'un sot gonflé de banalités, pour qui le juge à l'entendre.

ANTOINETTE.

On prétend qu'il achète ses œuvres en manuscrit.

GÉRARD.

Si ce n'est vrai, c'est au moins vraisemblable. — Et... qui prétend cela?

ANTOINETTE se levant.

Louis nous l'a dit, ici, dans un de ses mauvais jours.

GÉRARD.

Qu'appelez-vous les mauvais jours de Louis?

ANTOINETTE.

Ceux où il raille.

GÉRARD.

Savez-vous ce qu'il fait ce matin?

ANTOINETTE.

Je l'ignore.

GÉRARD.

Toujours des absences et de longues absences. — Louis s'est engagé dans une mauvaise voie; il s'y perdra.

ANTOINETTE.

Il a trop de cœur.

GÉRARD.

Il a vingt ans et de dangereux besoins de luxe.

ANTOINETTE.

Il nous aime tant, Gérard!

GÉRARD.

Il aime plus encore ce qui brille, ce qui éblouit, ce qui aveugle...; mes conseils n'y ont rien fait.

ANTOINETTE.

Vous les multipliez.

GÉRARD.

Vos caresses, petite sœur, n'ont pas mieux réussi; c'est peut-être que vous ne les lui épargnez pas.

ANTOINETTE.

Fais-je mal, mon frère, en cherchant à guérir cette âme blessée?

GÉRARD.

Non, non, ma chère Antoinette, la mission des femmes ici-bas, c'est la consolation quotidienne, en attendant l'occasion des sacrifices. — Accomplissez votre mission. — Pourquoi la mienne a-t-elle des nécessités plus rudes?

ANTOINETTE.

Vous vous exagérez le danger, comme le devoir.

GÉRARD.

C'est que je suis le chef de la famille. — J'ai reçu le testament de notre père : le travail, le travail encore, le travail toujours. — Aussi, ai-je une profession honorée. — Vous avez la vôtre, Antoinette; — Louis se refuse à nous suivre; nous marchons trop loin des aventures et trop droit. Il se jette en pleine bohême. — C'est leur langue que je parle. — Il veut être auteur dramatique, homme de lettres..., comme on est forgeron : — c'est-à-dire, qu'après tant d'autres, il fera de sa plume, — noble instrument du plus noble des arts! — le misérable outil d'un métier. — Et quel métier! rabillage de vieilleries, repiquage de paradoxes, trous à la probité! — La loi punit tout marchand qui trompe sur la qualité de la chose vendue, le mépris public doit frapper tout écrivain qui falsifie la vérité et fraude la morale. — Honte aux censeurs qui exaltent la tempérance et chantent la pudeur, au lendemain d'une orgie, où les courtisanes ont versé les vins et battu les cartes!

ANTOINETTE.

Oh! mon frère!

GÉRARD.

Pardon! j'oublie les respects auxquels a droit la délicatesse de votre âme; je deviens maladroit, brutal, injuste, peut-être.

ANTOINETTE.

Injuste seulement, Gérard ; — qui vous a dit que Louis n'est point sincère dans les choses qu'il écrit?

GÉRARD.

Les habitudes qu'il prend. — Quiconque se pose en redresseur de torts et se fait, à tout propos, le champion du bien, doit commencer par se traiter sévèrement. Une grande pureté de mœurs donne seule le droit de s'attaquer aux vices des autres. Et encore, la tâche est triste ; mauvais moyen que la satire ; mauvaise arme que le pamphlet !...

SCÈNE III.

GÉRARD, — URSULE, — ANTOINETTE,
puis Mme DES ORMES.

URSULE.

Une dame est là pour vous, Mademoiselle.

GÉRARD.

Laissons cela, ma bonne et douce petite sœur. — Aimez Louis comme il vous plaira ; croyez seulement à la sincère affection que vous porte, à tous deux, Gérard le grondeur.

Mme ANAÏS DES ORMES saluant ; elle entre précédée
de dame Ursule.

Monsieur Gérard Corbier ?

GÉRARD, de même.

C'est moi, Madame, — votre serviteur.

Mme ANAÏS, de même.

Mademoiselle Antoinette Corbier ?

ANTOINETTE, de même.

C'est moi, Madame, — votre servante.

Mme ANAÏS.

Chère belle, on m'a vanté votre talent ; voici quelques dentelles en fort mauvais état.

URSULE, prenant les dentelles.

Le fait est qu'elles sont fatiguées.

Mme ANAÏS.

Ce sont des souvenirs ; j'y tiens beaucoup. Vous me ferez

de cela ce que c'était, il y a cent ans..., des merveilles; et je serai votre obligée. (Gérard a repris son travail au bureau.)

ANTOINETTE, les dentelles à la main.

En effet, Madame, voilà de très-belles choses, mais le temps les a maltraitées jusques-là que j'ignore si je parviendrai à réparer ses méfaits.

Mme ANAÏS.

Essayez, je vous en conjure, charmante fée, vous réussirez. — Le prix que vous mettrez à vos efforts ne m'arrêtera pas.

ANTOINETTE, posant les dentelles sur la table.

Oh! Madame, mes efforts sont pour tous au même prix. — Vous aurez à payer les journées que je consacrerai à ce travail.

URSULE, bas à Antoinette.

Vous perdez l'occasion d'un beau bénéfice. — Est-ce qu'on dit ces choses-là aux gens riches qui ont des caprices?

ANTOINETTE, de même.

Ma chère Ursule, on dit la vérité aux riches comme aux pauvres, par respect pour soi-même.

SCÈNE IV.

GÉRARD, à son bureau. — RAOUL, — URSULE, — ANTOINETTE, — ANAÏS.

Mme ANAÏS.

Monsieur de Karny!

RAOUL, saluant.

Madame!

Mme ANAÏS, de même.

Vous voyez que j'ai profité de vos renseignements, Monsieur de Karny; je confie mes trésors de famille aux habiles mains que vous m'avez révélées.

RAOUL.

Ils vous seront rendus plus magnifiques encore qu'au temps où les portait votre aïeule.

Mme ANAÏS.

Oh! Je le crois.

ACTE I, SCÈNE IV.

RAOUL.

Mademoiselle a un goût exquis et travaille en artiste.

GÉRARD.

Merci, Monsieur de Karny, d'avoir pensé à ma sœur.

Mme ANAÏS.

Ceci n'est qu'un échantillon, je veux tout faire réparer, et beaucoup de ces antiquités sont en mauvais état.

URSULE, à part.

Voilà du travail, et pour longtemps. — Ce Monsieur de Karny a du bon.

RAOUL, à Mme Anaïs.

Les dentelles sont un prétexte : qui cherchez-vous ici ?

Mme ANAÏS prenant le travail d'Antoinette.

Vous permettez, chère enfant ? — Voyez-donc le ravissant dessin, Monsieur de Karny. (Bas.) Louis, je ne l'ai pas vu depuis huit jours.

RAOUL, bas.

Quoi ! votre élève déserte !

Mme ANAÏS, de même.

Où en sont vos amours ?

RAOUL, de même.

A peine à leur aurore ; — la petite fille semble ne pas s'apercevoir de mes galanteries.

Mme ANAÏS, de même.

C'est que vous êtes un niais.

RAOUL, de même.

Madame !

Mme ANAÏS, de même.

Ou mieux, un fat. — Faites-vous humble, Monsieur Raoul de Karny, et pauvre au besoin.

RAOUL, de même.

Pauvre ! je n'y aurais pas pensé !

Mme ANAÏS, de même.

Vous ne pensez à rien de ce qui serait à propos. (Elle rend le travail d'Antoinette, qui le remet en place.)

SCÈNE V.

GÉRARD à son bureau, JAFFA, — LOUIS, — RAOUL, — ANTOINETTE, — URSULE.

ANTOINETTE.
Voici mon frère.

URSULE, à part.
Et son Monsieur Jaffa, — que je déteste, ce marchand de toutes sortes de choses.

LOUIS, un bouquet à la main.
Bonjour, Gérard, bonjour, Raoul. (A part avec étonnement.) Madame des Ormes! (Haut en saluant.) Madame...

ANTOINETTE.
Tu t'es fait bien attendre, Louis!

LOUIS.
Malgré moi. — Quelques affaires.

ANTOINETTE.
Terminées?

LOUIS.
Terminées.

Mme ANAÏS, à part.
Il ne veut pas me reconnaître ici, j'aime autant cela. A Raoul. Renouez la conversation.

RAOUL.
Vous devenez rare pour vos amis, Louis; — si vos succès doivent vous rendre sauvage à ce point, nous en serons bientôt à nous désoler de vos succès.

GÉRARD.
De quels succès parlez-vous?

RAOUL.
Comment! vous ignorez... vous, son frère! Vous n'avez pas battu des mains, en même temps que tout Paris, à la dernière œuvre du poëte.

LOUIS, il pose le bouquet sur la cheminée.
Raoul, assez!

ANTOINETTE.
Non pas, Monsieur de Karny, dites je vous prie, tout ce

que vous savez, pour le punir de sa dissimulation envers nous.

LOUIS.

La chose a si peu d'importance!

RAOUL.

Si peu d'importance! Une satire magnifique qui a paru il y a trois jours; — qu'on sait déjà par cœur, amis et ennemis, et qu'on récite dans tous les salons.

GÉRARD.

Encore une satire! et contre qui?

RAOUL.

Contre les convertis d'hier à l'adoration du budget; contre les soudaines lumières qui se font dans certaines consciences.

LOUIS.

Une boutade.

RAOUL.

Une page de maître!

ANTOINETTE.

Et l'on admire, Monsieur?

RAOUL.

Si l'on admire! Mademoiselle; jamais triomphe ne fut plus complet.

URSULE, bas à Antoinette.

Notre Louis nous fera honneur à tous. Ce Monsieur de de Karny n'est pas si sot que je l'avais cru d'abord.

Mme ANAÏS.

Permettez que je vous félicite à mon tour, Monsieur. — Je vous demande pardon d'être encore au nombre de ceux qui ne connaissent point votre œuvre; — mais je la lirai ce soir. — Monsieur de Karny, je compte sur vous pour me la procurer. — Je compte également sur vous pour m'amener l'auteur, s'il daigne accepter l'invitation que j'ai plaisir à lui faire.

LOUIS, bas.

Excuserez-vous, Madame, l'inconvenance de ma conduite?

Mme ANAÏS, de même.

Vous voyez bien que je suis disposée à l'oubli. (Haut.) Vous trouverez chez moi, Monsieur Corbier, quelques-uns de vos confrères. — Ils seront heureux de l'honneur que vous nous ferez.

LOUIS, de même.

De grâce, madame! — Votre ironie me fait perdre la tête.

Mme ANAÏS, de même.

Vous n'êtes qu'un enfant, mon cher poëte. (Haut) Je reçois demain, — m'autorisez-vous à vous annoncer, Messieurs?

RAOUL.

Certainement, Madame, Louis et moi nous acceptons.

Mme ANAÏS.

Merci, Monsieur Corbier; — vous serez indulgents pour mon empressement, Messieurs; pareilles bonnes fortunes sont rares, et l'on a hâte d'en jouir.

URSULE, à Antoinette.

Elle est très-comme il faut, cette dame.

ANTOINETTE, à Ursule.

Elle regarde singulièrement Louis, et Louis semble souffrir. (Louis reprend le bouquet déposé sur la cheminée.)

URSULE.

Louis est embarrassé, voilà tout; — on le serait à moins. — C'est tout-à-fait grand monde, ce que dit cette dame.

Mme ANAÏS.

Si Monsieur Gérard Corbier daignait accompagner son frère et nous amener cette charmante enfant, notre plaisir serait doublé.

GÉRARD, se levant.

Oh! moi, Madame, j'ai là des ouvriers qui réclament, à tout moment, ma présence. — Vous le voyez, même au risque de passer pour impoli, j'ai dû continuer ce travail pendant votre visite; vous aurez donc la bonté de m'excuser. Avec une légère ironie. Quant à Antoinette, elle n'a point encore fait son entrée dans le monde. — J'attends, pour l'y présenter, qu'elle ait gagné sa dot.

Mme ANAÏS.

Sa dot! — Vingt ans, la grâce, la beauté, l'esprit et toutes les perfections du cœur; à quoi bon une dot avec cela? A Louis — Oh! les jolies fleurs! — Mais vous les fanez, monsieur, vous les maltraitez, comme si les pauvrettes étaient coupables de notre importunité. Il n'y a que les artistes pour découvrir ces raretés dans une pareille saison. J'en ai fait chercher ce matin inutilement chez tous les marchands ; on ne m'a apporté qu'un bouquet des halles. (Bas.) Regardez la jeune fille, Raoul.

LOUIS.

Si celui-ci peut vous être agréable, Madame, je réclame l'honneur de vous l'offrir.

RAOUL, bas à Anaïs.

Elle a rougi.

Mme ANAÏS, bas.

De jalousie, peut-être. Haut Non, monsieur, non, ou plutôt, oui : j'accepte, mais pour restituer ces papillons endormis à qui vous les destiniez certainement. Les fleurs aiment la lumière ; elles vivront double au rayonnement de votre beauté, ma chère enfant. Je suis d'ailleurs trop bien partagée déjà. — J'emporte votre promesse, Monsieur Louis ; vous la lui rappellerez à l'occasion, Mademoiselle, je vous en prie. — Votre bras, Monsieur de Karny, s'il vous plaît. — Au revoir, monsieur Gérard Corbier. — Adieu, Jaffa, vous n'avez rien dit. (Elle remonte la scène au bras de Raoul.)

JAFFA.

Je vous admirais, Madame.

Mme ANAÏS.

Ah ! vous avez quelque chose à me vendre ?

JAFFA.

Tout ce qui vous plaira, Madame.

Mme ANAÏS.

Un collier ?

JAFFA.

J'en ai un de reine, et les pendants d'oreilles. — Des émeraudes.

Mme ANAÏS.

Apportez-moi cela demain. (Raoul et Anaïs sortent.)

SCÈNE VI

GÉRARD, — LOUIS, — JAFFA, — URSULE, — ANTOINETTE.

GÉRARD.

Jaffa, vous connaissez Madame des Ormes?

JAFFA.

C'est une de mes bonnes clientes.

URSULE.

Une femme très-comme il faut.

ANTOINETTE.

Passablement coquette.

JAFFA.

Très-belle, beaucoup d'esprit et un goût parfait. — Elle aime fort les jeunes gens, les recherche, les aide de ses amis et de ses conseils. Elle en a déjà produit plusieurs qui, sans elle, seraient restés dans la foule, en dépit de leur mérite. — Elle vous sera utile, Louis, si vous consentez à lui faire votre cour. — Elle aime les choses de luxe, et vous procurera d'excellentes affaires, Mademoiselle, si vous daignez vous laisser protéger par elle.

URSULE.

C'est aussi mon avis, Mademoiselle, mais il faut retenir votre langue et ne pas tant faire la désintéressée. Si vous aviez parlé autrement, ce travail, qu'elle vous a confié, aurait grossi raisonnablement votre épargne. Vous en auriez eu, un peu plus tôt, la montre que vous désirez.

JAFFA.

Vous désirez une montre? — Dame Ursule, je vous remercie de cette indiscrétion. J'en ai sur moi quelques-unes, toutes fort jolies. (Il tire plusieurs montres de ses poches.)

URSULE.

C'est un magasin que cet homme-là.

LOUIS.

Prends garde, ma sœur, Jaffa va te voler.

JAFFA.

Voilà qui est digne de vous. Examinez-moi cela, je vous prie.

ACTE I, SCÈNE VI.

URSULE, prenant la montre.

C'est magnifique! — Et avec la chaîne; mais voyez donc, Mademoiselle, voyez donc.

ANTOINETTE.

Ma bourse est trop petite, Monsieur Jaffa, j'ai des prétentions beaucoup plus humbles.

JAFFA.

C'est une occasion : — j'ai vendu ce bijou l'an passé à un vieux baron allemand; pour la grande Ernestine, vous savez, Louis, Ernestine de l'Ambigu. — Léon Ribart, ce peintre blond qui me fait des paysages pour les colonies, ruine la pauvre fille. — La montre m'est rentrée hier. — Je puis la céder à bon compte. — Cinq cents francs! c'est pour rien. Monsieur Gérard, profitez du bon marché, faites ce cadeau à Mademoiselle votre sœur.

GÉRARD.

Depuis quand vendez-vous des montres, Jaffa?

JAFFA.

Depuis toujours. — Je vends de tout ce qu'on peut vendre, des chiens, des actions, des tableaux, des rentes, des maisons.

LOUIS.

Des châteaux!

JAFFA.

Quelquefois. — Meublés ou non meublés.

LOUIS.

En Espagne.

JAFFA.

Partout. — Les temps sont durs, - j'ai cinq enfants, et la maman est jeune.

LOUIS

Te décides-tu, Antoinette?

ANTOINETTE.

Oh! non. — Cinq cents francs! c'est trop cher; — mes économies y passeraient.

LOUIS.

Mais si je t'offrais mes économies, à moi?

ANTOINETTE.

Je refuserais, quant à présent. — Lors que nous serons

riches, très-riches, nous verrons. — Je ne dis pas que je résisterai toujours ainsi : — j'aurai alors mes fantaisies. Jusques-là, Louis, laisse-moi raisonnable, comme il convient à notre fortune.

GÉRARD.

Pas de fausse modestie, Antoinette, vous êtes raisonnable à nous faire regretter chaque jour les privations que nous vous imposons.

ANTOINETTE.

Des fleurs, rien que des fleurs, prenne le reste qui voudra.

GÉRARD.

Arrière alors, Jaffa, le tentateur. Vous n'êtes pas venu pour nous vendre des montres.

JAFFA.

Certes non...; mais l'occasion... Je suis venu, d'abord, pour le plaisir que je trouve en votre compagnie, puis, pour un petit prospectus rédigé par moi. Il s'agit d'une grande affaire... où il y aura.....

LOUIS.

Des actionnaires ?

JAFFA.

Beaucoup d'actionnaires.

LOUIS.

Les malheureux !

JAFFA.

Vous corrigerez l'orthographe, je vous prie, pas le style. — Le style, en ces sortes de choses, c'est mon fort. — Oh ! si je savais l'orthographe !

LOUIS.

Comme le style.

UN OUVRIER, sur la porte de l'imprimerie.

Nous mettons sous presse la cinquième feuille de Karny. — Voulez-vous voir, Monsieur ?

GÉRARD, prenant des papiers sur son bureau.

J'y vais. — Vous permettez, Jaffa. — Louis, j'ai à te parler : tu pourras m'attendre ?

ANTOINETTE, à Louis.

Tu sors ce soir ?

LOUIS.

Non, je reste avec vous, petite sœur.

ANTOINETTE.

C'est que voilà huit jours que tu n'as dîné ici. — Oh ! je ne dis pas celà à titre de reproche, — c'est un regret, Louis, rien qu'un regret.

LOUIS.

Je reste.

URSULE.

Mais nous sortons, nous, Mademoiselle, il faut penser au dîner.

ANTOINETTE.

Va seule au marché, Ursule.

GÉRARD, à la porte de l'imprimerie.

Pourquoi celà, Antoinette ? Il fait beau ; accompagne Ursule, — quand ce ne serait que pour prendre l'air. (Il rentre à l'imprimerie.)

SCÈNE VII.

LOUIS, — JAFFA, — URSULE, — ANTOINETTE.

URSULE, laissant tomber ses lunettes.

Bon ! voilà mes lunettes cassées !

JAFFA, ramassant les lunettes.

Quel affreux meuble vous avez-là, dame Ursule. — Tenez, essayez-moi de ces merveilles. — Un fil de soie sur le nez. — Voyez. (Il tire plusieurs étuis de ses poches.)

URSULE, prenant une paire de lunettes.

Vous avez donc de tout dans vos poches ? Est-ce solide, ce joujou-là ?

JAFFA.

Essayez, vous dis-je, essayez.

URSULE.

Et c'est cher ?

JAFFA.

Pas pour vous, dame Ursule.

URSULE.

Combien ?

JAFFA.

Zéro et merci.

URSULE, au fond à droite.

Quel drôle d'homme que ce Juif ! — Il a du bon, et gagne à être connu.

URSULE, elle salue Jaffa.

Monsieur.

JAFFA.

Eh bien?

URSULE, les lunettes sur le nez.

Ah! que c'est léger! — Monsieur Jaffa, si vous trouvez de bonnes aiguilles à tricoter, pensez à moi.

JAFFA.

J'en ai là, dame Ursule, — vous choisirez. (Il met un paquet d'aiguilles sur la table. — (Antoinette et Ursule sortent.)

SCÈNE VIII.

JAFFA, — LOUIS.

LOUIS.

Quels sont donc vos projets, Jaffa? Vous avez tenté de séduire ma sœur, et vous avez conquis Ursule.

JAFFA.

A nous deux! mon cher Louis, c'est pour vous que je suis venu.

LOUIS.

Vous vous donnez trop de peine et me faites trop d'honneur.

JAFFA.

Il le faut bien, mon cher, je ne sais plus où vous perchez. On ne vous a pas vu chez Madame des Ormes depuis huit jours ; elle n'a donc pu me donner de vos nouvelles. Monsieur de Karny n'en savait pas davantage, au moins me l'a-t-il dit. J'étais inquiet, en vérité, et j'avais peu l'espoir de vous rencontrer ici..... quand ma bonne fortune nous a mis nez-à-nez sur le seuil.

LOUIS.

De quoi s'agit-il encore? — Quelle belle petite infamie avez-vous à me proposer ? Je vous préviens, maître Machabeus Jaffa, que j'ai, de temps en temps, des accès d'honnêteté et que je suis dans un de ces accès-là.

JAFFA.

Tout beau! ne vous fâchez pas sans m'avoir entendu. Parlons sérieusement : je veux dire parlons argent.

LOUIS.

Nous y voilà! — Je vous voyais venir, mon cher juif. — Pour le moment, comme, Dieu merci ! je n'ai besoin d'aucun de vos services, allez au diable et laissez-moi.

JAFFA.

Tout beau! vous dis-je encore. — Avez-vous oublié certain billet qui échoit demain, payable chez le concierge de votre ami, Monsieur de Karny ?

LOUIS.

Déjà !

JAFFA.

Vous êtes en mesure ?

LOUIS.

Non.

JAFFA.

Il y aura protêt.

LOUIS.

Il y aura protêt.

JAFFA.

Et des frais.

LOUIS.

Ah! et des frais. — Après ?

JAFFA.

Comment, après ? — Mais votre réputation ?

LOUIS.

Je m'en moque.

JAFFA.

Mais la mienne ?

LOUIS.

Je m'en moque bien mieux encore.

JAFFA.

C'est possible; mais, moi, je ne m'en moque pas.

LOUIS.

De ma réputation ?

JAFFA.

De la mienne.

LOUIS.

Dites cela sans rire.

JAFFA.

Il me semble que je ne ris point.

LOUIS.

En vérité? — Fripon!

JAFFA.

Allons, allons, pas d'enfantillages. — Vous êtes dans une mauvaise disposition d'esprit, et saisissez l'occasion de vous secouer un peu. Je vois cela. — Je sais, d'ailleurs, ce qui vous tourmente. Madame des Ormes est venue vous chercher ici ; — Madame des Ormes est belle. — Vous aimez Madame des Ormes, qui fait mine de n'y rien entendre. — Vous avez peur de Madame des Ormes. — Elle vous porte un vif intérêt, cette femme-là, et osera beaucoup pour vous.

LOUIS.

Comme elle a osé beaucoup pour d'autres.

JAFFA.

Je ne crois pas. — Elle songe à votre fortune d'auteur et prépare votre gloire. Si vous la secondez, elle vous portera loin. — Comme d'autres ont la manie des tulipes, elle a la manie des réputations à faire. — Elle vous tient ; elle vous cultivera, vous donnera, à propos, de l'ombre ou du soleil ; elle vous soignera en amateur, et ne vous lâchera que grand homme. — Pareil amour vous inquiète ; mais je ne suis pas cause, moi, des embarras qu'il vous apporte. — Ce n'est pas une raison pour me ruiner. — J'ai cinq enfants, et la maman est jeune encore.

LOUIS.

Vingt-quatre ans, à peine, dit-on ; elle est jolie, Madame Machabeus Jaffa, et ne peut manquer d'adorateurs. Lui connaît-on des amants?

JAFFA.

Vous rompez les chiens. — Revenons à nos chiffres. — Vous devez payer cinq cents francs demain, — les ferez-vous ?

LOUIS.

Comment fait-on cinq cents francs, Jaffa?

JAFFA.

C'est votre affaire. — Vous ne les avez pas?

LOUIS.

Non.

JAFFA.

Vous ne les aurez pas?

LOUIS.

Hélas!

JAFFA.

Ni moi non plus.

LOUIS.

Bah! je sais le contraire.

JAFFA.

Je vous jure.

LOUIS.

Ne jurez pas, mentez tout simplement.

JAFFA.

Voyons, très-cher, soyez raisonnable, il y a peut-être moyen de tout arranger. — Il me faudrait.....

LOUIS.

Je me doutais bien qu'il vous faudrait quelque chose.

JAFFA.

Il me faudrait, pour lancer la grande affaire, dont j'ai remis le prospectus à votre frère, un vigoureux article qui démolisse la chose de fond en comble...

LOUIS.

Et après?... Allez toujours, doucereux coquin.

JAFFA.

Après... Une réplique vigoureuse qui anéantisse l'attaque et mette en relief les mérites de l'entreprise.

LOUIS.

Nous y voilà, enfin! — Ne vous ai-je pas dit que vous aviez quelque belle petite infamie à me proposer?

JAFFA.

Mon cher, vous avez des mots blessants. Une infamie!

LOUIS.

Mais c'en est une.

JAFFA.

C'est une manœuvre, tout au plus, et très-permise.

LOUIS.

Je tiens pour une infamie.

JAFFA.

Infamie... soit! — s'il vous plaît tant. — Ce sont des mots, heureusement, rayés du vocabulaire des gens qui font commerce.

LOUIS.

Trafic.

JAFFA.

Qui font commerce.

LOUIS.

Trafic des sottises d'autrui. — Et que me vaudra ce piége à niais ?

JAFFA.

Quittance,

LOUIS.

De tout ce que je vous dois ?

JAFFA.

Du billet en question.

LOUIS.

Cinq cents francs, Machabeus, pour l'attaque et la réplique ! Peste ! comme vous êtes juif ! — Faites-les vous-même.

JAFFA.

Ah ! si je savais l'orthographe !

LOUIS.

Comme le style !

JAFFA.

C'est entendu. — Je paie le billet.

LOUIS.

Cinq cents francs !

JAFFA.

Vous acceptez ?

LOUIS.

Avec la montre ?

JAFFA.

Je ne peux pas.

LOUIS.

Avec la montre.

JAFFA.

Elle est promise.

LOUIS.

Rien sans la montre.

JAFFA.

Cela ferait mille francs.

LOUIS.

Donnez la montre.

ACTE I, SCÈNE VIII.

JAFFA.

D'où vous vient ce caprice ? — Votre sœur n'en veut pas.

LOUIS.

Aussi, n'est-ce pas pour ma sœur.

JAFFA.

Cinq cents francs!...

LOUIS.

Pour l'attaque. — La montre pour la réplique. — Terminons. — J'entends Gérard.

JAFFA, tenant la montre.

J'aurai mes articles demain.

LOUIS.

Ai-je la montre ?

JAFFA.

Vous me la volez !

LOUIS.

C'est une revanche.

JAFFA.

Plaignez-vous de moi, après les connaissances que je vous ai fait faire, Monsieur de Karny!...

LOUIS.

L'auteur de mes romans ! Pour ce service-là, je devrais vous loger une balle dans la tête, Machabeus !

JAFFA.

Oh! ingratitude !

LOUIS.

Oh ! friponnerie !

JAFFA.

Je compte sur mes articles.

LOUIS, tendant la main.

Oui, mais la montre ?

JAFFA.

J'ai pris mes arrangements pour la publication.

LOUIS.

J'ai pris mes dispositions pour offrir ce bijou à quelqu'un.

JAFFA.

A quelqu'une ?

LOUIS.

A quelqu'une peut-être.

JAFFA, essayant d'enlever la chaîne.

C'est une belle pièce.

LOUIS, saisissant la montre.

Avec la chaîne.

JAFFA, lâchant la montre.

Puisqu'il le faut! — Ah! Dieu protége la pauvrette qui acceptera de vous ce présent!

LOUIS.

Que Satan te conserve, Machabeus Jaffa!

JAFFA.

Mes articles demain.

LOUIS.

Payez le billet.

Jaffa sort.

SCÈNE IX.

LOUIS, seul. (Il prend un papier pour envelopper la montre, et lit.)

Nouveau jardin des racines grecques! — Ces épreuves à corriger pour Gérard. — Des romans à composer pour de Karny. — Des réclames à rédiger pour Jaffa. — Et des satires pour mon compte. — Vit-on jamais débuts plus difficiles et plus humbles? Oh! fièvre des ambitieux! il n'y a donc point de remède qui te chasse de là. (Il se frappe le cœur.) Allons, au moins, ma chère petite sœur, vous aurez profit aux secrètes lâchetés de votre frère. (Il va pour placer la montre sur la table, et sous les dentelles d'Antoinette.)

SCÈNE X.

GÉRARD, — LOUIS.

GÉRARD.

Que fais-tu là, Louis? — On dirait un amant qui loge un billet doux sous les chiffons de sa maîtresse.

LOUIS, montrant la montre.

C'est un peu cela, Gérard, — Voici le billet doux. — J'espère que la dame lui fera bon accueil.

GÉRARD.

La montre de Jaffa ! — Cœur excellent, mais prodigue. — Tu ne me laisseras donc jamais l'occasion de gâter Antoinette. J'avais mes projets aussi, à propos de ce désir de jeune fille, et voilà mes projets à-vau-l'eau.

LOUIS.

Si j'avais su tes intentions, je t'aurais certes laissé le plaisir de la surprise. Offre-toi-même ce bijou à Antoinette.

GÉRARD.

Non pas ! — J'arrive trop tard, tant pis pour moi. — En fait de désirs d'ailleurs, Antoinette, comme toutes les femmes, en aura d'autres bientôt. Je retrouverai aisément l'occasion perdue.

LOUIS.

La discrétion d'Antoinette me permet d'en douter.

GÉRARD.

Il est vrai que la douce enfant accepte bravement les privations. — Celle-là s'est sans peine conformée aux dernières volontés du père.

LOUIS.

Tandis que moi, je jette ma jeunesse au vent. — Allons, gronde un peu, frère; c'est ton droit d'aîné, ton droit de sage.

GÉRARD.

Non, Louis, je ne veux plus gronder, malgré mon droit de sage, comme tu dis. — J'aime mieux conseiller, alors même que mes conseils seraient mal reçus.

LOUIS.

Et pourquoi mal reçus? — Perdus peut-être, tant m tête est légère ! mais mal reçus, jamais ! — Oh ! je conviens facilement de mes torts. — Je ferais mieux, sans doute, de vivre autrement. Et cependant, que savons-nous de l'avenir? La réputation, la gloire par les arts a de quoi tenter.....

GÉRARD.

Et la fortune, Louis?

LOUIS.

Eh ! bien, oui, la fortune avec toutes les jouissances le bien-être, de luxe, de considération, qu'elle donne. —

Je ne me fais pas meilleur que je ne suis; je l'avoue, j'ai de grandes ambitions.

GÉRARD.

Malheureusement pour ton repos. Écoute, frère, puisque l'occasion m'est offerte, parlons du passé, de notre enfance, de notre père. — Tu étais trop jeune encore quand il est mort, pour avoir eu ta part de ses confidences. Il m'a raconté à moi, ton aîné de dix ans, les douloureuses épreuves de sa vie. — Il m'a dit ses luttes, ses déceptions ; comment il s'est résigné à une humble fortune et comment, alors, le bonheur à visité sa maison. — C'est un récit que j'ai reçu mission de te faire quand je croirais l'heure propice. Il me semble que cette heure est venue. Après cette épreuve je n'aurai plus rien à tenter pour modérer les folles ardeurs qui t'emportent. — La vie s'ouvrira libre devant toi. — Tu n'auras plus de Gérard, ni un avis, ni un reproche. — Il ne sera plus pour toi qu'un ami muet, mais dévoué, sympathique à tout ce que tu pourras oser, meurtri de tes chûtes, joyeux de tes succès. Tu trouveras à jamais chez lui, avec l'accueil qui console, ta place à l'atelier, s'il te plaisait, un jour, d'y venir oublier.

LOUIS ému.

Merci, frère, achève.

GÉRARD.

Antoinette avait deux ans, toi quatre, quand notre sainte mère s'en est allée reposer, où vont les belles âmes. Un soir j'attendais, comme de coutume, en compagnie d'Ursule, le retour de notre père. — Il était alors premier violon dans un théâtre des boulevarts. Nous vivions du produit de sa place, environ douze cents francs, d'une petite rente et de quelques leçons qu'il donnait en ville. Il rentra vers minuit, et, me trouvant absorbé sur mes livres, me baisa au front. — C'est bien, mon garçon, courage, Gérard, courage, ajouta-t-il, en s'asseyant au foyer. (Gérard s'assied près de la cheminée; il y a du feu.) Après un long silence, comme j'allais me retirer, il congédia Ursule et m'appela près de lui. — Fils, me dit-il alors, avec une solennité inaccoutumée, on a des jours d'inquiétude et, malgré certains philosophes, il faut croire aux pressentiments. — Je n'élèverai ni Louis, ni Antoinette; te voilà presque un homme. — Tu hériteras bien jeune de cette lourde tâche; — apprends l'histoire de ma vie et que la leçon te soit profitable. — Il continua : J'ai eu pendant longtemps de magnifiques espérances. — J'ai fait des efforts surhumains pour atteindre à la renommée des maîtres. — Le travail m'a donné un talent incontestable pour ceux qui m'ont connu; mais un concours de circonstances fâcheuses m'a toujours fait obstacle, et il m'a été impossible de m'élever jusqu'aux sphères sociales où s'élaborent les réputations. D'autres se seraient résignés ; je me suis obstiné dans la lutte, et j'y ai perdu ma jeunesse. — Fou que j'étais! au lieu de laisser chanter en moi toutes les mélodies de mes années fécondes, je les ai bravement couchées sur le papier. — Romances, concettis, symphonies, opéras, j'ai là dequoi occuper le public pendant dix ans. — (Gérard attire à lui un paquet de papiers.) Ta mère s'est usé les yeux à ces copies. — J'ai consacré à ce vaniteux labeur toutes mes heures précieuses, un quart de ma vie, celui que j'aurais dû conserver pour vous, et qui vous manquera. — Fou que j'étais! — Aussi, t'ai-je donné un métier, Gérard ; tu imprimeras les œuvres d'autrui, ce qui vaudra mieux que de grossir la troupe affamée des envieux et des impuissants. Le jour où tu m'es né, j'ai eu enfin la force de chasser mes derniers rêves. — Ce jour-là, j'aurais dû brûler ces chefs-d'œuvre; le courage m'a manqué, je me suis contenté de les enfermer. — (Gérard joignant le geste aux paroles, jette successivement au feu les papiers qu'il a tirés de son bureau.)—Je les brûle ce soir devant toi, mon fils, pour que tu te souviennes à jamais de cette nuit. — Et les feuillets noircis volaient au feu. Je les suivais, les yeux baignés de pleurs, et j'écoutais religieusement, comme si, de ces cendres précieuses, allaient sortir en flots d'harmonie, la fortune et la gloire paternelles. (Il achève de brûler les papiers qui sont à la portée de sa main.)

LOUIS.

Mais toi-même, Gérard, que brûles-tu là? — Ces papiers?...

GÉRARD.

Rien. — Mes œuvres à moi. — Je les envoie où sont allées les œuvres de mon père.

LOUIS.

Arrête. (Il se saisit de quelques feuilles.) Des vers ! — Une ode, — une épître. — Des vers !

GÉRARD.

Cela te surprend, — des vers ! — Je suis poëte aussi, à mes heures. (Il achève de jeter les papiers au feu.)

LOUIS.

Laisse-moi au moins ce sonnet. (Il lit.)

> En dépit de nos vœux, le temps frappe de mort
> Nos luttes, nos projets, la fortune, la gloire ;
> Et malgré les travaux que s'impose l'histoire,
> L'obscurité saisit tout siècle qui s'endort.
>
> Ecoutez cependant, du Midi jusqu'au Nord
> Les contes de veillée et les chants populaires ;
> Ce sont récits charmants des amours de nos pères.
> Contre eux le vieux faucheur n'ose le moindre effort.
>
> Madame, profitez de sa douce faiblesse.
> Dieu commande à vingt ans les œuvres de tendresse ;
> L'heure que vous perdez, ne doit pas revenir ;
>
> Aimez ! et puisse un jour la légende dorée,
> Parlant d'amant heureux et de femme adorée,
> Léguer, avec mon nom, le vôtre à l'avenir.

C'est parfait. (Gérard cherche à prendre le papier que tient Louis.) De grâce, épargne ce bijou, rien que cela.

GÉRARD. Il jette au feu ses derniers papiers.

A quoi bon ? — Je suis poète. — Eh bien ! le serai-je moins après avoir anéanti ces essais de ma jeunesse ? — Héros de la mode, rois du jour, vous enfermez dans un cadre toujours trop étroit ce qui est, par essence, fantaisie et liberté ; — vous conviez la foule à vous regarder faire, et vous attendez, pour être heureux, les applaudissements de la foule. — Plus sage que vous tous, je regarde autour de moi, ou mieux encore je ferme les yeux, je m'écoute vivre, et la folle du logis me chante cent poëmes merveilleux. — La poésie ! mais elle est en tout

et partout, pour qui se plaît à ces émigrations de l'âme :
— Ursule, le dévouement devenu habitude ;— Antoinette,
la pureté, la grâce, la beauté parfaites, un bouquet d'espérances ; — Louis, le caprice, l'inquiétude, l'ambition,
mais aussi l'amitié vivace ; ce trio qui fait chaîne autour
de moi, chef de famille à vingt ans, est-ce de la prose que
cela ? — Faut-il absolument accrocher au Louvre dix mètres de toile, — essouffler un orchestre, ou mettre sous
presse un in-folio par an, pour avoir le droit de se dire,
de se croire, et d'être en effet, l'admirateur passionné de
tout ce qui est harmonie. — Non pas, frère, l'intelligence
des grandes choses, les nobles aspirations, le commerce
avec le monde des rêveries n'appartiennent pas seulement
aux maîtres de la forme. — Il est donné aux plus humbles d'en savourer les joies. Rien ne peut contre qui veut
se livrer, tête et cœur, à ces épanouissements de l'être,
en face de l'Eternel et des merveilles qu'il a créées. —
Certes, je suis poëte, et j'entends rester poëte, s'il se
peut, par-delà mon dernier jour. — La plus simple de
mes œuvres, — ce que j'imprime là, — toi que j'ai élevé,
les enfants d'Antoinette que je gâterai, si le Seigneur me
prête vie, tout et tous ici, vous garderez l'empreinte de
ma main ; — c'est la récompense des contemplations où
se complaisent les patients et les résignés.

LOUIS.

Tu as raison cent fois, Gérard ; — tant de sagesse m'humilie. — Pardonne à mes ingratitudes, à mes folies.

GÉRARD.

En de pareils épanchements, Louis, tout s'oublie. —
Reviens à nous franchement, romps avec tes amis d'hier.
— Les vieux te rappellent. — De ma part de notre héritage, j'ai payé cette imprimerie. — Mes efforts lui ont
fait une clientèle honorable ; — vingt braves cœurs sont
là qui travaillent pour moi, comme je travaille pour eux ;
— prends résolument ta part du labeur et ta part des
profits. — Quant aux joies, prend-les toutes, comme Antoinette, comme Ursule, comme moi-même, — par la
grâce de Dieu, — ce trésor-là ne se partage, ni ne s'épuise. — A l'œuvre, aussitôt que tu voudras. Demain ! —
si tu nous aimes.

LOUIS, ému.

Demain, soit, frère! Je te remets ma volonté, — fais-moi heureux à ta guise.

GÉRARD.

Et selon les derniers souhaits de notre père. — D'ailleurs, Louis, je ne t'impose pas, sans réserve, le positif de ma vie. — Oh ! non. — Nous aurons des loisirs, quand nous serons deux ici. — Nous ferons la part des vanités; s'il te plaît d'écrire, si tu as vraiment le diable au corps, — tu écriras. — Mais en grand seigneur, sans pensée de lucre, à ta guise, à tes heures, dans la plénitude de ta dignité et sans l'effroi de rencontrer la vérité. — Nous livrerons, mon frère, de temps à autre, un volume aux honnêtes gens. — Un volume où la réclame n'aura rien à voir, et que les bibliophiles placeront sur le rayon d'honneur.

SCÈNE X.

LOUIS, — GÉRARD, — ANTOINETTE, — URSULE.

GÉRARD.

Venez, Antoinette, et réjouissez-vous, ma sœur. — Allons, demoiselle Ursule Marteau, mettez au feu vos ustensiles à sucreries. Il y a fête, ce soir, chez les Corbier. — Louis reprend sa place à l'imprimerie!

URSULE.

Le brave enfant! — Je savais bien, moi, qu'il y viendrait!

ANTOINETTE.

Je vous l'avais prédit, Gérard.

LOUIS.

Donc, vous n'avez jamais douté de moi?

ANTOINETTE.

Jamais!...

URSULE.

Douté!...

GÉRARD.

Et demain, l'imprimerie Gérard Corbier devient l'imprimerie Corbier frères.

ANTOINETTE.

En vérité, Louis!

LOUIS.

En vérité, petite sœur.

ANTOINETTE.

Oh! que je suis heureuse! (Bas.) Et pourtant j'avais fait mes rêves aussi. — Bah! c'est sagesse d'y renoncer.

URSULE, bas à Antoinette.

C'est égal, il serait devenu célèbre, Mademoiselle.

GÉRARD.

Viens, Louis, je veux te présenter aujourd'hui même, et faire reconnaître ton nouveau titre.

LOUIS.

Attendons encore, Gérard, tu as un droit d'épreuve.

GÉRARD.

Hésiter en de pareilles résolutions! — Je crois à ta volonté, et bien plus encore à ton honneur. — Faites-vous belle, Ursule.

URSULE, sortant.

Certainement. Dieu soit béni! — je mourrai les yeux secs, et le rire aux lèvres.

SCÈNE XI.

LOUIS, — GÉRARD, — ANTOINETTE.

ANTOINETTE.

Qu'est-ce que cela? Une montre!

GÉRARD, désignant Louis.

Et voici le coupable.

ANTOINETTE.

Louis! encore toi! c'est trop pour un jour! mais vous voulez donc que je pleure de joie!

LOUIS.

Ne t'ai-je pas fait assez souvent pleurer de regret et d'ennui? (Ils montent vers la porte de l'imprimerie. — Louis y entre et Gérard revient vers Antoinette.)

ANTOINETTE, bas.

Louis! Gérard!... Je les aime de toute la force des affections qui m'ont manqué. — D'où vient donc le trouble de mon cœur?

SCÈNE XII.

ANTOINETTE, — GÉRARD.

GÉRARD.

Le jour des réconciliations sera aussi celui des révélations. Ce soir, Antoinette, — quand vous serez seule, — ouvrez ces papiers, et lisez-les. — C'est le testament paternel, votre part d'héritage.

ANTOINETTE.

Ces papiers, à moi, Gérard, que voulez-vous dire? Un secret!... j'en ai peur.... je suis si parfaitement heureuse!...

GÉRARD.

Lisez, ce soir, je vous prie, dans votre chambre, seule. — Et nous causerons demain.

ANTOINETTE.

Que Dieu me protège!... j'obéirai Gérard. — Oh! mon bonheur! mon bonheur!

GÉRARD.

Enfant! il n'y a rien là qui vous puisse effrayer. — Au contraire. — Nous sommes deux qui vous aimons, et nous vous aimerons toujours. (Il entre à l'imprimerie. — Antoinette rompt vivement le cachet des papiers qu'elle tient, et lit.)

ANTOINETTE.

Ceci est mon testament : A ma chère fille, Antoinette Duval. — Antoinette Duval!!!

(Elle s'assied accablée. — Le rideau tombe.)

FIN DU PREMIER ACTE.

ACTE DEUXIÈME.

Même décor.

SCÈNE I.

ANTOINETTE, au travail, — GÉRARD.

GÉRARD. Il entre par le fond à droite.
Voici de nouveau, ma chère Antoinette, des papiers qui vous concernent.....

ANTOINETTE, se levant.
Encore des papiers !... Est-il donc si nécessaire que je les lise ?

GÉRARD.
Oui, mon enfant ; — ce sont mes comptes de tutelle. — Il me faudra votre quittance.

ANTOINETTE.
Ah ! Gérard, Gérard ! que vous m'avez fait de mal avec ces formes sérieuses, et combien tous ces comptes m'attristent !

GÉRARD.
Plus de résolution, petite sœur.

ANTOINETTE.
Petite sœur !... une caresse d'autrefois. Hélas ! pourquoi m'avoir enlevé cette joie de me croire la fille de votre père ?

GÉRARD.
Parce qu'il le fallait.

ANTOINETTE.
Vous vous êtes bien pressé, Gérard ! C'est le premier chagrin qui me soit venu de vous. — Mon Dieu ! que vous m'avez fait de mal !

GÉRARD.
Raisonnons, Antoinette, et soyez juste. — Ce chagrin ne vous vient pas de moi, qui accepterais toute douleur

pour empêcher les larmes d'inonder ainsi votre adoré visage. — Vous êtes encore, vous resterez, pour tous ici, notre sœur bien-aimée, aussi longtemps qu'il vous plaira... jusqu'au jour où un honnête homme vous offrira la place d'honneur dans sa maison.

ANTOINETTE.

Je veux rester libre. — Je ne me marierai jamais.

GÉRARD.

Folie ! — C'est cet éloignement pour le mariage qui a hâté mes révélations. Vous comptiez sur Louis et sur moi ; je vous devais la vérité. Oh ! tout n'est pas dit sur votre avenir ! — Jeune femme et jeune mère, je vous attends à ces autres épreuves. Puissent-elles vous être légères et douces comme vos rêves de petite fille ! Adieu.

ANTOINETTE.

Vous sortez ?

GÉRARD.

Oui, pour une affaire, — de celles que j'aime, — honorable, loyale, profitable à la réputation comme à la caisse. Ne dites rien à Louis, je me réserve la surprise.

ANTOINETTE.

Bonne chance et à bientôt.

GÉRARD. Ursule entre par le fond à droite.

Ursule, ne la laissez pas trop seule. Elle a besoin qu'on lui parle, qu'on l'écoute. — Surtout, si elle pleure, laissez-la pleurer et pleurez avec elle.

SCÈNE II.

GÉRARD, — URSULE, — ANTOINETTE.

ANTOINETTE.

A quoi bon cette recommandation ? me voyez-vous rire, Gérard.

GÉRARD.

Allons, et vous aussi, une grand'-mère !

URSULE.

Ah ! dame ! j'avais mes habitudes. — Et puis tout le monde n'est pas comme vous, d'une raison...

GÉRARD.

D'une raison ?...

URSULE.
D'une raison sévère et quasi méchante.
GÉRARD.
Ursule, vous ne croyez pas un mot de ce que vous dites là. (Il sort.)
URSULE.
C'est vrai, car il est bon comme le bon Dieu.

SCÈNE III.

ANTOINETTE, — URSULE.

ANTOINETTE.
Eh bien, Ursule, toujours des papiers !
URSULE.
Eh bien, Mademoiselle, il faut les lire ces papiers.
ANTOINETTE.
Oh ! non... Tu savais donc ?...
URSULE.
Il y a longtemps...
ANTOINETTE.
Et tu ne m'as rien dit ?
URSULE.
Le secret n'était pas à moi.
ANTOINETTE.
Mais pourquoi ce long mensonge?
URSULE.
Ne vous en plaignez pas. — Pensez plutôt aux bonnes années qu'il vous a données.
ANTOINETTE.
La vérité était si simple !
URSULE.
Feu maître Corbier avait des idées à lui.
ANTOINETTE.
Qu'a-t-il pu craindre ?
URSULE.
Craindre !... l'honnête chrétien !... oh ! rien, ni des hommes, ni de Dieu ; mais il avait ses imaginations.
ANTOINETTE.
Et tu les as connues, ses imaginations?

URSULE.

Oui, dans le temps, — il s'en est expliqué avec moi. — Il le fallait bien, puisque je devais l'aider à faire selon ses volontés. — Votre père était son plus vieil ami.

ANTOINETTE.

Tu as connu mon père ?

URSULE.

Très-peu. — Je ne sais rien de lui, sinon qu'il s'occupait beaucoup de politique, et qu'il reçut, je ne sais où, une blessure dont il est mort chez nous.

ANTOINETTE.

Chez vous ?...

URSULE.

Chez nous, où il se cachait. A cette occasion, voici ce que me dit feu maître Corbier : « Ursule, je suis d'aujour-
« d'hui père d'une belle petite fille, un troisième enfant,
« que tu élèveras avec les deux autres, que tu soigneras
« aussi tendrement que les deux autres. — En doutez-
« vous, répliquai-je, étonnée de la recommandation. —
« Non, me répondit-il ; mais j'ai mes raisons pour parler
« ainsi. — Antoinette sera riche un jour. — Ce qu'elle
« possède déjà, grossi de l'excès du revenu, lui fera à
« vingt ans une véritable fortune. »

ANTOINETTE.

Je suis donc réellement riche ?

URSULE, montrant les papiers.

Vous n'avez pas regardé?

ANTOINETTE.

Pas encore, Ursule.

URSULE.

« Elle aura quelque chose de plus que deux cent mille
« francs, ajouta-t-il. Un de mes garçons, Gérard ou Louis,
« pourrait s'énamourer d'elle ; l'âge y prête ; et, comme
« ils n'auront presque rien après moi, je ne veux point
« être accusé de spéculation pour avoir accepté la tâche
« que Duval m'a confiée. — Nous l'élèverons ici comme
« leur sœur. — L'habitude fera le reste. Le cœur de l'en-
« fant se prendra ailleurs, ainsi qu'il ne peut manquer
« d'arriver ; nous lui rendrons alors son nom et sa for-
« tune. » Cela s'est fait suivant ses ordres. Gérard

en brave fils qu'il est, s'est conformé aux intentions de maître Corbier. Vous avez laissé venir vos vingt ans sans penser au mariage, il a été forcé de parler et de vous rendre des comptes. Oh! vous pouvez les examiner, Mademoiselle : s'il y manque un centime, Ursule Marteau renonce au paradis.

ANTOINETTE.

Maintenant que je suis maîtresse de mes actions, si j'épousais l'un des deux, ou Gérard ou Louis?

URSULE.

Ce serait bien fait, Mademoiselle ; pour ma part, j'en aurais joie mignonne. — A vrai dire, les raisons de feu maître Corbier m'ont toujours paru mal trouvées, et je vous ai souvent mariée, en vous voyant si heureuse chez nous.

ANTOINETTE.

Avec qui?

URSULE.

Avec les deux.

ANTOINETTE.

Mais cela ne se peut pas, Ursule.

URSULE.

Malheureusement. — Lequel préférez-vous?

ANTOINETTE.

Puis-je savoir? je n'y ai jamais pensé. — Mais toi?

URSULE.

Oh! moi! encore moins. — Etait-ce possible, deux enfants que j'ai élevés? — Est-ce que je préfère l'un de mes deux bras, l'un de mes deux yeux? — Mais on prétend que toute fille qui s'interroge un peu sait vite où son cœur penche.

ANTOINETTE.

Je t'assure que je m'interrogerais en vain. — Ursule, tu as aimé autrefois?

URSULE.

Pour ça, oui, j'ai aimé. — D'abord : feu maître Corbier, comme toute digne servante doit aimer un digne maître. — Et puis vous autres, comme si vous étiez les enfants d'une sœur à moi, — mes chers neveux.

ANTOINETTE.

Quoi! tu n'as jamais pensé à un mari?

URSULE.

Jamais!— faute d'occasion, peut-être..... mais enfin jamais!

ANTOINETTE.

Qui m'éclairera donc, qui me conseillera?..... Louis? — Oh! son ardeur me plaît. — J'ai souvent en secret applaudi à ses espérances. — Il est intelligent, il est beau, hardi, audacieux même. — Il a du génie, Ursule. Comme il fait de beaux vers! — Quand il daigne parler, avec quelle éloquence il fustige les abominations du siècle! Il aura de grands succès partout, et je sens, près de lui, le vif désir d'être associée à toutes les belles pensées qu'il a dans la tête ; — mon cœur y gagnerait.

URSULE.

Peut-être... mon Louis valait mieux avant son commerce avec ce Monsieur de Karny..... et autres du même cru.

ANTOINETTE.

Tu crois, Ursule?

URSULE.

Je l'ai élevé, je le connais comme mon pater, Mademoiselle. Il passe ses journées ici. — Mais ses nuits?... Depuis que Gérard lui a confié les livres et la caisse, il a essayé de se ranger... Impossible! il n'a réussi qu'à se fatiguer outre mesure. Il se tue à cette vie là.

ANTOINETTE.

Hélas! — C'est vrai. — Tu préfères donc Gérard?

URSULE.

Je les aime comme ils sont. — Ah! Gérard a bien ses mérites et, puisqu'il y a farine et farine en ce monde, disons qu'il est pétri de la fine fleur.

ANTOINETTE.

Aussi je l'admire, Ursule, quand je le vois à l'œuvre. — Grave sans froideur, indulgent sans faiblesse, accessible à tous, nul ne l'approche qui ne se retire consolé et meilleur. — La vie commune, avec lui, prend un charme étrange jusque dans les choses les plus vulgaires. — On rêve, à le voir agir, la sérénité parfaite et les devoirs faciles. Il aime les arts et, s'il en cause, on reconnaît aussitôt qu'il leur eût volontiers consacré ses loisirs. — Celle que Gérard daignera associer à toutes les poésies de son cœur sera une heureuse femme, Ursule; — sa tête y gagnera.

URSULE.

Cette fois, je dis comme vous. — Epousez Gérard.

ANTOINETTE.

Il est un peu sérieux, pour un mari. — Je suis si habituée à le considérer comme mon frère aîné, presque un père.

URSULE.

Alors, épousez Louis.

ANTOINETTE.

En vérité, Ursule, on dirait que tu prends plaisir à redoubler mes tourments. — Épousez Gérard. — Épousez Louis. — Sont-ce là des conseils? — Enfin, tu n'as pas toujours eu cinquante ans, suppose que tu doives choisi aujourd'hui même, et choisis.

URSULE.

Laissez-moi, je vous en prie, retourner à mes fourneaux. Je me connais, et je m'en vante, à tous les secrets de la cuisine. Je ne suis point de ces filles naïves qu'une commère au marché trompera sur la fraîcheur de la marée; je n'ai jamais hésité de l'œil entre une volaille fine et la poule d'un pauvre homme; et, si ce n'eût été mon affection pour les Corbier, j'aurais pu, dans ma jeunesse, servir comme une autre chez quelque grand seigneur; — mais, hors de là, je vous l'ai dit, je ne suis qu'une sotte.

ANTOINETTE.

Nous en reparlerons, Ursule. — Orpheline et riche, moi, l'heureuse enfant d'il y a deux mois, la sœur enviée de deux hommes généreux et jeunes, me voilà seule, tout-à-fait seule au monde. Oh! cette solitude me met à une cruelle épreuve. J'ai l'âme en peine! — Autre tourment, Ursule, celui que je choisirai m'aimera-t-il?

URSULE.

Le contraire est-il donc possible? ne pas vous aimer!... Vous savez bien que vous leur êtes chère.....

ANTOINETTE.

Comme une sœur. — Oui. — Mais, m'aimera-t-il comme on aime celle dont on pense à faire sa femme?

URSULE.

Voilà encore des finesses où je n'entends rien. — Aimer, c'est aimer. — Je n'y fais point de différence. (On sonne.)

ANTOINETTE.

Il y en a Ursule... il doit y en avoir.

URSULE.

Quelqu'un! chassez-moi ces tristesses qui vous feraient laide.—J'interrogerai Louis, j'interrogerai Gérard, je saisirai l'occasion de les faire causer ménage, et nous trouverons peut-être un moyen de sortir d'embarras. — J'ai l'âme en peine! Le vilain dire! — Je vous veux l'âme en joie, moi, à vous et à tous ici, comme il y a dix ans, quand vous riiez, quand vous chantiez du matin au soir. — Il faudra bien que ce temps-là revienne. — Il reviendra; je ne sais ni quand, ni comment, mais il reviendra.

ANTOINETTE.

Que Dieu t'entende!

URSULE.

Ce soir, je lui dirai deux mots, au bon Dieu. — Faites comme moi, il nous entendra.

SCÈNE IV

RAOUL, — ANAIS, — ANTOINETTE, — URSULE.

Mme ANAÏS.

Bonjour, chère belle.

ANTOINETTE, saluant.

Madame!...

RAOUL.

Mademoiselle Corbier veut-elle permettre au plus sincère de ses admirateurs de lui faire ses compliments?

ANTOINETTE.

Et sur quoi, Monsieur?

RAOUL, embarrassé.

Mais... sur la grâce infinie de toute votre personne.

ANTOINETTE.

Je vous remercie, Monsieur, quoique je n'entende rien aux galanteries.

ACTE II, SCÈNE IV. 39

RAOUL.
C'est qu'en vérité, Mademoiselle, il est impossible de vous voir sans désirer vous plaire et...

ANTOINETTE.
Vous faites fausse route, Monsieur, laissez le beau langage. — Vous êtes l'ami de Louis, cela suffit pour me plaire.

Mme ANAÏS, bas à Raoul.
Vous voilà averti, Monsieur de Karny, vos phrases ordinaires n'auront point de succès ici. — Trouvez du neuf, et surtout, tâchez de plaire sans prévenir de vos intentions.

URSULE, bas à Antoinette.
Vous n'avez pas fini pour cette dame?

ANTOINETTE, de même.
Pas encore.

URSULE, de même.
Vous pouvez bien ne plus travailler maintenant, — rendez-lui son ouvrage.

ANTOINETTE, de même.
Tant que je serai ici, je conserverai nos chères habitudes, je travaillerai, comme par le passé.

URSULE, de même.
Pour de l'argent?

ANTOINETTE, de même.
Pour de l'argent.

Mme ANAÏS.
Et mes dentelles, mignonne?

ANTOINETTE.
Daignez m'accompagner, Madame, je vais vous les montrer.

Mme ANAÏS.
Réparées?

ANTOINETTE.
A peu près.

Mme ANAÏS, à Raoul.
Je vous rends votre liberté, Monsieur de Karny ; j'attends Jaffa qui m'a promis son bras. (Elle suit Antoinette, qui remonte vers le fond à droite.)

RAOUL.
J'ai moi-même à causer avec Louis, Madame, et j'userai

de la liberté que vous voulez bien m'accorder. — Le verrai-je, ce cher Louis?

ANTOINETTE, sur la porte.

Ursule, prévenez mon frère. (Elle sort par le fond à droite, et fait passer Anaïs devant elle.)

URSULE, sur la porte du milieu au fond.

C'est pourtant depuis que cette belle dame à mis les pieds ici que Louis s'absente tous les soirs et rentre si tard... quand il rentre. (Elle sort.)

SCÈNE V

DE KARNY, seul.

Ah! la petite fille pourrait bien, en effet, n'être pas aussi flattée de mes avances, que je l'ai d'abord espéré. — Madame des Ormes a raison. — Il faut trouver du neuf. — Gérard m'accueillera mal : il est vrai que Louis sera pour moi. — Précieux courtier que Jaffa. (Il ouvre une lettre et lit.)

« Très-cher! »

L'insolent! — Passons, je lui dois de l'argent.

« Très-cher, Antoinette Duval qui, par conséquent, n'est
« pas sœur des Corbier, a bien réellement plus de deux
« cent mille francs, du fait de son père, intérêts cumulés.
« — Voilà ce que je tiens d'un mien ami, maître clerc
« chez le notaire qui a géré cette fortune. — Verbalement
« les détails. — Le beau lièvre que je vous ai levé là,
« Monsieur Raoul de Karny! Votre serviteur Machabeus
« Jaffa se recommande à vous après le succès. »

Certainement, mon digne Juif, je n'aurai garde de vous oublier... après le succès... Je ne me sens pas ici sur un terrain solide. — Cependant, Raoul, l'occasion est magnifique, — deux cent mille francs de dot! — Pas de famille! — Ta fortune ébréchée se trouverait si bien de l'aubaine! — Pendant que Madame des Ormes, sous prétexte de dentelles, sert là mes intérêts, que pourrais-je faire ici pour hâter le dénouement. — M'ouvrir à Louis? Non, c'est trop tôt! — Eh! parbleu, une déclaration en vers est assez de saison. La sœur d'un poëte doit aimer les vers. Qui me les fera? — Louis... C'est hardi. — Et s'il se fâche, quand il apprendra à qui je les ai donnés. — Bah! il est des nôtres désormais. — Depuis deux mois, il s'est lancé tout à fait. — Madame des Ormes le tient. — Il joue, — il sera de facile composition. — Va donc pour des vers.

SCÈNE VI

RAOUL, — LOUIS. (Il sort de l'imprimerie.)

RAOUL.
Mon bon, tu arrives à propos. Je suis amoureux.

LOUIS.
Imbécile! — Qu'est-ce que cela me fait?

RAOUL.
Amoureux fou!... et je veux qu'on m'aime.

LOUIS.
Se peut-il que femme n'aime pas le beau Raoul, s'il daigne s'occuper d'elle?

RAOUL.
Tu railles.

LOUIS.
Tu dis des bêtises! — En quoi cette nouvelle passion m'intéresse-t-elle?

RAOUL.
En ce qu'il me faut une déclaration... en vers.

LOUIS.
Fais une déclaration.

RAOUL.
Je t'ai dit.... En vers!

LOUIS.
J'ai bien entendu.

RAOUL.
Tu sais mieux que personne, que je manque d'habitude. — Des vers!

LOUIS.
Tu réussis mieux en prose.

RAOUL.
Je crois que j'ai mal choisi mon heure. Louis Corbier a fait une mauvaise nuit; il n'en est pas remis. — Com-

ment, mon cher, tu ne sais pas encore perdre avec plus de dignité?

LOUIS.

Qui t'a dit que j'aie perdu?

RAOUL.

Tes partenaires. — Cinq mille francs sur parole. — On a même prétendu, devant moi, que tu ne payerais pas.

LOUIS, irrité.

Ils m'ont volé!

RAOUL.

Mauvaise excuse!... De Moranville, Giffard, Daubruski, sont au-dessus d'une pareille accusation. — Ce sont mes amis aussi, et, de tout autre que toi, je relèverais certainement l'injure.

LOUIS.

Ils m'ont volé, te dis-je.

RAOUL.

Quand cela serait, un galant homme ne s'arrête pas aux soupçons. — Il joue.... il perd et paye jusqu'à certitude. — Alors, quand il a pris son homme sur le fait, il le force à rendre gorge et à déguerpir. — Quiconque agit autrement paraît au moins ridicule aux plus indulgents.

LOUIS.

Et tu es des plus indulgents.

RAOUL.

Oui, mais comme mon amitié, à moi, n'est pas de celles qui marchandent les services, — j'ai payé les cinq mille francs.

LOUIS.

Tu as payé?

RAOUL.

De ta part bien entendu.

LOUIS.

Merci! — Oh! j'aurai ma revanche!

RAOUL.

Aussi prochaine que tu voudras. — Mais sois calme au jeu. — Tu t'emportes à tout propos. — Là, plus que partout ailleurs, pour bien faire, le sang-froid est nécessaire.

LOUIS.

C'est vrai, j'y perds la tête.

RAOUL.

Manque d'habitude. — Tu ne joues que depuis deux mois. — Je t'attends dans un an ou deux. Il ne faut pas moins pour faire un beau joueur. — Mais s'il est vrai qu'on t'ait volé !...

LOUIS.

Aussi vrai que je suis l'indigne fils de mon père !

RAOUL.

Point de ces comparaisons de mélodrame. — Tu es le digne fils de tes œuvres. — C'est bien assez, ce me semble. — Revenons à mes amours.

LOUIS.

A tes vers ?

RAOUL.

A mes vers.

LOUIS.

Si l'on réplique à ton bouquet ?

RAOUL.

Nous riposterons.

LOUIS.

Ce qui peut nous mener loin. — Quand les femmes se mettent à rimer, elles tarissent difficilement.

RAOUL.

Le mariage tranchera le roman.

LOUIS.

Ah ! Il s'agit d'un mariage...

RAOUL.

Tu vois, mon bon, que la chose est sérieuse.

LOUIS.

Des plus sérieuses. — Pour quelle raison te maries-tu ?

RAOUL.

Tu veux dire : pour quelle raison j'essaye de me marier ? — Pour finir comme tout le monde.

LOUIS.

Et faire souche. — C'est plat. — Serais-tu ruiné ?

RAOUL.

Tu oublies que j'ai payé cinq mille francs pour toi ce matin.

LOUIS.

C'est vrai.

RAOUL.

Pardonne à la réplique... Mais les écarts de ta langue la justifient.

LOUIS.

C'est encore vrai.

RAOUL.

Revenons tout de bon à mes vers.

LOUIS.

Passe encore pour la déclaration... S'il faut répondre, je ne me sens pas d'humeur à soutenir le jeu.

RAOUL.

Très-cher, s'il faut répondre, nous répondrons. Mais dans ce cas-là, je te fais remise du roman que tu me dois encore.

LOUIS.

J'accepte. — Quoi ! — tu renoncerais à la gloire ?

RAOUL.

Sans regret, si je me marie. — Le dernier a produit assez d'effet pour qu'on puisse penser à me décorer. — Je ne désire pas plus. — Le mariage expliquera ma paresse. — On mettra mon silence sur le compte de mon bonheur. — Je me contenterai de protéger les arts, en homme qui s'y connaît et qui a fait ses preuves. — C'est encore un beau rôle.

LOUIS.

Je le crois bien ! J'en connais qui, sans avoir fait leurs preuves, comme tu dis, n'ont jamais joué que ce rôle-là et qui n'en sont pas moins devenus des personnages à rubans. — Que veux-tu que je dise à ta belle ?

RAOUL.

Le thème est connu. — Dis ce que tu voudras, dans les plus beaux vers que tu pourras trouver.

LOUIS.

Encore, si je la connaissais.

RAOUL.

Gourmand. — Imagine que tu la connais : vingt ans, belle, gracieuse, le cœur d'une innocence rare. — Tout l'esprit que laisse l'ignorance du monde aux filles les mieux douées.

LOUIS.

Elle est brune ?

RAOUL.

Presque blonde.

LOUIS.

Son nom ?

RAOUL.

Pas de nom, c'est commun, c'est devise. Eh ! parbleu, pense à ta sœur.

LOUIS.

A ma sœur.

RAOUL.

Oui, suppose qu'il s'agit d'elle.

LOUIS.

Raoul, je m'associe volontiers à toutes tes folies. — Par l'or que tu possèdes et dont j'ai malheureusement eu besoin plus que de raison, je me suis fait d'une docilité qui va jusqu'à la lâcheté. — Eh bien, seigneur de Karny, si vous tenez à conserver votre valet, ne mêlez jamais ma sœur à nos conversations.

RAOUL.

Et quand j'aurais pensé à ta sœur ?

LOUIS.

Allons donc, Raoul, je te connais trop. Tu n'as pas assez bonne opinion de toi-même pour porter si haut tes prétentions.

RAOUL.

La femme que j'épouserai sera donc bien malheureuse ?

LOUIS.

Je n'en sais rien. — Cela dépendra de ce qu'elle aura de cœur. — Mais en tout cas, tu ne lui porteras ni l'estime de toi-même, ni la foi dans les actions honnêtes, ni la confiance dans la justice de Dieu, ni l'appétit des joies paisibles, ni la sobriété des ambitions, ni le respect des amours du foyer, toutes choses saintes que nous avons profanées ensembles et laissées aux pauvres d'esprit. — C'est un de ces pauvres-là que je veux pour beau-frère.

RAOUL, à part.

Un obstacle de plus ! — C'est beaucoup de le connaître.

LOUIS.

Donc tu veux des vers ? — Nous allons vous les fabriquer, mon maître. Les attendras-tu ?

RAOUL.

Oui, à l'imprimerie.

LOUIS.

A ton aise. — De toutes les lâchetés que nous avons faites ensemble, de Karny, celle d'aujourd'hui sera peut-être la plus lâche. — S'il est vrai que tu aimes cette femme, comment peux-tu lui mentir ainsi sur tes mérites?

RAOUL.

Je l'aime, oui, — mais elle ne m'aime pas encore. Au moins j'en puis douter.

LOUIS.

Bah ! qu'importe après tout ! — Mensonges et lâchetés, elle te rendra cela après la lune de miel. (Raoul entre à l'imprimerie.)

SCÈNE VII.

LOUIS, seul.

Antoinette ! la femme d'un pareil compagnon ! l'idée serait bouffonne. Mais je n'oserais, moi, qui ai bien encore quelques coins du cœur restés sans souillure, je n'oserais lever les yeux sur elle et la désirer. Des vers ! — J'ai mille autres choses en tête. — O vanité ! vanité ! — vice mesquin ! pauvre de ressources et court de portée ! que tu m'as déjà fait faire de folies. Au diable Raoul et ses amours ! Rien ne me vient, si plat que ce soit, qui puisse lui servir.—Rien ! excepté le sonnet de Gérard. — Eh !... par Dieu ! pourquoi hésiterais-je ? — Gérard, lui-même, doit l'avoir oublié.—S'il l'entendait, il ne le reconnaîtrait pas.—Raoul, mon digne ami, vous aurez mieux que vous ne méritez. — De beaux vers ! ceux de la jeunesse d'un honnête homme. (Il va pour se mettre à écrire.)

SCÈNE VIII.

LOUIS, — ANAIS.

LOUIS, un peu surpris.

Madame Des Ormes !

Mme ANAÏS.

Oui, Monsieur, on dirait à vous voir, que ma visite vous surprend.

LOUIS, il lui baise la main.

Le plaisir que j'éprouve a donc toutes les apparences de l'étonnement.

Mme ANAÏS.

Aujourd'hui, je ne viens pas pour vous. J'avais quelques affaires graves à terminer avec votre sœur.

LOUIS.

Des affaires graves ?...

Mme ANAÏS.

Toujours pour mes dentelles, — ce que vous appelez, Messieurs, peu courtoisement, des chiffons. — C'est une charmante jeune fille que votre sœur, Louis ! De la grâce, de l'esprit, beaucoup de cœur ; — si j'avais un ami digne d'elle, je vous supplierais de la lui donner pour femme.

LOUIS.

il faudrait en ce cas vous adresser à Gérard, Madame.— D'ailleurs, il est probable que nous ne donnerons Antoinette à personne.

Mme ANAÏS.

Vous la garderez ?

LOUIS.

Nous la laisserons se donner elle-même.

Mme ANAÏS.

Oh ! c'est bien ainsi que je l'entends. — Vous avez vu M. de Karny ?

LOUIS.

Il est à l'imprimerie.

Mme ANAÏS.

Il ne vous a pas annoncé ma présence ici ?

LOUIS.

Non, Madame, sans cela.....

Mme ANAÏS.

Sans cela, vous auriez maladroitement dérangé un délicieux tête-à-tête. — Je viens de retrouver mes vingt ans pendant vingt minutes.

LOUIS.

Les avez-vous jamais perdus, Anaïs ?

Mme ANAÏS.

A la bonne heure, soyez galant, Monsieur le sauvage. — Encore une fois, Louis, votre sœur est une adorable enfant. Je voudrais la voir plus souvent. M. de Karny a bien fait de ne rien vous dire de ma visite, et je pardonne presque à l'honnête Jaffa de m'avoir fait attendre. — A propos de Jaffa qui doit m'accompagner chez un joaillier, il m'a conté votre dernière mésaventure.

LOUIS.

Quelle mésaventure, Madame ?

Mme ANAÏS.

Vos malheurs au jeu.

LOUIS.

Et de quel droit ce maudit homme....

Mme ANAÏS.

En tout bien, tout honneur ; par pure sympathie, à propos de l'argent qu'il cherche pour vous.

LOUIS, troublé.

Pour moi ?...

Mme ANAÏS.

D'où vient donc que vous rougissez ainsi ? Ah ! Louis, que vous êtes peuple encore ! Vous devriez vous réjouir de ces embarras qui vous mettent aux prises avec les difficultés de la vie. — N'ayez peur que je vous blâme. — Vous êtes jeune, vous avez du savoir, de l'intelligence, de la verve, de l'activité. — Pour que tout cela devienne du génie, il ne vous faut que quelques vicissitudes, quelques chocs. — Les plus violents seront les meilleurs ; ils fourniront les étincelles les plus vives et les plus durables. — Vous avez joué, vous avez perdu, c'est l'occasion d'une étude sur nature. — Jouez ce soir, vous gagnerez ; ce sera l'occasion d'une étude nouvelle. — Il convient que les artistes ne redoutent pas les aventures et fuient les sentiers battus.

LOUIS.

Ils fuient le bonheur.....

Mme ANAÏS.

Si les succès conquis, l'ambition satisfaite, si les honneurs que justifie la renommée ne sont pas le bonheur.

LOUIS.

Vous oubliez l'argent.

Mme ANAÏS.

Montez, et vous n'en manquerez pas. Vous trouverez toujours sur votre chemin un millier d'imbéciles flattés de vous en fournir. — On ne prête qu'aux riches... vous êtes riche, s'il vous plaît de travailler... Essayez de toutes les passions, pourvu qu'aucune ne vous absorbe, ni le jeu ni les autres. — Mais surtout, gardez-vous de vous enterrer stoïquement dans un coin et d'y user votre santé à l'intention des générations futures. — Sot métier que celui-là ! — Réglez au comptant avec vos contemporains et, comme au début on ne voudra pas payer vos œuvres ce qu'elles valent, — arrière les ridicules hésitations, escomptez hardiment l'avenir, vous vous acquitterez un jour, si Dieu vous prête vie. — Il est utile à l'humanité que vous connaissiez la société, du faubourg à la cour. — Empruntez à l'humanité les subsides nécessaires ; au nom des arts, vous avez une mission en ce siècle, c'est bien le moins que le siècle vous assure la liberté d'esprit et le temps. — Laissez aux honorables bourgeois de la rue Saint-Denis le souci des échéances et bravez les inquiétudes que donnent ces misères. — Travaillez, travaillez, l'argent viendra. — Votre dernière pièce vous a rapporté?...

LOUIS.

Huit mille francs.

Mme ANAÏS.

On la joue encore. — Votre prochaine vous en rapportera quarante mille, mais plus de pseudonyme. — J'ai vu pour vous le directeur de la Porte Saint-Martin, il m'a promis de vous faire bon accueil. — Vous-même, voyez-le demain. — Au nom de votre avenir, rompez votre chaîne. — Renoncez à ces isolements maladroits, emplissez Paris de votre moi, ne ressemblez, s'il se peut, à personne, et vous êtes riche... à porter cent mille écus de dettes, sans qu'on y trouve rien à blâmer, avant votre trépas... Et encore, après, on vous excusera.

LOUIS.

Je ne suis plus ambitieux.

Mme ANAÏS.

Ce qui signifie sur vos lèvres... que vous êtes amoureux... et de moi, très-indigne d'un pareil hommage! — Eh bien, Louis, je me connais assez pour pouvoir affirmer que si j'accorde jamais à quelqu'un les faveurs après quoi vous soupirez, ce quelqu'un-là se sera placé assez au-dessus, ou tout au moins assez à côté de la foule, pour fournir une excuse à ma défaite. — Où allez-vous ce soir?

LOUIS.

Chez de Karny.

Mme ANAÏS.

J'y serai. — Demain?

LOUIS.

Chez de Moranville.

Mme ANAÏS.

Mauvaise compagnie. Je veux dire : relations inutiles. — Je ne parle que des hommes. — Quant aux femmes, soyez leur amant huit jours et restez leur ami... On ne sait pas où un coup de fortune peut porter la plus sotte d'entre elles.

LOUIS.

Et c'est vous qui me donnez un pareil conseil.

Mme ANAÏS.

Pourquoi non, Louis, ces liaisons-là n'engagent pas les hommes.

LOUIS.

Mais ce dont j'avais peur il y a deux mois est arrivé. — Je vous aime, Anaïs, et vous me laisseriez mes espérances, si j'avais le malheur de réussir à ce métier de chasseur de caprices?

Mme ANAÏS.

Certainement. — Un homme que les femmes se disputent n'est plus à dédaigner pour aucune. Sa possession est une conquête. — Il y a plaisir à se savoir la préférée. — J'ai honte à vous dire ces choses-là, Monsieur, mais vous êtes encore d'une naïveté primitive. — Croyez-en ma morale.

LOUIS.

Mais vous, Anaïs?...

Mme ANAÏS.

Morale à votre usage.

LOUIS.

Mais vous, Anaïs, d'où vient que, pensant ainsi du monde, vous n'ayez point d'amants?

Mme ANAÏS.

C'est que je n'ai pas encore rencontré un homme qui vaille le sacrifice de ma réputation.

LOUIS.

Vous croyez donc à la réputation.

Mme ANAÏS.

Des femmes! — Oui, Monsieur, j'y crois, par habitude peut-être, mais enfin j'y crois, et je me soumets, ou peu s'en faut, aux réserves qu'elle impose, — quoiqu'à vrai dire, la fidélité, l'honneur, la pudeur, il y ait dans tous cela beaucoup de mode et de convention. — Demandez à Jaffa ce qu'il pense de l'usure.

SCÈNE IX

ANAIS, — JAFFA, — LOUIS.

JAFFA.

C'est un très-vilain mot, — vide de sens, mais gros d'intentions injurieuses, que les chercheurs d'écus jettent, dans leurs jours de rage, — les ingrats qu'ils sont, — à la face des prêteurs d'écus. Comme si le but de tout marché n'était pas, de part et d'autre, le plus beau profit possible. — L'argent que je vous livre, en dehors de l'assurance nécessaire contre les aventures qu'il court et les sinistres qui peuvent l'absorber, me doit un bénéfice. — Or, ce bénéfice n'est ni suffisant ni juste, s'il reste au-dessous des jouissances que vous en attendez vous-même. Vous en voulez, — il est rare, — payez-le cher. Les temps viendront où ces vérités-là seront des banalités. — En attendant, il est sage de nous garder des dénonciateurs et des équivoques judiciaires. — C'est ce que je fais autant qu'il m'est possible. — Je tiens à ma réputation et il me faudrait une occasion toute particulière pour l'exposer. — Non pas à cause de la morale, mais à cause de la loi.

Mme ANAÏS.

Méditez ces théories, Louis. — Moi aussi, je tiens à ma

réputation, non pas à cause de la loi, mais à cause de la morale. — Or, la morale et la loi, la loi et la morale sont choses si contestables, si souvent contestées, que je conviens humblement des tentations auxquelles peut m'exposer aussi, à jour prévu, une occasion toute particulière. — Vous m'accompagnez, Jaffa?

JAFFA.

Je viens pour vous, Madame, je n'ai qu'un mot à dire à Louis.

Mme ANAÏS, remontant.

Faites, docteur ès-arts du prêt.

LOUIS, à Jaffa.

Eh bien?

JAFFA.

J'aurai les espèces demain, à midi.

LOUIS.

Demain seulement, — combien?

JAFFA.

Tout. — Dix mille francs. — Par quatre mains différentes. — La négociation a été difficile.

LOUIS.

Mais j'y peux compter pour demain?

JAFFA.

A midi!

LOUIS.

Sans remise?

JAFFA.

Parole d'honneur!

LOUIS.

Merci.

Mme ANAÏS.

C'est fini? — Partons, Jaffa. Louis, profitez de mes conseils, vous avez deux ou trois ans, cinq ans au plus pour prendre rang. — Passé cela, résignez-vous à la poésie d'une vie à l'ombre et épousez la fille de votre bonnetier. (Elle donne sa main à baiser à Louis, et sort au bras de Jaffa.)

SCÈNE X

LOUIS seul.

Étrange femme! Toutes mes répugnances tombent devant sa logique. — Logique traîtresse s'il en fut jamais.

— Quelles tentations ! — Elle est jeune, elle est belle, elle est fière et, ce qui est désolant, elle dit vrai. — J'ai trois ans devant moi pour sortir tout-à-fait de l'obscurité. Trois ans de luttes et, s'il me plaît ensuite, le repos dans les honneurs, — toutes les joies de l'amour, car je la soumettrai, cette fée de mes premiers rêves. — Le désir.... il m'obsède... — J'ai la force, la santé... il ne me manque donc que l'audace. — L'audace ! ce levier qui fait les puissants. — Voir le but, rien que le but, sans souci des moyens, — n'en déplaise aux timides qui parlent devoir et vertu, le secret des succès est là.... — Et vienne le succès, viendra la possession de la plus adorable femme dont jamais homme ait conquis les faveurs ! — Anaïs, je justifierai votre chute si pleinement, que cette chute dans mes bras vous sera enviée comme un triomphe. — Fou que je suis d'avoir promis à Gérard un retour imbécile à la vie de famille. — Comment me suis-je tant hâté d'accepter cette association impossible ?...... Ramper entre les casses d'une imprimerie, me rompre l'échine sur ces livres, me distraire à la correction des épreuves d'un dictionnaire, autant vaudrait me pendre au tournebroche d'Ursule. — Bah ! ce n'est qu'un lien à rompre... mieux vaut encore le dénouer doucement.... C'est dit : partie de mes jours aux intérêts communs, le reste et mes nuits aux intérêts des amours et de l'ambition. — Avant tout, finissons avec de Karny. — Encore un roman pour ce futur protecteur des arts, ou quelques vers à sa belle, et je deviens libre de ce côté. — Ma dette est payée à ce nouveau Mécène dont la bourse a servi mes débuts. Cette chaîne rompue, j'entre dans la possession absolue de ma plume. — Pourvu que Jaffa soit exact !... Ah ! l'argent ! l'argent ! — Anaïs l'a dit : Emplissez Paris de votre moi, ne ressemblez, s'il se peut, à personne, et vous êtes riche à pouvoir porter cent mille écus de dettes ! — Au sonnet de ce Monsieur d'abord. — Mon digne Gérard ne se doutait guère, en improvisant ce petit chef-d'œuvre, de l'usage qu'il en serait fait un jour. — Il ne saura rien de cet enfantillage, heureusement, car il serait capable de protester contre un pareil hommage à à sa muse discrète. (Il va vers le bureau.)

SCÈNE XI.
LOUIS, — ANTOINETTE.

LOUIS.

(Il prend une feuille de papier et écrit rapidement en ayant l'air de chercher un peu. — Antoinette entre doucement et lit par-dessus l'épaule de Louis.)

LOUIS.

Antoinette ! (Il cache son papier ; elle essaie de lire encore.)

ANTOINETTE, riant.

Ne vous fâchez pas, Monsieur le mystérieux, on ne prétend pas abuser de vos secrets.

LOUIS.

Il n'y a point là de secrets.

ANTOINETTE.

Alors, Monsieur, laissez-moi relire encore ces vers charmants.

LOUIS.

A quoi bon, Antoinette ?

ANTOINETTE.

Pour les admirer à mon aise. Que vous importe, si ce n'est qu'un jeu d'esprit, qu'une fantaisie jetée au vent ? — Les vers que vous faites, pour tout le monde, n'ai-je pas le droit de les lire, avant tout le monde ?

LOUIS.

Oui, sans doute. — Mais pour cette fois, chère petite sœur, je t'en prie !...

ANTOINETTE.

Hélas ! cher petit frère, pour cette fois seulement, vous aurez fait une prière inutile. (Récitant :)

> En dépit de nos vœux, le temps frappe de mort
> Nos luttes, nos projets, la fortune, la gloire,
> Et, malgré les travaux que s'impose l'histoire,
> L'obscurité saisit tout siècle qui s'endort.

> Ecoutez, cependant, du Midi jusqu'au Nord,
> Les contes de veillée et les chants populaires :
> Ce sont récits charmants des amours de nos pères.
> Contre eux, le vieux faucheur n'ose le moindre effort.

LOUIS.

Assez, Antoinette, assez.

ANTOINETTE, continuant.

Madame, profitez de sa douce faiblesse...
Dieu commande, à vingt ans, les œuvres de tendresse...
L'heure que vous perdez ne doit pas revenir...

Aimez, et puisse un jour la légende dorée,
Parlant d'amant heureux et de femme adorée,
Léguer, avec mon nom, le vôtre, à l'avenir.

La méchante humeur! — Pardonnez-moi, ce n'est pas ma faute. — Ces choses-là, il suffit de les lire deux fois et le cœur les sait :

Aimez, et puisse un jour la légende dorée,
Parlant d'amant heureux et de femme adorée,
Léguer, avec mon nom, le vôtre, à l'avenir.

Que c'est joli, Louis! — Vous êtes amoureux d'une belle jeune fille, Monsieur le discret! — Oh! tant mieux! tant mieux! Donne-moi une sœur à aimer, donne-la moi promptement, cette compagne de ma jeunesse. — Je l'attends pour la rendre si heureuse qu'elle n'aura pas le temps de regretter sa mère.

LOUIS.

Je t'assure, Antoinette...

ANTOINETTE.

C'est très-mal de nier. — Tu me crois donc indigne d'une si grave confidence. — Est-ce un amour dont tu doives rougir? Cela ne se peut pas. — Celle qui inspire un poëte tel que toi, mérite toute ma tendresse. — Quand tu vas la revoir, Louis, — tu m'entends bien, la première fois, — parle-lui de moi. Dis-lui que, n'ayant jamais connu ma mère, que, n'ayant jamais eu de sœur, je lui donne, à elle, tout le trésor d'affections que cet isolement a laissé dormir dans mon cœur.

LOUIS.

Le message me serait doux à porter, et je regrette de manquer l'occasion... Je m'inscris comme y ayant droit, quand l'heure sera venue.

ANTOINETTE.

Soit, Monsieur, gardez votre secret.

LOUIS.

Encore une fois, Antoinette, je n'ai point de secret.— Je veux dire point de secret qui intéresse mon cœur ou le tien. — Cependant, promets-moi d'oublier ce sonnet et de n'en parler à personne.

ANTOINETTE.

A personne ?

LOUIS.

Même à Ursule.

ANTOINETTE.

Même à Ursule.

LOUIS.

Ni à Gérard.

ANTOINETTE.

Ni à Gérard.

LOUIS, à part.

Maudit sonnet ! Heureusement il ne nous reviendra pas quand Raoul l'aura expédié à sa belle. (Haut.) Adieu ! (Il entre à l'imprimerie.)

ANTOINETTE, soupirant.

Adieu !

SCÈNE XII.

URSULE, — ANTOINETTE.

ANTOINETTE.

Il aime quelqu'un ! — Il songe à se marier ! — Quoi de plus simple ? — de plus naturel ? — Et pourtant, mon Dieu ! cette découverte m'a fait mal.... Pourvu qu'elle le rende heureux, mon beau Louis. — D'où viennent mes larmes ? Qui m'expliquera ces défaillances de mon cœur ? (Elle pleure.)

URSULE.

Mademoiselle !... Antoinette ! vous pleurez encore ?...

ANTOINETTE.

Non, non, je ne pleure plus, je ne veux pas pleurer.

URSULE.

Louis vous quitte...

ANTOINETTE.

Je suis folle !

URSULE.
Toutes les jeunes filles le sont un peu ; mais la cause ?
ANTOINETTE.
J'ai promis de ne rien dire.
URSULE.
Même à moi ?
ANTOINETTE.
Même à toi.
URSULE.
Est-ce qu'il est possible que vous ne me disiez rien ? — Vous m'avez demandé mes conseils, je dois tout savoir. — Allons, ouvrez-moi ce pauvre cœur-là, ou la vieille Ursule croira que vous vous méfiez d'elle.
ANTOINETTE.
Me méfier de toi !
URSULE.
Que vous ne l'aimez plus.
ANTOINETTE.
Ne plus t'aimer !
URSULE.
Parlez alors, quel nouveau sujet de chagrin croyez-vous avoir ? — Louis...
ANTOINETTE.
Louis se marie.
URSULE.
Louis se marie...! quand...?
ANTOINETTE.
Je ne sais pas.
URSULE.
Avec qui ?
ANTOINETTE.
Je ne sais pas.
URSULE.
Qui vous l'a dit ?
ANTOINETTE.
Je l'ai vu... là... Il écrivait des vers.
URSULE.
Êtes-vous bien certaine ?
ANTOINETTE.
Puisque je te dis qu'il écrivait des vers.

URSULE.

Il en écrit bien d'autres, et Gérard aussi.

ANTOINETTE.

Gérard!

URSULE.

Eh! oui, Gérard. — Autrefois, — mais notre lièvre n'est pas là. — C'est donc Louis que vous aimez?

ANTOINETTE.

Il a été si longtemps mon frère.

URSULE.

Que vous aimez... pour le mariage?

ANTOINETTE.

Peut-être, Ursule, car la certitude qu'il pense à une autre femme m'a fait soudain pleurer. — J'ai été bien aise de le voir sortir. — J'avais honte de mon trouble. — Je ne veux pas qu'il devine....

URSULE.

Cependant, mon enfant, s'il ne devine pas, comment voulez-vous qu'il pense à vous?

ANTOINETTE.

Sait-il que je ne suis plus sa sœur?

URSULE.

Gérard a dû le lui dire, il y a deux mois, comme à vous.

ANTOINETTE.

Et il n'a rien changé à ses habitudes avec moi! — Tu vois bien qu'il ne m'a pas trouvée digne de lui.

URSULE.

Encore une imagination! — Il connaît nécessairement les volontés de feu maître Corbier.

ANTOINETTE.

Qu'ont à faire ici les volontés de feu maître Corbier? Si Louis avait dû m'aimer, est-ce là ce qui l'aurait arrêté? Maître Corbier n'avait pas le droit de disposer de moi.

URSULE.

Maître Corbier ne vous a donnée à personne.

ANTOINETTE.

Non, mais il m'empêche d'appartenir jamais à celui-là seul que j'aurais choisi.

ACTE II, SCÈNE XII.

URSULE.
Donc, c'est entendu, vous préférez Louis?

ANTOINETTE.
J'en ai bien peur, Ursule.

URSULE.
Et Gérard?

ANTOINETTE.
Gérard a sans doute déjà fait comme Louis, — il s'est engagé ailleurs, de par les volontés de feu maître Corbier.

URSULE.
Je le saurais.

ANTOINETTE.
Tu dis donc que Gérard a fait des vers?

URSULE.
Encore les vers! — Certainement Gérard en a fait aussi. — Mais il les cache — Comme son père, il a ses originalités ; ce qui n'empêche pas que ce soit un cœur d'or... Bienheureuse la femme qui se logera dans ce cœur là !

ANTOINETTE.
Louis! Gérard! Oh! mes irrésolutions, que vous me faites souffrir ! — Je n'ose parler, je crains d'agir. Et pas un regard de femme qui m'aide à chercher le mot de ma douleur !

URSULE.
Si vous consultiez Madame des Ormes....

ANTOINETTE.
Jamais, Ursule, jamais. — Et, tiens, il m'est venu un doute. — Je ne sais pas pourquoi, je ne sais pas comment, mais, j'en ai le pressentiment, c'est à Madame des Ormes que s'adressent les vers de Louis.

URSULE.
Il la voit tous les jours.

ANTOINETTE.
Tous les jours ! — Ce n'est pas bien, ce que je vais dire là ;... je crois que je la hais, cette belle dame !

URSULE.
A cause de Louis.

ANTOINETTE.
Non, je me consolerais peut-être des hommages que

Louis lui adresse, — mais elle m'a fait peur tantôt. Je ne sais quels discours embarrassés elle m'a tenus... Il m'a semblé qu'ils cachaient un piége. — Elle m'a beaucoup parlé de M. Raoul de Karny. — Je me résignerai, si la volonté de Dieu s'y oppose, à n'épouser ni Louis, ni Gérard ; mais je ne serai jamais la femme de ce M. Raoul de Karny ?

URSULE.

Heureusement, nous n'en sommes pas encore à nous défendre de ce côté. — Il déplaît à Gérard.

ANTOINETTE.

Il est l'ami de Louis. — D'ailleurs les malheurs, viennent si vite. Il y avait longtemps que tu m'avais vu pleurer, Ursule, et depuis deux mois...

URSULE.

Ah! depuis deux mois, notre écheveau s'embrouille. — Venez, vous avez les yeux rouges. — Cela se voit encore.

(Elles sortent par la droite au fond.)

SCÈNE XIII

LOUIS, — RAOUL.

LOUIS.

J'ai du travail pour ma journée ; je suis déjà fatigué ; je ne sortirai pas ce soir.

RAOUL.

C'est un tort. — Ton absence sera remarquée. Tu as une revanche à prendre. — Chez moi, les choses se passeront comme il convient entre gens de bonne compagnie. — Madame des Ormes sera des nôtres.

LOUIS.

Je le sais. — Mais j'ai les nerfs agacés et l'humeur noire. — D'ailleurs, on jouera gros jeu et je n'aurai d'argent que demain.

RAOUL, légèrement.

Tu veux rire... un caissier !...

LOUIS, troublé.

La fortune de la maison Corbier frères ne m'appartient pas.

RAOUL, de même.
Puisque tu auras de l'argent demain.
LOUIS.
Jaffa m'en a promis sur l'honneur.
RAOUL.
Jaffa te tiendra parole. D'ailleurs, tu gagneras. — Que dirais-je à Madame des Ormes pour expliquer ton absence ?
LOUIS.
Ce que tu voudras, excepté la vérité. (Bas.) J'aurai dix mille francs demain. — Il a raison, mon absence aura l'apparence d'une retraite honteuse... Ils riront à mes dépens et Anaïs sera là... Oh! pauvre courage, misérable philosophe ! Voilà que je tremble devant les moyens. — Ce de Karny a payé cinq mille francs pour moi, — j'en puis risquer cinq mille autres. — Si je perds, les dix mille francs de Jaffa couvriront tout demain. (Il ouvre la caisse et y prend un porte-feuille.)

RAOUL, bas.
Mon sonnet à son adresse. — Nous verrons bientôt l'effet de cette première attaque. (Il cache le sonnet sur la table d'Antoinette.)

LOUIS, très-ému.
Gare à vous, mes grecs d'hier. — Partons, Raoul !
RAOUL.
Tu viens, vivat !
LOUIS, de même.
Partons !
RAOUL.
Point d'adieu à ta sœur ?...
LOUIS, tout à fait troublé.
Non, partons. — Mais partons donc !
RAOUL, à part.
Nous avons caressé la caisse. — J'aurai mes cinq mille francs ce soir. — Allons, il se forme.

SCÈNE XIV

LOUIS, — RAOUL, — ANTOINETTE, — URSULE.

ANTOINETTE.
Tu reviendras dîner, Louis ?

LOUIS, s'arrêtant.

Je ne crois pas.

URSULE.

Vous rentrerez de bonne heure?

LOUIS, il s'élance dehors suivi de Raoul.

Je l'ignore.

URSULE.

Et moi qui avais préparé à son intention une superbe crême à la vanille. — Il aimait tant autrefois la crême à la vanille !

ANTOINETTE.

C'est encore son ami Raoul qui l'entraîne.

URSULE.

Décidément, ce très-beau monsieur pourrait bien n'être qu'un rien du tout.

ANTOINETTE.

La très-belle dame ne vaut pas mieux, Ursule.

URSULE.

Je commence à le croire comme vous.

SCÈNE XV

ANTOINETTE, — GÉRARD, — URSULE.

GÉRARD.

Embrassez votre frère, Antoinette ; embrassez votre fils, Ursule : il est bien heureux ce soir.

URSULE.

Dieu soit loué ! Mais, en fait de bonheur, mon fils Gérard n'aura jamais ce qu'il mérite.

ANTOINETTE.

Dites-nous, mon frère, les causes de votre joie : — Nous y prendrons meilleure part, quand nous les connaîtrons.

GÉRARD, posant des papiers sur son bureau.

Une chose sérieuse... dont certaines gens riraient...

ANTOINETTE, montrant les papiers.

Qu'est-ce que cela?

GÉRARD.

Un bon livre ! C'est-à-dire, une bonne fortune sur laquelle j'ai mis la main. — Oh ! j'y donnerai tous mes soins. La rencontre est si rare au milieu des productions du siècle. — Ah! les fêtes de l'imprimerie sont passées! C'était autrefois une noble profession que la nôtre. — C'est imprimé, disait le peuple, donc c'est vrai, inclinez-vous. — C'est imprimé, dit-on ironiquement aujourd'hui, méfiez-vous. — Les livres menteurs abondent, et c'est une mauvaise action que l'impression d'un livre qui ment.

URSULE.

La mauvaise action est pour l'auteur.

GÉRARD.

Non, pas pour lui seul. Mon nom sous le sien est le signe de notre solidarité. — De par Dieu et ma conscience, j'ai le droit de censure sur les œuvres que j'imprime. — J'en réponds au pays, sur mon honneur et sur mes biens. — Ne vous étonnez donc pas si je me réjouis tant d'apposer la signature des Corbier frères au titre d'une œuvre honnête... C'est un début d'heureux augure... Louis s'en réjouira comme nous. — J'ai signé ce matin.... je veux commencer ce soir. — Mais où est-il donc?

ANTOINETTE, embarrassée.

Louis?... Il est sorti.

GÉRARD.

Sorti!... Ah! seul?

ANTOINETTE, de même.

Avec Monsieur de Karny.

GÉRARD.

Voilà un client dont j'espère me débarrasser bientôt.

URSULE, elle remonte.

Et ce sera bien fait. — Décidément, il me déplaît, le Monsieur de Karny. (Elle sort.)

SCÈNE XVI

GÉRARD, — ANTOINETTE.

Antoinette, en prenant des dentelles sur sa table, fait tomber le billet de Raoul.

GÉRARD.

Qu'est-ce que cela, Antoinette?

ANTOINETTE.

Je ne sais... (Elle ouvre, lit, et se trouble.)

GÉRARD.

Est-ce un secret? — Oh! gardez-le, Antoinette : je n'y ai pas droit maintenant.

ANTOINETTE.

Toujours! Gérard, toujours! — Ce sont des vers.

GÉRARD.

De qui?

ANTOINETTE.

De Louis... sans doute, — je ne les ai pas lus et je ne vois personne...

GÉRARD.

Lisons ensemble. — Vous le voulez bien, Antoinette ;... vous le permettez à votre vieil ami.

ANTOINETTE.

A mon frère!... (Bas.) Louis! — ils étaient donc pour moi, ces vers!

GÉRARD, il jette les yeux sur le papier et le froisse, furieux.
Lâcheté!

ANTOINETTE.

Gérard, qu'avez-vous? — que signifie?

GÉRARD.

Vous croyez ceci de Louis?

ANTOINETTE.

Un sonnet.

> Aimez, et puisse un jour la légende dorée,
> Parlant d'amant heureux et de femme adorée...

GÉRARD.

Vous les avez donc lus?

ANTOINETTE.

Par-dessus l'épaule de Louis... malgré lui, pendant qu'il les composait.

GÉRARD.

Dites qu'il les copiait.

ANTOINETTE.

Lui! — à quoi bon les copier?

GÉRARD.

Il les a copiés cependant.

ANTOINETTE.

Comment le savez-vous ?

GÉRARD.

Ces vers sont de moi.

ANTOINETTE.

De vous ?

GÉRARD.

De moi, qui ai laissé Louis les sauver du feu, où les autres sont allés.

ANTOINETTE.

Tout s'explique alors ! — Louis a bien fait de les sauver du feu... Louis a bien fait de me les donner, et je les garde. (Elle essaie de reprendre les vers.)

GÉRARD.

Ce ne sont pas les vers que j'adresserais à ma sœur.

ANTOINETTE, troublée.

Et si Antoinette Duval les acceptait ?...

GÉRARD, troublé.

(Bas.) Antoinette Duval ! Oh ! Gérard ! Gérard ! — Allons, à moi ma raison... (Haut.) Il y a là-dessous une infamie en projet ; ma sœur, méfiez-vous. Ces vers sont de moi. — Louis s'en est emparé, et Raoul de Karny vous les adresse.

ANTOINETTE.

Je les ai vus, vous dis-je, écrits par Louis.

GÉRARD.

Monsieur de Karny les a copiés après lui ! — Pourquoi ? — Voilà ce que nous ne pouvons manquer de savoir bientôt. — Mais, encore une fois, si vous n'aimez pas Monsieur de Karny, méfiez-vous, Antoinette.

ANTOINETTE.

Je n'aime pas Monsieur de Karny et n'ai rien à redouter de ses entreprises.

GÉRARD, allant à son bureau.

Voilà qui a gâté ma joie. (Il ouvre et cherche.)

ANTOINETTE, à part.

Ah ! Louis, vous avez mis fin à mes irrésolutions. — Epousez Madame des Ormes.

GÉRARD, cherchant.

Rien, rien !... Nous avions là dix mille francs hier..

Comment expliquer ?... Louis !... Non, c'est impossible, non !...

ANTOINETTE.

Vous me faites peur, Gérard... parlez... Au nom du ciel, que nous arrive-t-il encore ?

GÉRARD.

Une honte ! —Louis est sorti avec Monsieur de Karny, m'avez-vous dit ?

ANTOINETTE.

Avec monsieur de Karny... Il ne dînera pas chez nous... il rentrera tard...

GÉRARD.

Oh ! mon père, mon père ! — Et il n'a rien laissé pour moi... pas un mot ?

ANTOINETTE.

Rien.

GÉRARD.

Cela ne se peut pas... vous me trompez...

ANTOINETTE.

Vous tromper ! — L'ai-je jamais essayé ?

GÉRARD.

Jamais !... Je voudrais tant douter encore...

ANTOINETTE.

Mais douter de quoi, Gérard ?... Ursule pourrait peut-être...

GÉRARD.

Oui, — oui, — Ursule... appelez Ursule... Non, voici Jaffa. — Il doit savoir, lui... Il sait !

SCÈNE XVII.

ANTOIENTTE, — JAFFA, — GÉRARD.

GÉRARD, saisissant Jaffa au collet.

Juif ! — Tu sens l'or. (Il le repousse.) — Parle.

JAFFA.

Monsieur Gérard !

ANTOINETTE.

Mon frère ! pareille colère est indigne de vous. — De grâce !

ACTE II, SCÈNE XVI.

GÉRARD.

C'est vrai, Antoinette : pardon, ma sœur. Oh ! que je souffre ! — Jaffa, quel marché avez-vous fait avec mon frère ?

JAFFA.

A propos de la montre ?

GÉRARD.

Non.

ANTOINETTE, vivement.

Oui, à propos de la montre ?

JAFFA.

Mais un marché très-simple, — Il y a deux mois, contre quelques articles, réclame, critique et réplique, à insérer où je voudrais et dont j'avais besoin pour lancer ma grande affaire. — Celle que vous savez. — J'ai remis à Louis, ici même, quittance de cinq cents francs plus une montre magnifique.

GÉRARD.

Que dites-vous de cela, Antoinette ?

ANTOINETTE, présentant la montre à Jaffa.

Reprenez-là, Monsieur, reprenez-la, vous dis-je. — Louis n'a pas réfléchi que sa sœur ne saurait porter des bijoux à ce prix. — Vous l'avez tenté.

JAFFA.

Mais non, mademoiselle. — Il a exigé. — J'ai cédé parce que j'ai cinq enfants et que...

GÉRARD.

Laissons vos enfants... Reprenez ceci... Mais reprenez donc... Le marché a été fait pour Antoinette.

ANTOINETTE.

Je romps le marché. — Louis acceptera mes raisons.

JAFFA.

Mon honneur ?

GÉRARD.

Trève aux paroles perdues. — Et depuis la montre ?

JAFFA.

Depuis la montre ?

GÉRARD.

Hier, ce matin ? Que sais-je ?...

JAFFA.

Votre frère a besoin d'argent, à ce qu'il paraît.

GÉRARD.

Combien ?

JAFFA.

Dix mille francs.

GÉRARD.

Et ?

JAFFA.

J'ai essayé de les lui procurer.

GÉRARD.

Inutilement.

JAFFA.

Pardon, quand Machabeus Jaffa se charge d'une affaire. C'est qu'elle est possible et il la mène à bien.

GÉRARD.

Cependant...

JAFFA.

Patience ! — J'aurai les dix mille francs dans trois jours. — Louis y comptait pour demain ; — mais je venais l'avertir que je n'ai pas pu mieux faire.

GÉRARD.

Il y comptait pour demain et en attendant, Antoinette, ces dix mille francs, un dépôt, — dans un cas donné, l'honneur de notre nom commercial ! — il les a pris là. — A cette heure peut-être les joue-t-il chez de Karny. — Merci Jaffa.

JAFFA.

Monsieur Gérard, Louis vous les rendra dans trois jours.

GÉRARD.

Laissez-nous.

JAFFA.

Croyez, Monsieur Gérard, que je suis désolé de vous avoir déplu. — Pure complaisance de ma part que ce prêt. — Point de profits, hors la petite commission d'usage... mais si j'avais su vous fâcher.

GÉRARD.

Me fâcher, vous, Machabeus Jaffa ? Non, faites votre métier. — Tout prodigue, tout ambitieux, tout enfant perdu de la presse a quelqu'un de vos pareils collé à la peau. — Autant vous qu'un autre.

JAFFA.

Je vois que vous me rendez justice. Je n'ai jamais ruiné

personne et j'ai sauvé quelques honnêtes gens. Pour vous, Monsieur Gérard, s'il vous arrivait d'avoir besoin de mes services, contre votre signature, je trouverais des amis qui.....

GÉRARD.

Jamais ! — Jamais !

JAFFA, sortant.

Ouf ! le butor. — Il est vrai que Louis a été un peu léger.

SCÈNE XVIII.

ANTOINETTE, GÉRARD.

ANTOINETTE.

Je comprends votre désolation, mon frère, mais si Louis avait su !...

GÉRARD.

Louis savait que cet argent honorablement gagné, aurait chez moi, tôt ou tard, un emploi honorable.

ANTOINETTE.

Ne le condamnez pas sans l'entendre et, en attendant qu'il se justifie, n'oubliez pas que votre sœur est riche, — riche pas vos soins.

GÉRARD.

Merci, Antoinette, ce qui m'accable, ce n'est pas la nécessité de rompre un engagement pris à propos de ce livre, dont j'espérais tout à la fois considération et profit. — Non ! — c'est la lâcheté de l'action, c'est la certitude douloureuse que de ce jour tout est rompu entre Louis et moi. — C'est l'effroi des destinées qui l'attendent. — Point de milieu possible dans les arts ; ou le soleil, ou la boue. Si le cœur consent à des actions déloyales, la main aura beau se ganter, toutes ses œuvres porteront un cachet de déloyauté. — Prophètes du jour, où la morale est véreuse, le génie avorte. Vos semblants de verve, de pudeur, de vertueuse audace, aboutiront à l'impuissance.

ANTOINETTE.

Je veux croire encore à l'innocence de Louis ou tout au moins, s'il a failli, à son repentir. — Je le verrai, mon frère.

GÉRARD.

Prenez avis de votre cœur, Antoinette. Pour moi, j'ai tenté la dernière épreuve. — Que l'ombre de mon père veille désormais sur le dernier né de la famille et qu'elle me pardonne l'insuccès de mes conseils.

FIN DU SECOND ACTE.

ACTE TROISIÈME.

Chez Louis Corbier. — Un très-beau cabinet de travail. — Meubles de luxe. — Nombreuses fantaisies sur une grande table toute couverte de papiers et de livres. — Un flacon d'absinthe, un verre et de l'eau. — Portes au fond, à droite et à gauche.

SCÈNE Ire.

LOUIS, seul.

(Il se prépare un verre d'absinthe et le boit en composant.
— Tout est fermé, portes et fenêtres.)

« La société nous impose des devoirs.

— « Et des contributions, très-cher. La société n'a pas le sens commun.

— « Mais on doit respecter les femmes. (Il sonne, un domestique paraît.)

Monsieur Jollinet, de l'eau.

« Tombe aux pieds de ce sexe à qui tu dois ta mère. »

— « On doit les adorer, les femmes.... ou faire semblant.
— « Étrange morale.
— « Ce n'est point de la morale, mon bon, c'est tout sim-
« plement de la raison. — Ces dames, innocentissime
« jeune homme, se moquent ordinairement de ceux qui
« les respectent. — Le sexe timide aime qu'on lui fasse
« violence. Il lui faut une excuse à ses défaites. — Étudie
« Lauzun et tu comprendras que toute ton éducation est à
« refaire. — Commence par oublier les sublimes leçons des
« cuistres, tes dignes maîtres. — L'honneur, l'argent, la
« vertu, la gloire, le sacrifice, l'amitié, l'amour, ces gens-
« là ont touché à tout et ils ont tout défiguré. — Leur en-
« seignement, aussi malsain que leur cuisine, est un tissu
« de vieux mensonges dont personne n'est dupe, pas
« même ces Messieurs qu'il faut bien excuser. — Ils
« obéissent au tyran des sots. — L'usage, mon cher, l'u-

« sage ! » (Il lance sa plume loin de lui). — Tonnerre ! Je n'en peux plus. — J'entends bouillir ma cervelle..... j'aurais pourtant voulu terminer toute cette chienne de besogne. Quel métier ! (Il se lève). Ah ! bienheureux les pensionnaires de Toulon ! Vive le bagne ! — Alerte, badauds, voilà Louis Corbier qui passe ! Saluez le terrible satirique. Enfoncé Boileau ! — Saluez le géant du drame ! Écrasé Corneille ! — Saluez le romancier torrent ! Ereinté Voltaire ! — Quelle tête ! quel œil !! quelle bouche !!! — En voilà un qui a du génie !... Niais ! — En voilà un qui en abat des chefs-d'œuvre !... — Crétins ! — En voilà un qui en gagne de l'argent !... Imbéciles ! — En voilà un qui est heureux !!! — Mais certainement, Messieurs du Mérinos. Messieurs du Philocôme, certainement ! — Il est heureux ce hardi coquin.... heureux comme une anguille qu'on écorche. — Il court, ventre à terre comme un chien qui a dix chaudrons à la queue... Il mord de ci... Il mord de là... Il jappe, il aboie, il hurle à l'occasion... C'est réjouissant, c'est bouffon, on se pâme à l'entendre, et l'on applaudit à tout rompre... Bravo ! l'auteur, bravo ! — encore, encore, des folies, des sophismes, des blasphèmes, des injures.... Encore ! encore !... Eh ! canailles ! laissez-moi boire en paix ou j'avalerai, un beau matin, la balle d'un pistolet. Au moins, j'aurai du repos et, par l'enfer ! ce sera du bonheur. — Seriez-vous vexés, mes très-chers créanciers, si je vous échappais par ce chemin de casse-cou. — Eh ! là, Messieurs, le beau petit fossé entre vous et moi. — Sautez !... il n'y a pas de garde-fou... Sautez donc, — sautez !... Pauvre Jaffa ! Il a cinq enfants et la maman est jeune ! (Il se jette accablé sur un canapé.)

SCÈNE II.

JOLLINET, — LOUIS.
(Jollinet entre, apportant une carafe d'eau sur un plateau.)

LOUIS.

Quelle heure est-il ?

JOLLINET.

Trois heures, s'il plaît à Monsieur. (Sur un signe de Louis, Jollinet lui présente des cigares et du feu.)

LOUIS.

Du matin ?

JOLLINET.

Après midi, si Monsieur le permet.

LOUIS, fumant.

Et quel jour?

JOLLINET.

Mercredi, comme Monsieur s'en doute.

LOUIS.

Depuis quand suis-je enfermé?

JOLLINET.

Monsieur n'est pas sorti depuis le lundi, onze, deux heures après minuit.

LOUIS.

Je sortirai ce soir.

JOLLINET.

Monsieur, sortira en voiture?

LOUIS.

Non, fais seller Caracalla.

JOLLINET.

Pour quelle heure, Monsieur, désire-t-il son cheval?

LOUIS.

Pour cinq heures.

JOLLINET.

C'est que le cocher de Monsieur est absent.

LOUIS.

Voilà ce que c'est que d'avoir un maître Jacques... — Depuis quand est-il sorti, le drôle?

JOLLINET.

Depuis ce matin. — Monsieur sait que Jean se grise, dès qu'il n'a rien à faire.

LOUIS.

Il est bien heureux, ce coquin là, de se griser, quand il n'a rien à faire. Ce doit être beaucoup plus gai que de se griser quand on a trop à faire. — Trouve-le, qu'il boive son dernier verre, et soit prêt à cinq heures; — montera Ulysse.

JOLLINET.

Monsieur veut-il recevoir ses lettres?

LOUIS.

Donne. (Jollinet présente les lettres sur un plateau que Louis fait placer près de lui.) Qui est venu pendant mon absence?

JOLLINET.

Monsieur veut dire pendant sa retraite. — Madame des Ormes.

LOUIS.

Combien de fois?

JOLLINET.

Une fois! — J'en demande pardon à Monsieur.

LOUIS.

Commode maîtresse!

JOLLINET.

Monsieur Raoul de Karny, cinq fois.

LOUIS.

L'excellent ami!

JOLLINET.

Monsieur Jaffa, — huit fois.

LOUIS.

J'ai donc quelque billet à payer...,

JOLLINET.

Mademoiselle Ursule Marteau.

LOUIS, se levant.

Ah!

JOLLINET.

Tous les jours!

LOUIS.

Pourquoi l'avoir renvoyée?

JOLLINET.

Monsieur daignera se rappeler qu'il n'a point fait d'exceptions, en donnant ses ordres.

LOUIS.

C'est vrai.

JOLLINET.

J'ai craint de désobliger Monsieur.

LOUIS.

J'accepte l'excuse. — Mademoiselle Marteau a-t-elle dit quand elle reviendra?

JOLLINET.

Mademoiselle Ursule Marteau, attend Monsieur.

LOUIS.

Et où cela?

JOLLINET.

Dans l'antichambre.

LOUIS.

Au salon, maroufle! au salon.

JOLLINET.

J'obéis à Monsieur.

LOUIS.

Fais-là entrer... Non, attends encore... pauvre vieille Ursule! — Voilà un cœur comme il ne s'en fait plus. — Une digne fille qui a des entrailles de mère et qui m'aime, avec tous mes vices, comme d'autres leurs enfants bossus ou cagneux, avec leurs difformités. — Et qui encore?

JOLLINET.

Deux religieuses.

LOUIS.

En quête pour la chapelle du couvent?

JOLLINET.

Pour le nouvel Hospice des Incurables.

LOUIS.

Tu leur porteras cent francs. — Je coûterai plus que cela, peut-être, à l'hospice des Incurables.

JOLLINET.

Monsieur Charles, l'amoureux des Délassements, à propos d'un bénéfice. — Il est de la conscription cette année.

LOUIS.

Tu prendras deux loges.

JOLLINET.

Mademoiselle Ernestine, de l'Ambigu.

LOUIS.

Pour?...

JOLLINET.

Une autre quête, à l'intention de faire enterrer convenablement sa camarade Laure Brichu.

LOUIS.

Biribi! Elle est morte, la joyeuse fille?

JOLLINET.

Elle s'est asphyxiée, Monsieur.

LOUIS.

Un désespoir d'amour?

JOLLINET.

La misère! — Ça n'allait plus, Monsieur; elle a écrit qu'elle ne voulait ni s'encanailler ni vieillir.

LOUIS.

Pour une piqueuse de bottines, c'est brave, cela ! Porte cinquante francs à Mademoiselle Ernestine.

JOLLINET.

Le directeur de la Gaîté, pour la pièce que Monsieur a promise.

LOUIS.

J'en ai promis bien d'autres.

JOLLINET.

Monsieur Duplichat apportait mille francs et comptait emporter le premier acte.

LOUIS.

A-t-il paru mécontent et pressé?

JOLLINET.

Oh! très-mécontent et très-pressé. —Il m'a chargé de dire à Monsieur que l'Ambigu répète l'*Europe* depuis trois jours.

LOUIS.

Qu'est-ce que c'est que ça l'*Europe*?

JOLLINET.

Une grande pièce historique de Messieurs Athanase Barbillon, Marcelin Pointu, Adrien d'Orty, Théodule Dardillat, Casse-Caillou, Mirouflet et Chandernagor. — On croit à un succès et si le drame de Monsieur ne prend l'affiche qu'au fort des recettes de l'Ambigu, Monsieur sait mieux que personne combien la Gaîté en souffrira.

LOUIS.

Tant pis pour la Gaîté. — D'ailleurs il l'aura sa pièce; mais puisqu'il est si pressé, c'est deux mille francs de prime que j'exigerai. — Et après?

JOLLINET.

Personne. — Ah! que Monsieur daigne m'excuser, j'allais oublier le bijoutier Annibal Coffinaux. — Il voulait absolument voir Monsieur à propos de billets, de protêt. — Voire même de saisie... J'en demande pardon à Monsieur.

LOUIS.

Oh! diable, mais j'ai tout-à-fait oublié Annibal et ses billets. — La date du mois ?

JOLLINET.
Monsieur s'est enfermé le lundi onze, si Monsieur veut me faire l'honneur de compter, il trouvera mercredi vingt... voici le papier timbré.
LOUIS.
Qu'as-tu répondu à maître Annibal Coffinaux?
JOLLINET.
Monsieur est parti depuis un mois pour la Chine. — Il est allé étudier sur nature, les amoureux de Pékin à l'intention d'un drame que le Cirque nous a commandé.
LOUIS.
Belle besogne que tu as faite-là ! Monsieur Jollinet.
JOLLINET.
Je me suis conformé aux ordres de Monsieur. J'ai répété la phrase que Monsieur avait eu l'attention de me donner pour ses créanciers.
LOUIS.
C'est trop bien me servir.
JOLLINET.
Ai-je eu le malheur de déplaire à Monsieur ?
LOUIS.
Non. — J'aviserai.
JOLLINET.
Merci à Monsieur, de vouloir bien rassurer son serviteur.
LOUIS,
(Il prend successivement des papiers sur la table.)
Porte ceci à la rédaction du *Gladiateur*. Tu demanderas mille francs au caissier... voici mon reçu. — Cela encore à l'*Étendard français*... on te remettra cinq cents francs... — Annonce à Charleval, le directeur des Variétés, que je consens à lui lire demain la pièce promise au Vaudeville... Fais-lui passer ma carte ; il sera visible pour toi... Il te remettra cinq mille francs.
JOLLINET.
Monsieur donne-t-il un reçu ?
LOUIS.
Charleval ne t'en demandera pas. — Entre en passant chez le marchand de vin Chipotard ; contre ceci, Beaucadet...

JOLLINET.

Le chef de claque?

LOUIS.

Beaucadet, te remettra cinq autres mille francs. — Je lui engage mes droits d'auteur.—S'il fait la grimace, dis-lui que je le prendrai ce soir au Café des Variétés pour traiter, en soupant, l'affaire de la Gaîté. — Je m'écarte un peu de la Caisse d'épargne, mais, bah ! A qui demain ?

JOLLINET.

Monsieur n'a plus rien à m'ordonner ?

LOUIS.

Va, et fais vite.

JOLLINET.

Monsieur est toujours dans l'intention de sortir à cheval ?

LOUIS.

Non, qu'on attelle.

JOLLINET.

Et Mademoiselle Ursule Marteau ?

LOUIS.

Dans dix minutes.

SCÈNE III

LOUIS, seul.

J'irai chez Annibal... Une triste spéculation que j'ai faite avec ce Monsieur Annibal Coffinaux!... Dix mille francs d'argenterie et de bijoux, achetés à midi... vendus à quatre heures, pour sept mille francs à un ami de Jaffa ! — Comme il m'a volé, l'honnête marchand !... si je paye ses billets, sans réduction, il pourra rire à mes dépens. Voyons mes lettres.

« Mon gros chat,
« Il y a un siècle que je ne t'ai vu. — Je m'en meurs
« d'ennui.—Si tu as appétit d'une nuit bien folle, etc., etc.,
« on soupe ce soir chez le comte Malboni. — On jouera...
« Je suis à sec... tu serais adoré si... etc., etc.

« Ta CABRIOLE. »

— Connu ! — Des vers ! — J'ai donc aussi mes courtisans :

ACTE III, SCÈNE III.

A LOUIS CORBIER.

La France, terre heureuse,
Est à jamais féconde, et plus le temps la creuse
Plus elle donne des auteurs,
Arbres puissants ou douces fleurs.
Racine naît, la veille
Du jour où va mourir Corneille,
Après ces deux, sans se faire prier
Le Ciel nous donne enfin Louis Corbier.

Horatius Michel.

Rue..... — Connu ! — Le malheureux ! j'aime mieux les critiques.... quatre pages!...

« Monsieur,
« Il est douloureux de voir user ainsi des dons précieux
« de Dieu. — Votre dernier ouvrage, inutile pour le but,
« dangereux par la forme... Vos héros dans la boue...
« Nous évitons de passer par certaines rues, quand nos
« femmes ou nos enfants nous accompagnent.—Etc., etc.

C'est mieux que les vers de M. Horatius Michel.

« Un ami du beau et du bon,
« Ce qui est le vrai dans les arts. »

Pas de nom ! — Voilà un honnête homme qui fait une action honorable et il se cache. — Mon cher anonyme, si ami du beau et du bon que vous soyez, tant que les gens comme vous seront modestes, les canailles auront beau jeu.

« Monsieur,
« Il circule sur votre compte des bruits fâcheux dans le
« monde des arts. — Vos dernières attaques contre certai-
« nes choses et certains hommes du jour ont mis le com-
« ble aux colères secrètes... on songe à vous abattre. —
« On se flatte de vous imposer un silence absolu, plus
« encore, on espère vous arracher bientôt l'apologie de
« tout ce que vous fustigez. »

Jamais !

« On prétend qu'on vous tient. — On va jusqu'à pro-
« noncer les mots de police correctionnelle. »

Ah! Louis Corbier, voilà qui devient sérieux.

« J'admire votre talent, Monsieur, mais on devine à
« vous lire que vous n'êtes pas libre de toutes vos pa-
« roles. — Il y a là-dessous des questions d'argent. —
« J'ai une fortune qui me permettrait de vous affranchir,
« le jour où des embarras trop multipliés vous mettraient
« en tentation de mentir à vos débuts comme écrivain.
« Méfiez-vous, et comptez sur votre ami le plus dévoué
« qui n'en sera pas moins à l'occasion un juge sévère de
« vos folies.
Charles B.
Paris, bureau restant.

A conserver précieusement.—Merci, mon ami inconnu.
Vous avez acquis le droit de condamner mes folies.
— La police correctionnelle! Est-ce que j'aurais commis quelque balourdise prévue par la loi? — Ce que
c'est que de ne pas savoir son Code. Si jamais je
prends un secrétaire, je choisirai quelque habile marchand, retiré du monde après deux ou trois faillites. —
La police correctionnelle! Ils n'oseraient pas! — (Il sonne.
Jollinet paraît.) Fais entrer Mademoiselle Marteau.

SCÈNE IV.
URSULE, — LOUIS.

LOUIS, embrassant Ursule.
Ah! bonjour, ma vieille Ursule, bonjour.
URSULE.
Qu'est-ce que cela, sainte Vierge! Bonjour, mon enfant! — On n'y voit pas chez vous. — S'enfermer ainsi;
— allumer une lampe en plein midi! — Pourquoi donc?
LOUIS.
Pour travailler, Ursule, les bruits du dehors me dérangent.
URSULE.
Mais le bon Dieu n'aime pas qu'on se cache du soleil.
— Il n'y a que les méchants en travail de mauvais desseins, qui craignent la lumière.
LOUIS.
Et tu me ranges parmi les bons?

URSULE.

Parmi les meilleurs!

LOUIS.

Tu as peut-être tort.

URSULE.

J'ai raison cent fois, mon Louis d'or. Vous vous calomniez; — ce sont ces rideaux-là qui vous mettent du noir dans l'âme. — Je ne suis qu'une pauvre vieille fille, ignorante à plaisir, mais je sais que toute créature souffre des ténèbres et de la solitude. — Permettez-moi d'ouvrir. (Elle relève les rideaux et ouvre les fenêtres.)

LOUIS.

Ouvre à ton gré, mais ne gronde plus.

URSULE.

Ne plus gronder, Louis, ne plus gronder, quand je vois là, parmi vos papiers, ce maudit flacon!

LOUIS.

Mon absinthe?

URSULE.

Malheureuse habitude!

LOUIS.

Nécessité, Ursule, cela monte.

URSULE.

Cela tue. — Vous avez raison, Louis, je ne dois plus gronder. — Vous êtes un homme et un grand homme, à ce qu'ils disent à l'imprimerie. — Mais vous me laisserez vous supplier à genoux de vous conserver à ceux qui vous aiment. — Comme il est fatigué! défait! Huit jours sans sortir, sans voir le ciel, et avec ça!

LOUIS.

Ursule, je ne te reconnais plus. Autrefois ta présence ici me réjouissait. — C'était la lumière, le soleil que tu me blâmes de fuir; mais alors tu te contentais de m'aimer sans prétendre me corriger. D'où vient que tu changes tes habitudes? Quelque malheur vous est-il arrivé là-bas?

URSULE.

Non, Dieu merci!

LOUIS.

Parle-moi d'eux.

5.

URSULE.

Dam! ils sont tristes. — Plus les journaux s'occupent de vous, plus Gérard s'afflige.

LOUIS.

Jaloux !

URSULE.

Lui, jaloux !... oh ! blasphème !...

LOUIS.

Fait-il fortune ?

URSULE.

Vous savez bien que Gérard ne sera jamais riche comme vous l'entendez. — Il vit honnêtement.

LOUIS.

Bourgeoisement. — Sottement !

URSULE.

Je dirais heureusement, si vous n'aviez point quitté la maison, si même vous y veniez quelquefois encore.

LOUIS.

Cela ne se peut pas.

URSULE.

A cause des dix mille francs. — Vous les avez rendus, il n'y a plus à revenir là-dessus. Gérard n'a pas de rancune ; mais vous avez, vous...

LOUIS.

De la pudeur ?

URSULE.

Oh ! de l'orgueil.

LOUIS.

Ursule !...

URSULE.

Et moi aussi, je vous fâche. — Il faudra donc que je me condamne, comme les autres, à ne plus vous voir ?

LOUIS.

Garde-t'en bien, tu es la seule amitié vraie qui me reste.

URSULE.

Pure imagination.

LOUIS.

Je suis injuste. — Il y a encore quelque part, un inconnu qui s'offre à payer toutes mes dettes.

URSULE.

Vous voyez bien. — Ah! le digne homme! Vous le nommez?

LOUIS.

Ses pareils sont rares. — Charles B... — Paris, bureau restant.

URSULE, à part.

C'est bien cela. — Notre lettre a été lue. — Antoinette sera contente. (Haut.) Vous avez accepté?

LOUIS.

Non pas! — Mon travail suffira à apaiser la faim de mes créanciers.

URSULE.

Vous avez donc beaucoup de dettes, Louis?

LOUIS.

Je ne sais pas au juste; mais je commence à le croire. — J'ai un peu abusé des crédits que m'ont ouvert ma bonne mine et ma réputation. — Je vais me ranger.

URSULE.

Vous ferez bien, Louis, car j'ai ouï dire qu'on peut mettre en prison les gens qui ont beaucoup de dettes.

LOUIS.

A la rigueur, beaucoup n'est pas de nécessité... Au contraire... Peut-être n'en ai-je point assez. — Et par qui as-tu entendu dire cela?

URSULE.

Par Monsieur de Karny.

LOUIS.

Vous le croyez donc toujours mon ami, Monsieur de Karny?

URSULE.

Très-peu, depuis les explications qui ont suivi les vers que vous savez.

LOUIS.

J'ignorais que ces vers fussent destinés à Antoinette.

URSULE.

Oh! Mademoiselle n'en a jamais douté.

LOUIS.

Je n'ai jamais voulu revenir sur ces histoires-là. — Mais, puisque nous avons commencé. — Achève. — Qu'ont amené les explications avec Monsieur de Karny?

URSULE.

Une lettre où il a essayé de se justifier et conté son amour. — Gérard voulait fermer sa porte à Monsieur de Karny ; Antoinette s'y est opposée.

LOUIS.

Ah ! Et qu'a-t-elle répondu ?

URSULE.

Que pour épouser un homme sans l'aimer, il faut l'estimer beaucoup, et que...

LOUIS.

Mon ami de Karny n'étant nullement estimable... Très-bien...

URSULE.

C'était plus poliment arrangé.

LOUIS.

Bravo ! Antoinette ! Les pareils de mon ami Raoul ne doutent de rien. — La leçon est douce. — Ces impudents-là mériteraient tout autre châtiment. — Qui recevez-vous ?

URSULE.

Mais personne, — excepté un jeune homme...

LOUIS.

Il y a un jeune homme ?

URSULE.

Qui ferait un bien bon mari.

LOUIS.

C'est ton opinion, à toi ?

URSULE.

Autant qu'on peut juger sur les apparences.

LOUIS.

Un bien bon mari pour Antoinette.

URSULE.

Pardi ! Voulez-vous que ce soit pour moi ? — Il faudra bien qu'elle se marie un jour ou l'autre, la chère enfant ! — Ce n'est pas moi qui lui conseillerai de rester fille.

LOUIS.

En effet... Il faudra bien qu'elle se marie un jour ou l'autre. — Et ce jeune homme ?

ACTE III, SCÈNE IV.

URSULE.

Il a parlé. — On lui a répondu...

LOUIS.

Qu'on est flatté de sa recherche, — que libre d'ailleurs de tout engagement, on veut pourtant réfléchir et se consulter un peu.

URSULE.

Vous n'y êtes pas. — On a répondu qu'on l'estime trop pour l'épouser sans l'aimer.

LOUIS.

Antoinette n'estime pas assez Raoul; elle estime trop ce jeune homme. — Il y a un mystère là-dessous. — Car enfin, tu l'as dit justement : il faudra bien qu'elle se marie un jour ou l'autre. — Antoinette aime donc quelqu'un?

URSULE.

Voilà ce que je ne sais pas. — Les jeunes filles ne font guère volontiers leurs confidences aux vieilles. — Monsieur Jaffa pourrait peut-être mieux vous renseigner là-dessus.

LOUIS.

Jaffa ! — Jaffa ! — Tu veux rire.

URSULE.

Point du tout. — Mademoiselle Antoinette et votre ami le bric-à-brac ont eu de longs entretiens secrets.

LOUIS.

Entretiens concernant la fortune d'Antoinette.

URSULE.

Cela peut bien être.

LOUIS.

C'est bizarre ! — Gérard eût été d'un meilleur conseil. — S'adresser à Jaffa, c'est manquer d'égards pour mon frère. L'argent a-t-il sitôt gâté cette jeune fille ? — Impossible !... et pourtant...

URSULE.

Interrogez Monsieur Jaffa.

LOUIS.

J'interrogerai Jaffa. — Quoique l'objet de ses relations avec Antoinette ne puisse guère m'intéresser moi, l'enfant prodigue !

URSULE.

Revenez à nous, Louis, et je tue le veau gras.

LOUIS.

Cela ne se peut plus ! — Tiens, porte ce souvenir à Antoinette, (Il remet un bijou à Ursule.) et dis-lui de me conserver à toujours un coin dans son cœur. — Assure-la que si elle a dans Gérard un ami plus sage, elle n'en a pas un plus dévoué que Louis. — A bientôt. — Si Monsieur Jollinet te répond jamais que je n'y suis pas, envoie-le promener et viens voir toi-même. (Il sort.)

URSULE.

Il s'en va tout ému. — Oh! il est bon toujours, bon comme à douze ans ! — Que Monsieur Jaffa soit aussi habile homme qu'il se plaît à le dire, Louis, et nous vous sauverons ! (Fausse sortie.)

SCÈNE V

JAFFA, — URSULE.

URSULE.

Quoi de neuf, Monsieur Jaffa?

JAFFA.

Tout marche à merveille, chère dame Marteau, Monsieur de Karny m'a fourni lui-même, je ne sais encore au juste dans quelle intention, les renseignements et l'argent nécessaire pour s'emparer des créanciers de Louis. — Je les ai vus du plus petit au plus gros. J'ai payé les honnêtes gens, quatre... pas davantage, — on l'a traité en fils de famille, — en grand seigneur de la pensée ! — On l'a volé, pillé, tondu ; c'est scandaleux, mais aussi quel désordre, ma bonne dame ! j'ai donné des à-comptes partout où il y a lieu d'examiner. — J'ai pris les chiffres et j'ai invité chacun à rester coi pendant cinq ou six jours.

URSULE.

Et tous ont promis?

JAFFA.

Assez difficilement. — Plus une créance est véreuse, dame Marteau, plus on a hâte de la recouvrer. — Monsieur de Karny avait déjà vu avant moi quelques-uns des plus intéressés. — Ils se préparaient à poursuivre à outrance.

URSULE.

Pourquoi faire?...

JAFFA.

Je n'ai que des soupçons. — Mais, nous saurons bientôt la vérité, si M. de Karny est exact au rendez-vous qu'il m'a donné.

URSULE.

Vous avez instruit Mademoiselle....

JAFFA.

J'ai mieux fait. — J'ai accompagné Mademoiselle Antoinette.

URSULE.

Où donc?

JAFFA.

Mais, ici. — Elle m'attend et fait causer Monsieur Jollinet.

URSULE.

C'est une démarche inconvenante que celle-là, Monsieur Jaffa. — Une jeune fille ne peut pas ainsi courir seule où la conduit sa tête. — Il fallait la détourner d'une pareille folie.

JAFFA.

Croyez-vous la chose facile; — Mademoiselle Antoinette est de ces femmes à qui l'on obéit.

URSULE.

Heureusement, je ne suis pas encore partie.

SCÈNE VI

ANTOINETTE, — JOLLINET, — URSULE, — JAFFA.

URSULE.

Comment, Mademoiselle!

ANTOINETTE.

Silence, Ursule. — Seconde-nous puisque le voilà, et remets tes remontrances à demain. (A Jollinet.) Votre maître s'habille, dites-vous?

JOLLINET.

Oui, Madame, mais il aura vite terminé. Si Madame veut que je prévienne Monsieur...

ANTOINETTE.

Pas encore. — Préparez un porte-manteau, presque rien, un peu de linge. — Nous emmenons Monsieur Corbier... une surprise... Pour qu'il n'ait pas d'excuse, je compte sur vous. (Elle lui remet deux pièces d'or). Tenez, s'il vous gronde, je vous excuserai.

JOLLINET.

Deux louis! — Encore une conquête! — Mais une grande dame celle-là. — Très-comme-il-faut. Jollinet n'est pas un homme à s'y tromper.

ANTOINETTE.

Allez donc.

JOLLINET.

Ce sera bientôt fait. — Comme Monsieur a souvent des fantaisies de voyage, son sac est toujours prêt.

ANTOINETTE.

Apportez-le vite alors... soyez muet.

JOLLINET.

Madame peut compter sur ma discrétion. (Il sort.)

SCÈNE VII

URSULE, — ANTOINETTE. — JAFFA.

ANTOINETTE.

Ursule, il se trame contre Louis quelque complot méchant. — Gérard est très-affligé, très-inquiet et plus silencieux que jamais. Il a reçu ce matin la visite de deux personnages qui l'ont entretenu longtemps. — Des amis dévoués, a-t-il répondu à mes questions, sans rien vouloir ajouter. Tu as vu les deux lettres anonymes qui m'ont été adressées. — J'ai eu peur, me voilà. — Je veux arracher à Louis tous les secrets de sa vie. — Grâce à l'amitié de Monsieur Jaffa, j'en connais beaucoup déjà. (A Jaffa.) Merci! — Monsieur de Karny manœuvre contre Louis. Il faut que Monsieur de Karny nous trouve prêts à la lutte, s'il ose attaquer Louis dans son honneur ou dans sa fortune.

URSULE.

Vous croyez Monsieur de Karny capable...

ANTOINETTE.

Tu ne veux donc rien voir, Ursule, je crois Monsieur de Karny capable de tout ce qui servira ses intérêts ou son dépit. — Louis possède le secret de cette demi-réputation littéraire. — Le fat a voulu m'épouser, je l'ai dédaigné. — Gérard, je ne sais à quel propos, lui a fermé jusqu'à l'imprimerie. — Il y a huit jours de cela. — Et voilà huit jours que Monsieur de Karny a chargé Monsieur Jaffa de commencer les recherches sur les affaires de Louis.

URSULE.

Et Madame des Ormes?

ANTOINETTE, à Jaffa.

La croyez-vous du complot?

JAFFA.

Non, quand Louis Corbier n'était rien, Madame des Ormes s'est vivement intéressée à Louis Corbier; Louis Corbier s'est fait une réputation; elle abandonnera Louis Corbier, menacé ou non, si ce n'est déjà fait pour courir à quel autre encore inconnu. Et mieux vaut qu'il en soit ainsi, car si elle lui donnait un conseil, sous prétexte de dignité et d'énergie, par amour de l'extraordinaire, elle proposerait quelque extravagance.

SCÈNE VIII

JOLLINET, — ANTOINETTE, — URSULE, — JAFFA.

JOLLINET, un sac à la main.

Voici le sac que Madame a daigné me demander.

ANTOINETTE.

Merci.

JOLLINET.

Madame ordonne-t-elle maintenant que je l'annonce?

ANTOINETTE.

Non! — Laissez votre maître, nous l'attendrons.

JOLLINET, à part.

J'ai servi un pair de France, un président de Cour, un préfet, j'ai vu partout des choses curieuses. — Mais jamais je n'ai assisté à l'enlèvement d'un jeune homme, car c'est un enlèvement qui se prépare. (Il sort.)

SCÈNE IX

URSULE, — ANTOINETTE, — JAFFA.

ANTOINETTE.

Mets ceci dans le sac, Ursule.

URSULE.

De l'argent, Mademoiselle?

ANTOINETTE.

S'il faut qu'il parte, accepterait-il ? — Non, — tu ne sais rien prévoir. — Et ma lettre?

URSULE.

Il l'a reçue et lue. — Mais il ne demandera rien à l'amitié de Monsieur Charles B***.

ANTOINETTE.

Tu dois comprendre alors que j'ai raison. (On sonne.) Qui vient là ? — Ferme le sac...

URSULE, posant le sac sur un meuble.

C'est fait.

JAFFA, à la fenêtre.

Monsieur de Karny. — Madame des Ormes et sur leurs talons, Monsieur Gérard Corbier.

ANTOINETTE.

Gérard ! mes pressentiments ne m'ont point trompée, Ursule, un danger sérieux menace Louis. — Je voudrais bien n'intervenir que plus tard. J'ai besoin de tout savoir pour agir à mon gré. — Ma présence pourrait les gêner ; — D'ailleurs je l'expliquerais mal, à Gérard surtout. Monsieur Jaffa, faites-moi sortir, je reviendrai.

JAFFA.

Ce n'est plus possible, mais vous pouvez entrer ici, comme vous entendrez ce que nous dirons, vous paraîtrez quand vous jugerez votre présence opportune. — Autrement, j'avertirai Louis qui vous recevra dès qu'il sera seul. (Elles sortent à droite).

SCÈNE X

JOLLINET, — ANAIS, — RAOUL, — JAFFA.

JOLLINET.

Faites-nous l'honneur d'entrer, Madame, veuillez attendre, Monsieur. (A part.) Voilà un contre-temps qui retardera le rapt. — Je vais prévenir Monsieur.

Mme ANAÏS.

Ce que vous osez là est grave, Raoul. — Vous n'aurez pas facilement raison de Louis. Il a du cœur ; prenez garde il est homme à vous prouver qu'il a de la tête, ce dont vous paraissez douter.

RAOUL.

Toutes nos mesures sont bien prises, n'est-il pas vrai Jaffa.

JAFFA.

Un diplomate n'aurait pas mieux trouvé.

Mme ANAÏS.

Adieu la dot !

RAOUL.

Il ne reste de mes projets de mariage qu'une vengeance à tirer, et je la tiens.

Mme ANAÏS.

Encore une fois prenez garde; si vous essayez de servir à la fois vos intérêts et votre vengeance, vous êtes perdu.

SCÈNE XI

GÉRARD, — JAFFA, — ANAIS, — RAOUL, — JOLLINET.

GÉRARD.

Vous annoncerez à votre maître, son frère, Gérard Corbier.

JOLLINET, à part.

Bon! le frère aîné que je n'ai jamais vu. — Nouvelle complication. — Le rapt n'aura pas lieu.

Mme ANAÏS, saluant.

Monsieur Gérard Corbier...

GÉRARD.

Pardon, Madame, c'était à moi.

Mme ANAÏS.

L'occasion de saluer un honnête homme est assez rare, pour que j'aie trouvé plaisir à prendre les devants. — Et votre charmante sœur ?

GÉRARD.

On sait ici que Mademoiselle Antoinette Duval n'est

point ma sœur. — Mais comme elle habite encore ma maison, sous la protection des dernières volontés de son père et du mien, je supporte difficilement toute politesse qui semble cacher une ironie.

Mme ANAÏS.

J'aime trop Louis, Monsieur, pour avoir jamais eu la pensée de vous déplaire, et je place mademoiselle Antoinette, votre sœur, pour moi du moins, bien au-dessus de ce qu'il vous plaît d'appeler une ironie.

RAOUL.

La susceptibilité de Monsieur Gérard Corbier est au moins déplacée, Madame des Ormes !...

GÉRARD.

Je n'ai point que je sache adressé la parole à Monsieur Raoul de Karny ; — en fait de leçons, il devrait se rappeler que je les donne et qu'il les reçoit. — Bonjour, Jaffa.

Mme ANAÏS, bas.

J'ai peur pour vos projets. — Louis vous échappera. — Il a là un second peu accommodant. — Parlerez-vous devant Monsieur Gérard ?

RAOUL, de même.

Je n'ai pas le choix. — J'ai promis de livrer mon homme aujourd'hui, je le livrerai.

Mme ANAÏS.

Qu'aurez-vous pour cela, si vous réussissez ?

RAOUL.

Une mission à l'étranger, et mieux, sans doute, à mon retour.

Mme ANAÏS.

J'admire votre zèle.

RAOUL.

M'aiderez-vous ?

Mme ANAÏS.

Non.

RAOUL.

Me nuirez-vous ?

Mme ANAÏS.

Peut-être. — En tout cas, je suis curieuse, — pure

fantaisie psychologique, — de voir Louis Corbier, l'œuvre de mes conseils, aux prises avec les embarras que vous lui apportez. — Mais j'aurais souhaité l'y voir seul.

SCÈNE XII

JAFFA, — GÉRARD, — LOUIS, — ANAIS, — RAOUL.

LOUIS.

Toi, Gérard ! — Quelle fortune favorable me vaut le bonheur de ta visite ? — J'oserai te la rendre, mon noble frère, cette visite inespérée. — Madame. (Il baise la main d'Anaïs.) — Bonjour, Raoul. — Salut, Machabeus Jaffa. — Mais, puisque te voilà, Gérard, tu as à me parler de choses graves. — Viens, on nous permet. (Il fait un pas vers la porte de droite.)

JAFFA, à part.

Aïe ! — Mes prisonnières !

GÉRARD.

Non, Louis je n'ai rien à te dire encore ; mon tour viendra. — Personne, d'ailleurs, n'est de trop ici. — Après vous, Monsieur de Karny.

LOUIS.

Tirez le premier, Monsieur. — C'est un défi, Raoul ; — en vérité, ce long silence me trouble presque comme un enfant qu'on va gronder. — Je suis enfermé depuis huit jours ; que s'est-il donc passé pendant ma réclusion volontaire ?

GÉRARD.

Monsieur de Karny s'est chargé d'une négociation délicate. — Oh ! j'ai des amis aussi, Monsieur de Karny, un peu partout. — Les avis officieux et dévoués ne m'ont pas manqué, comme vous voyez.

Mme ANAÏS, à Raoul.

Vous savez maintenant pourquoi le frère est ici.

LOUIS.

Une négociation délicate. — A quel propos et avec qui ?

GÉRARD.

A propos de littérature et avec toi.

RAOUL.

De la part de gens puissants, fatigués de vos injures,

irrités de vos mépris, effrayés de votre audace, Louis, et prêts à signer la paix, si vous êtes traitable.

GÉRARD.

Est-ce clair?

LOUIS.

Un marché!... C'est vous, Raoul, qui m'apportez leurs propositions?

RAOUL.

On veut le secret!... On sait que je suis votre ami.

LOUIS.

Je prends le ciel à témoin que je ne vous ai jamais donné ce titre-là. — Ou c'est qu'alors j'étais ivre.—Allons au but. — Le chiffre?

RAOUL.

Point de colère inutile. La situation que vous vous êtes faite, Louis, mérite qu'on l'envisage froidement. Vous devez......

LOUIS.

Combien, mon maître?

RAOUL.

Quelque chose avec deux cent mille francs.

LOUIS.

Vous me l'avez prédit, Anaïs, — cent mille écus de dettes! — Seulement, il paraît qu'on y trouve à redire de mon vivant. — Qui donc s'est chargé de débrouiller ce chaos?

RAOUL.

Jaffa.

LOUIS.

Très-cher Machabeus, merci. — C'est un travail herculéen que vous avez fait là.

JAFFA.

J'ai cinq enfants......

LOUIS.

Et la maman est jeune; — je sais cela.

RAOUL.

Tout est payé.

LOUIS.

Tout! plus de deux cent mille francs! par vous, de Karny?

ACTE III, SCÈNE XII.

RAOUL.

Par Jaffa.

LOUIS.

Encore ce bon Machabeus. — Et pour le compte de qui ?

RAOUL.

Pour le compte des gens qui veulent faire leur paix avec vous.

LOUIS

Et qui vous ont choisi pour intermédiaire. Ah ! ils ont bien trouvé leur homme. A merveille, Raoul, nommez les masques, afin qu'en toute occasion je les épargne, ces ennemis généreux. — La reconnaissance m'en fait un devoir.

GÉRARD.

On désire mieux, Louis.

LOUIS.

Le silence absolu, peut-être ?

RAOUL.

Plus de satires, sous quelque forme que ce soit : — poésie, théâtre ou roman.

LOUIS.

Hors cela, tout m'est permis. — Rondeaux et barcaroles, — triolets et bout-rimés, — je puis chanter le jeu, le vin et la beauté, translater en vers français la rhétorique d'Aristote ! — Trêve de plaisanteries, Monsieur de Karny ; allez dire à ceux qui vous envoient que je les remercie de m'avoir montré si clairement combien le débraillé de ma vie m'expose au mépris public. — De ce jour, je m'arrête. — Avant deux ans, mes nouveaux créanciers seront payés.

GÉRARD.

Impossible, Louis.

RAOUL.

Monsieur votre frère voit sainement les choses. — Vous paraissez ignorer qu'au nombre de vos dettes, quelques-unes au moins, sont entachées d'irrégularités commerciales. — Vos ennemis disent d'indélicatesses et les gens de loi consultés ne doutent pas de la possibilité d'élever contre vous une accusation d'escroquerie.

LOUIS.

Ah ! Je comprends enfin ! Merci, Gérard, d'être venu. — Monsieur de Karny, vos armes?

Mme ANAÏS.

Vous ne permettrez pas, Monsieur Corbier.

GÉRARD.

Je permettrais, Madame, si un duel nous offrait une chance de salut.

RAOUL.

Et moi j'accepterais, Madame, mais un duel ne peut rien terminer. — Remarquez, Louis, que je suis étranger aux colères qui vous poursuivent. — Que je vous tue, le silence qu'on espère de vous est obtenu à toujours. — Si vous me tuez, la machine de guerre préparée contre vous n'en éclatera pas moins à la volonté de ses auteurs.

LOUIS.

Donc, je suis pris et livrable à merci, — qu'en pense le Juif?

JAFFA.

Le Juif est d'avis que vous vous soumettiez. Les gens de plume ou d'outil, les artistes en général, quand ils ont vos besoins de luxe, vos appétits princiers, vos mœurs de roman, vos fantaisies soudaines et mille nécessités à bref délai, s'exposent fatalement au malheur qui vous arrive. — Certaines traditions les perdent. — J'entends la vente à midi de marchandises achetées le matin, la mise en circulation de valeurs à signatures légères, l'apport, comme garantie d'un emprunt, d'ouvrages déjà vendus et quelques autres rubriques encore. — C'est votre cas; il y a un peu de tout cela dans vos affaires que j'ai étudiées au fond. — Un procureur habile y trouvera facilement de quoi charger un fulminant réquisitoire. Si quelqu'un vous accuse, comme ce sera cause grasse, il se trouvera des juges heureux du scandale et prêts à vous condamner.

Mme ANAÏS.

Il se trouvera au Palais cent avocats heureux de vous défendre, Louis, acceptez fièrement la lutte. — L'achat de vos dettes par des gens qui se cachent, mais qu'il faudra nommer enfin, donne un caractère honteux à l'attaque

dirigée contre vous. — Rien que cela vous sauverait. —
Il faut bien croire d'ailleurs que votre réputation, votre
gloire fera peur à la calomnie. — Pourquoi ne pas
compter enfin sur votre innocence, sur votre bonne foi ?
Vous voulez payer, vous pouvez payer, vous payerez. —
Encore une fois, Louis, croyez-moi, — acceptez fièrement la lutte, faites tête à l'orage.

GÉRARD.

Voilà un conseil noblement donné. — Merci, Madame.
— Oui, Louis, tête à l'orage! — Et plus encore, si on vous
traîne au tribunal, faites amende honorable. — Franchis-
sez par la pensée les murs du prétoire. — Laissez les
avocats s'y mesurer à phrases courtoises et dites à la jeunesse, que vos écrits ont séduite le *Peccavi* qui seul peut
vous réhabiliter encore. — Dites haut et ferme, Louis,
comme il convient aux cœurs bien placés : — « J'ai flétri
« les oscillations de conscience, j'ai immolé les inté-
« rêts, — j'ai proclamé lâche toute excuse des âmes
« en défaillance, — et pendant que vous m'écoutiez, vous
« les germes de l'avenir, je profanais en moi ces choses
« trois fois saintes, la conscience et le devoir. — Je ne
« veux pas que mon exemple serve à justifier un jour
« ceux de vous qui passeront au camp des simoniaques.
« — L'or que je gagnais à poursuivre les débauchés, les
« insatiables, les rénégats, entre l'heure du jeu et l'heure
« de l'orgie, je l'ai jeté aux filles de joie.

« Où les actes sont mensonges, les paroles deviennent
« une honte.

« Les passions tuent, à jour prévu, quiconque ne les
« tue pas en soi.

« Dès qu'un homme touche une plume, il prend mis-
« sion d'apôtre.

« La morale se révolte aux efforts sans haleine, et la
« vertu commande les rudes sacrifices...

« Vous ai-je crié cent fois à demi-ivre d'absinthe : *Pec-
« cavi* ! — Je m'humilie devant vous tous que j'ai trom-
« pés... Si je ne suis coupable, je suis indigne. — On me
« poursuit au nom de la loi, je me condamne au nom de
« l'honneur. »

Faites cela, Louis, si le juge vous frappe, après

l'expiation, vous aurez le droit de reparaître dans l'arène, purifié par le châtiment et la confession. — Vous vous re lèverez plus fort qu'avant la chute, à la confusion de ceux qui vous attaquent, et dont la haine vous sauve.

LOUIS.

Merci encore d'être venu, mon frère. Tu seras content de moi. — J'ajouterai qu'au début de ma carrière je vous ai vendu mes livres, Monsieur de Karny ; — je vous nommerai, grand homme! — L'indignation me rendra la mémoire, je retrouverai les sommes et les titres. — On me croira! — maintenant que la route m'est tracée, maintenant que je vois par delà les machinations où vous vouliez m'enfermer, Monsieur Raoul de Karny, je vous défie, vous et vos patrons. — Sortez!

SCÈNE XIII

JAFFA, — GÉRARD, — LOUIS, — ANAIS, — RAOUL, ANTOINETTE, — URSULE.

ANTOINETTE.

Pas encore, je vous prie, Monsieur.

GÉRARD.

Vous ici, Antoinette? — Et vous, Ursule.

ANTOINETTE.

Ne grondez pas Ursule. — Je partais seule, elle m'a suivie. — Je suis encore de la famille. — J'ai eu ma part de vos joies, j'ai droit à ma part de vos inquiétudes. — Vous ne me l'offriez point, je suis venue la prendre.

LOUIS.

Heureusement, chère sœur. — Le danger est passé. — Monsieur Raoul de Karny hésitera avant d'aller plus loin.

RAOUL.

Venez, Jaffa.

Mme ANAÏS, à Raoul.

Restez, Mademoiselle Duval songe peut-être à vous offrir sa main. — Pareil gage de reconciliation mérite qu'on réfléchisse.

ANTOINETTE.

Monsieur de Karny n'hésitera pas, il s'arrêtera. — Vos

dettes sont payées, Louis, où le seront, selon les ordres de Monsieur. — Mais les titres contre vous sont en sûreté. Monsieur Jaffa les a remis à qui lui a fourni les fonds. Vous êtes libre, Louis.

LOUIS.

Libre! libre !.. qui donc m'a sauvé?

ANTOINETTE.

Un ami. — Charles B***.

URSULE, à Louis.

Elle.

GÉRARD.

Antoinette! qu'avez-vous fait?

ANTOINETTE.

Mon devoir, comme vous le vôtre Gérard.

RAOUL, remontant.

Vous aurez à me rendre des comptes, Jaffa.

JAFFA, remontant.

Rien de plus facile, Monsieur de Karny, voici vos billets de banque.

RAOUL.

Coquin de Juif!

JAFFA.

Que voulez-vous? — A profit égal, par une occasion rare, j'avais à choisir entre une bonne et une mauvaise action, tout coquin de Juif que je suis, j'ai choisi chrétiennement la bonne... — Vous n'auriez peut-être point eu cette fantaisie-là, Monsieur de Karny.

RAOUL, sortant.

Vous avez cinq enfants et la maman...

JAFFA.

En aura bientôt six, pour vous servir, Monsieur Raoul de Karny.

LOUIS, à Anaïs.

Le Louis Corbier d'hier, Madame, vient de mourir ici. — L'autre appartient à la famille et regrette de ne pouvoir vous accompagner. (Il lui baisse la main. Elle prend le bras de Raoul et sort après avoir cérémonieusement salué.)

Mme ANAÏS, en sortant.

Vous êtes battu... Le mieux est d'admirer, Raoul. — Mais une autre fois, méfiez-vous du jeu, quand vous y verrez des femmes. — C'est toujours de ces partenaires que part l'inattendu.

SCÈNE XIV.

URSULE, — GÉRARD, — JAFFA, — LOUIS, ANTOINETTE.

GÉRARD.

Vous auriez dû me prévenir, Jaffa...

JAFFA.

Je dois le secret à mes clients.

GÉRARD.

Vous auriez dû vous opposer, Ursule.

URSULE.

Mademoiselle ne m'a pas consultée; elle m'a donné des ordres.

GÉRARD, à Jaffa.

Je vous ai calomnié, insulté, mon ami.

JAFFA.

Vous avez peut-être bien secoué un peu rudement Machabeus Jaffa, le juif. — Votre ami l'ignore ou ne s'en souvient plus.

GÉRARD.

Maintenant, Antoinette, dites-nous la vérité. — Quelle somme avez-vous jetée au gouffre, car Louis ne peut accepter.

ANTOINETTE.

Louis acceptera malgré lui. — Il n'y a pas apparence que nos créanciers rendent ce qu'ils ont reçu. — Nous sommes engagés pour le reste. — Monsieur Jaffa a pris en main le soin de nos affaires. — Il vous dira la somme, quand ses comptes seront mis à jour.

GÉRARD.

Mais, aujourd'hui, à quoi se réduit votre fortune, Antoinette?

ANTOINETTE.

Je n'en sais rien.

JAFFA.

A quelques milliers de francs. — Vingt tout au plus.

URSULE.

Tout y a passé! tout! Seigneur, Jésus?

ACTE III, SCÈNE XIV.

LOUIS.

Antoinette, — vous êtes ruinée ! — Que ne puis-je au au prix de ma vie, vous refaire cette fortune en un jour. — Oh le temps ! le temps !

URSULE.

Vous la referez, mon Louis, cette fortune. — Avec vingt mille francs on peut attendre.

ANTOINETTE, souriant.

J'attendrai. — D'ailleurs, j'ai un état.

GÉRARD.

Folie, mon enfant, que ce sacrifice. Vous avez cru nous faire à Louis et à moi la position meilleure, et vous y perdez votre avenir.

LOUIS.

Ruinée !

ANTOINETTE.

Eh bien ! oui, ruinée ! — Mais heureuse de votre désolation. — Vous avez accompli, Gérard, les volontés de maître Corbier. — Vous m'avez remis, plus que doublé, le dépôt que mon père lui avait confié. Cette fortune qui m'appartenait, sans conteste, j'en pouvais disposer à mon gré ; — vous me l'avez dit. — J'en ai disposé selon mon bon plaisir. — Si j'ai eu tort, ne vous en prenez qu'à vous-même, Monsieur. Il fallait garder la fortune et me laisser ce doux nom de sœur auquel seize ans de bonheur m'avaient habituée. — Louis, vous êtes maintenant mon débiteur ; j'entends vous dicter aussi mes conditions.

LOUIS.

Par l'ombre de mon père que vous désolez, ma sœur, je les accepte.

ANTOINETTE.

Vous quitterez Paris aujourd'hui même, à l'instant, pour quelques mois, au moins... Ursule vous accompagnera jusqu'où vous voudrez. — Il faut laisser aux colères trompées le temps de s'apaiser. — Monsieur Jaffa achèvera son œuvre ici. — C'est un habile homme et un digne ami que Monsieur Jaffa.

JAFFA.

Il y a bon nombre de fripons parmi vos créanciers. — Vous étiez vraiment de trop facile composition, Louis.

6.

ANTOINETTE.

Vos affaires réglées jusqu'à la dernière obole, vous reparaîtrez, s'il vous plaît, et reprendrez ici vos travaux, ou mieux, comme autrefois, chez nous.

URSULE, prenant le sac de voyage.

Je suis prête.

GÉRARD.

Chez nous! hélas! Vous ne savez pas, Antoinette, que l'éclat d'aujourd'hui vous ferme notre maison.

ANTOINETTE.

Comment cela, Gérard ? Riche, je devais vous quitter. — Pauvre, vous me garderez.

LOUIS.

Mais le monde! la calomnie! — Si de Karny se tait, madame des Ormes parlera.

ANTOINETTE.

Que m'importe le monde! — La calomnie, ou Madame des Ormes! La maison de votre père est la mienne; j'y puis rester respectée; j'y resterai.

GÉRARD.

Il m'importe, à moi, qu'un honnête homme ose vous choisir pour femme, sans redouter les suppositions injurieuses.

URSULE, à Antoinette.

Ils n'imagineront pas, parlez, parlez, — résignez-vous.

LOUIS.

Vous êtes trop belle, trop parfaite pour leur échapper.

ANTOINETTE, troublée.

Louis. — Non, mieux vaut Gérard.

GÉRARD.

En supposant qu'on vous épargne, que ne dira-t-on pas de nous ? L'un a pris la fortune, l'autre prend la jeune fille. — Notre maison vous est fermée, vous dis-je.

ANTOINETTE.

J'y peux rester Gérard, si j'y rentre la sœur de Louis. (Elle se cache le visage sur la poitrine de Louis, et tend la main à Gérard.) Votre femme y sera respectée.

URSULE.

Que dites-vous de cela, Monsieur Jaffa ?

ACTE III, SCÈNE XIV.

JAFFA.

Je dis que Madame Jaffa sera bien heureuse quand je lui raconterai ma journée. (Jollinet paraît).

LOUIS.

Jollinet, de ce jour vous appartenez à Monsieur.

JOLLINET.

(Bas.) Le Juif! (Haut.) J'aurai l'honneur de faire observer à Monsieur que, d'ordinaire, je choisis mes maîtres.

LOUIS.

Pendant mon absence, Monsieur Jaffa sera le maître ici. — Vous plaît-il de continuer à me servir?

JOLLINET.

Si Monsieur remplace Monsieur, je n'ai rien à objecter.

URSULE, à Jaffa.

Chassez donc demain cette grande bête là. — Ça doit coûter cher et ça ne fait œuvre de ses dix doigts. — Je viendrai faire le ménage, moi, à mon retour. (Louis se jette dans les bras de Gérard et d'Antoinette; il serre la main de Jaffa.)

ANTOINETTE.

A bientôt, Louis, mon frère. (Ursule, le sac de voyage à la main, gagne la porte.)

ANTOINETTE, prenant le bras de Gérard.

Allons chez nous, Gérard. (Le rideau tombe).

FIN DE L'AME EN PEINE.

LA
GRAND'MAMAN DE BOISMIGNON

COMÉDIE EN UN ACTE, EN VERS

Ma chère Elisa,

Nous dédierons cette œuvre modeste à ton père, parce qu'elle a été la cause de l'un de ses derniers projets. Si les espérances qu'il avait conçues en recevant copie du billet que j'ai là sous les yeux :

La grand'maman de Boismignon,

Jolie petite pièce d'autant plus originale qu'elle se compose exclusivement de personnages féminins.
Vers faciles, causerie piquante, de l'esprit et de la finesse.
Admise à la lecture.

Si dis-je, ces espérances s'étaient réalisées nous l'aurions vu encore une fois, assis à notre foyer, partageant notre joie et causant avec nous des rêves dont il n'essayait pas de se défendre.

Les juges, au théâtre Français, en ont ordonné autrement. — La mort de son côté, ne nous a pas donné le temps de réparer un échec, dont il souffrit certainement plus que nous.

Que son nom, associé aujourd'hui à mes regrets, lui soit un pieux témoignage de ma sincère affection et de ma reconnaissance, pour le bonheur dont sa fille emplit ma maison.

Lucien L. D.

Paris, le 21 janvier 1860.

A LA MÉMOIRE

DE

JACQUES-FRÉDÉRIC **GAQUEREL**

PERSONNAGES

Mme Charlotte DE BOISMIGNON, 60 ans.
Mme Flore DE BOISMIGNON, belle-fille de Mme Charlotte, 35 ans.
Mlle Agathe DE LA HÊTRÉE, sœur de Mme Flore, 45 ans.
Jeanne DE BOISMIGNON, petite-fille de Mme Charlotte, 16 ans.
JOYEUSE, filleule de Mme Charlotte, 20 ans.

La scène se passe à Dammartin, chez Madame Flore de Boismignon.

LA
GRAND'MAMAN DE BOISMIGNON

Petit salon de famille ; — vitrage et portes au fond donnant accès à un salon plus riche et plus grand. — A droite, fenêtres ouvrant sur le jardin ; à gauche, portes ouvrant sur les appartements.

SCÈNE Ire

Mme CHARLOTTE, — Mme FLORE, — Mlle AGATHE, JOYEUSE.

Madame Charlotte est assise, au premier plan, à gauche ; — elle tricote. — Madame Flore, étendue sur une causeuse, au premier plan, à droite, regarde faire mademoiselle Agathe qui dispose des fleurs artificielles dans des vases placés sur une console au fond. — Joyeuse, près de madame Charlotte, brode en soupirant.

JOYEUSE, laissant tomber son ouvrage.

Hélas ! mon Dieu !

Mme CHARLOTTE.

Qu'as-tu, Joyeuse ?

JOYEUSE.

Oh ! je m'ennuie...

Mme CHARLOTTE.

Du silence ?...

JOYEUSE.

D'abord. — Et surtout... de la pluie.

Mlle AGATHE.

Le temps est magnifique...

JOYEUSE.

A peu près... ce matin,
Mais, il pleut si souvent, dans votre Dammartin !...
Encor, si l'on riait.

Mme CHARLOTTE.

Qui t'empêche de rire ?

JOYEUSE, à mi-voix, en regardant Mlle Agathe.

Quelqu'un... qui gronderait, si j'osais vous le dire...

Mᵐᵉ CHARLOTTE, demi sévère.

Joyeuse !...

Mˡˡᵉ AGATHE, sèchement.

Ce... quelqu'un vous permet de parler.

JOYEUSE, se levant.

Autant qu'il me plaira !... vrai, sans me quereller ?

Mᵐᵉ FLORE, se soulevant à demi.

Redressez ce coussin... ouvrez ma cassolette...

JOYEUSE, à Mˡˡᵉ Agathe, en ajustant les coussins.

Sans critiquer mes mots ?...

Mᵐᵉ CHARLOTTE.

Convenu... Babillette.

JOYEUSE.

Maman Charlotte, alors...

Mᵐᵉ FLORE, interrompant.

Dieu ! que j'ai mal aux nerfs...

(Joyeuse s'arrête court.)

Allez, enfant, jasez... vos yeux tout grands ouverts
Ne peuvent rien changer au mal qui me torture ;
Mon lot est de souffrir, tandis que la nature
Prodigue autour de moi la force et la santé.
Je souffre...

JOYEUSE.

Oh ! je me tais, Madame.

Mᵐᵉ FLORE.

En vérité ;
Pour penser, en secret, que ma maison est triste :
Parlez...

Mᵐᵉ CHARLOTTE.

Un autre jour...

Mˡˡᵉ AGATHE.

Plus tard...

Mᵐᵉ FLORE.

Si l'on persiste
A me contrarier, je vais me retirer.
Pour me faire mourir, tout semble conspirer.
Que le ciel ne prend-il pitié de sa servante !...
Joyeuse, parlez donc...

JOYEUSE, avec hésitation.

Dam !... je serais contente

SCÈNE I.

De voir, en même temps que monsieur le soleil,
Un visage qui soit...

Mlle AGATHE.

Qui soit... quoi ?

JOYEUSE, plus ferme.

Moins pareil
Au mien que n'est... le vôtre. Or, chez nous, en Touraine,
On n'est point, que je sache, une longue semaine
Sans lorgner face d'homme. — Est-ce la mode ici ?...
Mais ce n'est qu'au couvent que l'on s'enferme ainsi.
Si Minerve qu'on soit, si prude, si sauvage,
Huit jours entre bonnets ! — C'est à perdre courage,
A briser les miroirs...

Mlle AGATHE.

Pour clore ce discours,
Que ne racontez-vous, la belle, vos amours...

JOYEUSE.

Mes amours ! pourquoi non ? — ce sont amours honnêtes,
On les peut avouer et je m'en vante...

Mlle AGATHE.

Faites ;
Donnez-nous le portrait de votre prétendu.
Il sera mieux prouvé, si ce n'est entendu,
Qu'une femme de chambre, eût-elle vos mérites,
Quand elle ose sortir de certaines limites,
Chez les gens qu'on respecte, est de trop au salon.

Mme CHARLOTTE.

Voici de vilains mots. — Prenez garde au ballon
Que vous nous lancez là. — Joyeuse n'est point fille
A le laisser tomber ; elle est de la famille....
D'ailleurs, l'enfant me plaît avec ses libertés,
Mon cœur se réconforte à ses naïvetés.
Mademoiselle Agathe, on est de la Hêtrée,
On est de Boismignon ; mais, plus ou moins titrée,
On peut avoir, on a, de vieux attachements.
La mère de Joyeuse, en de rudes moments,
A servi ma maison, comme on sert ceux qu'on aime.
Elle est morte à la peine. — A ma place, vous-même,
Vous eussiez adopté la fillette. — J'ai fait,
Ce jour-là, mon devoir ; mais on n'est pas parfait,

Et j'ai laissé fleurir la belle à l'aventure.
Au fond, c'est un bon cœur, une honnête nature :
Elle a licence ici de parler librement,
N'est point femme de chambre, et peut du compliment
S'offenser à bon droit. — Ajoutez que Joyeuse
A tout à fait raison ; cette fois, la rieuse,
Du premier tour de langue, a touché juste et bien.
En vérité, ma bru, non, je ne comprends rien
A vos arrangements. — Notre Jeanne est en âge,
M'écrivez-vous là-bas, de se mettre en ménage...
On veut me consulter sur un certain parti...
J'arrive...
    Mlle AGATHE.
  Avant le temps.
    Mme CHARLOTTE.
      Sans avoir averti...
J'en conviens, j'aime assez à surprendre mon monde.
Et je ne trouve ici galant qui me réponde,
Lorsque je veux savoir à qui vous destinez
La fille de mon fils...
    Mlle AGATHE.
  Madame, examinez...
Que... trois femmes !...
    Mme CHARLOTTE, raillant.
  J'entends...
    Mlle AGATHE.
    Et seules !...
    Mme CHARLOTTE, de même.
      J'entends... Flore,
C'est affaire entre nous...
    Mlle AGATHE, offensée.
    Je suis la tante.
    Mme CHARLOTTE, à part.
      Aurore !
(Haut.)
On prendra vos avis.
    Mme FLORE.
    J'ai remis à ma sœur,
Prudente conseillère aux questions d'honneur,
Le soin de décider, en ce qui touche Jeanne.

Au repos absolu, ma santé me condamne.
Hélas! — on m'interdit jusqu'à l'affection...
Il faut que mon cœur dorme... Et c'est d'émotion
Que je mourrai, Madame... Heureusement, Agathe,
Au besoin ma raison, souvent mon Hippocrate,
Me sauve les ennuis des choses d'ici-bas...
Je vis, grâce à ses soins, comme s'il n'était pas
De soucis en ce monde... Ah! cette indifférence
M'a longtemps fait souffrir... mais c'était l'ordonnance
Du médecin... J'ai dû céder...

Mme CHARLOTTE.

Et cœtera!...
Mademoiselle Agathe, alors, m'expliquera
Ce froid de la maison dont Joyeuse s'étonne.
Dans l'intérêt de qui ne voyez-vous personne?
D'où vous vient, à ce point, la haine du chapeau,
Le mépris de la barbe?... Est-ce que sous la peau
D'un homme, vous craignez de rencontrer le diable?
Pour Jeanne, voulez-vous, par esprit charitable,
Faire un choix qui pourrait un jour l'embarrasser,
Ou, par ambassadeur, la doit-on épouser?

Mlle AGATHE.

Je n'ai rien à répondre à ces discours, Madame,
Ce sont là quolibets indignes d'une femme
De votre rang, du mien. — Une de Boismignon!
Une de la Hêtrée! ont mieux à faire...

Mme CHARLOTTE.

Non,
Je tiens à mon dada... Je n'en veux pas descendre;
Vous feignez, vainement de ne pas me comprendre:
Pourquoi suis-je venue, et que me voulez-vous?
Où donc est le futur? — L'a-t-on choisi sans nous?
Comme dirait le roi...

Mme FLORE.

Dieu! quelle impatience!

Mlle AGATHE.

Le futur est, Madame, un homme de naissance,
On vous le montrera... bientôt...

Mme CHARLOTTE.

Comment, bientôt!...

Et... Jeanne le connaît ?
Mlle AGATHE.
Madame, autant qu'il faut.
Mme CHARLOTTE.
Autant qu'il faut !... Or çà, vous nous la bâillez belle
Avec vos à peu près, très-chère demoiselle.
Jeu sur table, ma mie... Ah ! je prétends savoir...
Mlle AGATHE.
Le nom ?...
Mme CHARLOTTE.
Le nom d'abord...
Mlle AGATHE.
Monsieur de Grimanoir.
Mme CHARLOTTE.
Bien. — L'âge ?...
Mlle AGATHE.
Quarante ans. — Fine fleur de noblesse !...
Mme CHARLOTTE.
J'aurais autant aimé fine fleur de jeunesse,
Mais enfin ! nous verrons... Après ?...
Mlle AGATHE.
Cela suffit.
Mme FLORE.
Non pas, continuons... nous n'avons pas tout dit.
Monsieur de Grimanoir ?...
Mlle AGATHE.
Un peu de ma famille...
Mme CHARLOTTE.
Monsieur de Grimanoir... plaît-il à notre fille ?...
Mme FLORE.
Notre fille lui plaît...
Mme CHARLOTTE.
Vous allez mieux, ma bru,
J'en suis aise...
Mme FLORE.
Oh ! les nerfs !...
Mme CHARLOTTE.
Très-aise... J'aurais cru
Qu'on mariait les gens, ici, comme en Touraine.
Là-bas, pour une fille, on cherche une douzaine

SCÈNE I.

De garçons bien notés, quand il se peut, jolis,
On s'attache les sœurs, on se voit entre amis,
On rit, on cause, on danse, et celui qui sait plaire
Épouse un beau matin. — C'est une douce affaire
Qui se traite gaîment, en tout bien, tout honneur,
Au gré de la raison, et mieux au gré du cœur.
— Votre façon de vivre est nouvelle et bizarre.
L'homme est-il donc chez vous un animal si rare
Que l'on n'ait le plaisir ni l'embarras du choix?

JOYEUSE.

Maman Charlotte...

Mme CHARLOTTE.

Eh bien ?...

JOYEUSE.

Moi...

Mme CHARLOTTE.

Toi ?

JOYEUSE.

J'en ai vu... trois ?...

Mlle AGATHE.

Trois !...

Mme FLORE, se soulevant.

Trois !...

Mme CHARLOTTE.

Où donc la belle ?

JOYEUSE.

Et, qui d'un œil étrange,
Regardaient la maison. L'un, auprès de la grange,
Coquet, frais et rosé comme pomme d'api,
A cheval, de bel air, planté comme un épi :
Par-dessus notre mur, il allongeait la tête.
Il m'a très-poliment saluée. — Et sa bête
Etait blanche d'écume. — Il semblait malheureux
Comme Jean.

Mme AGATHE, avec dédain.

Qui ça, Jean ?. .

JOYEUSE.

Jean, c'est mon amoureux,
Tout déconfit sitôt qu'on lui fait long visage...

Mme CHARLOTTE.

Et l'autre ?...

*

JOYEUSE.

Écrivez donc, pour qu'il prenne courage,
Au pauvre abandonné, maman Charlotte....

Mme CHARLOTTE.

Oui.

JOYEUSE.

Dès ce soir...

Mme CHARLOTTE.

Oui!... mais l'autre?

JOYEUSE.

Un gros épanoui,
Quelque chose de rond... la lune... une pivoine...
Des lunettes d'argent, sur un nez de chanoine...
Cravate blanc de neige et le reste tout noir...
Dans un cabriolet... — Je revenais de voir
L'enfant qui s'est hier, pour un nid de fauvettes,
Quasi rompu la jambe, et j'allais chez Charmettes
Le pharmacien, chercher certains médicaments.

Mme FLORE.

C'était notre docteur.

JOYEUSE.

Alors, mes compliments,
A ce savantissime et grave personnage.
Pour mieux lorgner chez nous, il barrait le passage,
Si bien que son cheval a failli m'écraser.

Mme FLORE.

Il est un peu distrait.

JOYEUSE.

Beaucoup, sans l'offenser.

Mme FLORE.

C'est un original.

JOYEUSE, bas à Mme Charlotte.

J'en rapporte la preuve
Sur ce petit papier... on se plaint d'être veuve
A mots prudents... discrets... qui s'entendent fort bien.

Mme CHARLOTTE, bas, prenant le papier.

D'où te vient ce billet?

JOYEUSE, de même.

De chez le pharmacien...
L'ordonnance est au dos.

SCÈNE I.

Mme CHARLOTTE, de même. Elle lit.

« Docteur, l'insouciance
« Est un défaut cruel. — J'en fais l'expérience,
« Et mon cœur a besoin d'une rare bonté
« Pour voir sans trop souffrir, combien peu ma santé
« Vous intéresse...

JOYEUSE, curieusement.

Eh bien ?...

Mme CHARLOTTE, haut. Elle ferme le billet.

Le troisième, Joyeuse ?

JOYEUSE.

Ce dernier m'a parlé. — « Ravissante chanteuse,
A-t-il dit. — Je chantais à la grille. — « Portez
« Mon bonjour, s'il vous plaît, et mes civilités
« A demoiselle Agathe. » — Il a dit demoiselle
Et j'ai trouvé la chose assez...

Mlle AGATHE, piquée.

Spirituelle !...

C'est mon notaire. — Après.

JOYEUSE.

Ce notaire est bavard :
« Ajoutez, je vous prie, encore de ma part
« Que rien n'est terminé pour... la... bibliothèque.

Mlle AGATHE.

Le beau conte !...

JOYEUSE.

Mais non.

Mlle AGATHE.

Je traduis... hypothèque !

JOYEUSE.

J'aurai mal entendu. — C'est qu'il a tant jasé.
« Assurez, mon enfant que je suis fort pressé...
« Que j'ai là sous le bras, quatre ou cinq héritages...
« Que je ne puis aller où s'en vont mes hommages...
« Que je suis désolé, n'espérant plus LA voir,
« Comme j'avais dessein de le faire ce soir...
« Répétez bien ma phrase... »

Mlle AGATHE, à part, avec un soupir de joie.

Il viendra !...

7.

SCÈNE II.

JOYEUSE, — Mme FLORE, — Mme CHARLOTTE, — Mlle AGATHE, PUIS JEANNE un cahier à la main.

Mlle AGATHE.
Comment, Jeanne !...

JEANNE, présentant timidement son cahier.
Je savais...

Mme CHARLOTTE, elle a pris le cahier.
Viens ici. — Belle, qui te condamne
Encore à ces ennuis ?.. Est-ce donc qu'au couvent
Tu n'as rien fait !...

JEANNE, de même, regardant Mlle Agathe.
Madame, oh ! j'ai toujours... Souvent...
Su mes leçons sans faute...

Mme CHARLOTTE.
Entends cela, Joyeuse.

JOYEUSE.
Ah ! dam ! ça m'endormait...

Mlle AGATHE.
Jeanne est laborieuse,
Elle apprend de bon cœur.

JEANNE.
Oui... C'est pour mon plaisir.

Mme CHARLOTTE.
En fait d'amusements on a droit de choisir.
Alors récite-moi...

Mlle AGATHE.
Quoi ! vous voulez, Madame...
Je ne souffrirai pas...

Mme CHARLOTTE.
Laissez faire... on est femme,
Ma docte demoiselle, à lire couramment.
(A Jeanne.)
Commence...

JOYEUSE.
Une voiture !...

Mme FLORE, avec animation.
Elle arrête ?...

SCÈNE III.

JOYEUSE, *elle regarde par la fenêtre et fait
signe de la main, comme pour calmer Mme Flore.*

Un moment!...

— Le médecin!

Mme FLORE, *debout.*

J'y vais.

JOYEUSE, *bas à Mme Charlotte.*

Jésus! quelle puissance
A cet original. — Il guérit à distance
La migraine et les nerfs.

Mme CHARLOTTE, *regardant Mme Flore.*

Tais-toi.

JOYEUSE.

N'ai-je dit vrai?...
Un salut à la glace; oh! je ferai l'essai
De ce médecin là...

Mme CHARLOTTE.

Folie!

SCÈNE III.

Mme CHARLOTTE, — Mlle AGATHE, — JEANNE,
JOYEUSE.

Mme CHARLOTTE.

(A Jeanne.)
A nous deux, mignonne.
Notre leçon.
(Elle ouvre le cahier et lit.)
« Comment une jeune personne
« Doit-elle se tenir, lorsque dans un salon
« Les hommes forment cercle et discourent ?...

JEANNE, *récitant.*

« Selon
« Leur âge. — S'ils sont vieux, sans quitter son ouvrage,
« Elle peut écouter, autant que le langage
« Reste conforme aux lois de la civilité;
« Mais sans prendre jamais part à l'hilarité.

JOYEUSE.

J'aime mieux la veillée. — Et vous, maman Charlotte.
Au moins tout à son aise on y rit... on jabotte...

Mlle AGATHE.

abotte!... En vérité, Madame, je ne puis

Demeurer plus longtemps.
Mme CHARLOTTE, à Joyeuse.
Réserve tes avis.
(A Jeanne.)
« S'ils sont jeunes ?...
JEANNE, récitant.
« Alors une fille sensée,
« Prend hâte de finir sa tâche commencée,
« Brode sans embrouiller son fil, et sans laisser
« Tomber quoi que ce soit qu'on puisse ramasser ;
« Se tient les yeux baissés, se défend de sourire
« Et de rien écouter, si peu qu'on ose dire...
Mme CHARLOTTE.
« Mais si quelqu'un, tout bas, lui fait des compliments?
JOYEUSE, interrompant.
Elle avise à gagner le côté des mamans...
Ce doit être cela.
(Elle rit aux éclats.)
Bon Dieu ! Quel rigorisme...
Aïe ! oh !.. là... D'où nous vient ce savant catéchisme ?
L'auteur ?...
Mme AGATHE, indignée.
L'auteur !.. c'est moi.
JOYEUSE.
Vous-même !.. vous ! — Pardon,
Je devrais respecter... Mais comment ?.. Tout de bon !
J'en mourrai !... laissez-moi rire encore à mon aise,
Un instant... c'est fini...
Mme AGATHE.
Votre crise s'apaise...
JOYEUSE.
C'est fini...
Mlle AGATHE.
Maintenant...
Mme CHARLOTTE.
Avant de vous fâcher
Sachez que je n'ai rien, non, rien à retrancher
Des rires de Joyeuse. — Hélas ! Mademoiselle,
Si j'avais dix-huit ans, j'éclaterais comme elle.
La plaisante morale ! — Or ça, regarde un peu,

SCÈNE III.

Jeanne, et jette au panier ces phrases de bas-bleu.
Reconnais-tu ceci ?

JEANNE, regardant l'objet que Mme Charlotte a tiré
d'un grand sac dit *ridicule*.

C'est un bonnet, Madame.

Mme CHARLOTTE.

Un bonnet de poupon. — Ecoute bien, j'entame
Ton éducation. — Laisse ces airs poudrés,
Appelle-moi grand'mère.

JEANNE.

Oh ! tant que vous voudrez.

Mme CHARLOTTE, montrant son tricot.

Et cela ?

JEANNE.

C'est un bas... Ma...dame.

Mme CHARLOTTE.

Encor ! — Grand'mère.

JEANNE.

Grand'mère, c'est un bas...

Mme CHARLOTTE, embrassant Jeanne.

Tu t'y feras.

JEANNE, répondant aux caresses de Mme Charlotte

Grand'mère !..

Mme CHARLOTTE.

Ce titre-là me plaît, — j'en tire vanité...

JOYEUSE.

Mais il n'est pas conforme à la civilité.

Mme CHARLOTTE.

Ce titre-là me plaît, — il dit à ma tendresse,
Qu'elle se doit, enfants, tout à votre jeunesse,
Et qu'elle aura profit à parler d'avenir,
A projeter beaucoup, à peu se souvenir.
Vivre pour accomplir les souhaits que vous faites,
Mais c'est recommencer, mes blanches paquerettes,
Le beau de mon passé. — Grand'mère ! — Dans vos yeux,
Mais je dois deviner vos regrets et vos vœux.
Grand'mère ! — Mais je dois, au gré de vos caprices,
Violenter mes goûts. — Oui, c'est de sacrifices
Que se fait le bonheur, quand on a soixante ans.
Mon monde à moi, lutins, subit la loi du temps,

Et comme, Dieu merci, je hais la solitude,
Je vous suis, au plus près, avec sollicitude !...
Ainsi, grâces à vous, je retrouve l'ardeur
Et l'audace qu'on prend dans les rêves du cœur.
Ainsi, que la mort vienne, et dure de l'oreille,
Je m'en irai là-haut, sans y penser la veille,
Toujours, grâces à vous ! — Belle amorce aux amours,
Appelle-moi grand'mère et grand'mère toujours.

Mlle AGATHE.

Madame l'ordonnant, Jeanne doit se soumettre
A ce laisser-aller...

Mme CHARLOTTE.
    Merci de le permettre...

JEANNE.

Grand'mère alors, — pourquoi tricotez-vous des bas ?...

Mme CHARLOTTE.

Tu vas te marier.

JEANNE, confuse.
    Moi !...

Mme CHARLOTTE.
    Tu nous donneras
De beaux enfants...

Mlle AGATHE, indignée.
    Madame !...

Mme CHARLOTTE.
    Et je fais la layette.

Mlle AGATHE, de même.

Quel langage !

JOYEUSE, puisant au sac.
    Voici le patron de bavette,
C'est moi qui l'ai taillé.

Mme CHARLOTTE, de même.
    Vois ce toquet. — Hein vrai,
Le modèle est charmant... Saurais-tu ?

JEANNE.
    J'apprendrai.

JOYEUSE.

Ce n'est pas difficile, une fois en ménage
On chiffonne de race...

Mme CHARLOTTE.
    Encore est-il plus sage
D'étudier avant...

SCÈNE III.

JEANNE.

J'étudirai ce soir...

Mme CHARLOTTE.

Comment est donc bâti Monsieur de Grimanoir ?

JOYEUSE.

Parlons du prétendu, tandis qu'on en peut rire,
Comme je fais de Jean, quand maître Jean soupire.

JEANNE.

Ilest très-grand, très-grand...

JOYEUSE.

Plus qu'un tambour major !...
Est-il très-beau, très-beau ?...

JEANNE.

Je ne sais pas encor
Je ne l'ai regardé que deux fois... pas en face...

Mlle AGATHE.

Madame, remarquez que Jeanne s'embarrasse
Et n'est point préparée à pareil entretien.
Nous le continuerons, si vous le voulez bien,
Mais seules...

Mme CHARLOTTE.

Volontiers.

Mlle AGATHE, à Jeanne.

Allez, Mademoiselle...

(Jeanne remonte la scène.)

Mme CHARLOTTE, bas à Joyeuse.

Suis-la, cause, Joyeuse, il faut obtenir d'elle
Quelques renseignements sur l'état de son cœur.
D'abord, en a-t-elle un ?

JOYEUSE.

Ça oui, mais il a peur
De la tante prêcheuse...

Mme CHARLOTTE.

Ou n'est-ce qu'une sotte ?
Interroge à propos...

JOYEUSE.

C'est dit, maman Charlotte,
Je vais vous mettre au net notre petit roman.

Mlle AGATHE, très-polie.

Je vous attends, Madame...

Mme CHARLOTTE.

A vos ordres...

(A Joyeuse.)

Va-t-en.

Mlle AGATHE, à Jeanne.

Jeanne, vous copîrez mon troisième chapitre
De la tenue au bal... de la danse...

Mme CHARLOTTE.

Un beau titre !...
Mais, vous irez, d'abord, faire un tour au jardin,
Voir un nid que Joyeuse a trouvé ce matin.

JOYEUSE, sautant.

Merci, maman Charlotte.
(Elle prend la main de Jeanne qui hésite en regardant Mlle Agathe.)

Mlle AGATHE, avec un soupir.

Allez !...

JEANNE, joyeusement.

Merci, grand'mère !

SCÈNE IV

Mme CHARLOTTE, — Mlle AGATHE.

Mlle AGATHE, très-cérémonieuse.

Je crois cet entretien, Madame, nécessaire.

Mme CHARLOTTE, de même.

Je suis, Mademoiselle, assez de votre avis.

Mlle AGATHE.

A mon très-grand regret, Madame, j'ai compris
Que vous n'approuvez pas ma ligne de conduite.

Mme CHARLOTTE.

A mon très-grand regret, vous me voyez réduite,
Mademoiselle, à faire, après vous, cet aveu.

Mlle AGATHE.

Madame a-t-elle vu les intérêts en jeu ?...

Mme CHARLOTTE.

J'ai vu, Mademoiselle, en mère de famille,
Qu'une fois mariée, on cesse d'être fille ;
Et que, si le bon Dieu donne aux jeunes époux
L'instinct, comme aux pierrots, il nous commande, à nous,
De parfaire son œuvre, en préparant la femme
Aux devoirs sérieux qui l'attendent...

SCÈNE V.

Mlle AGATHE.
                    Madame,
Notre sexe, il me semble, a ses devoirs tracés.
On ne saurait jamais le répéter assez,
Une femme se doit toute à la modestie.

Mme CHARLOTTE.
Pour un mari, vraiment, la belle garantie,
Qu'une bouche pincée et des yeux demi-clos.

Mlle AGATHE.
Jeanne me vengera de ces méchants propos.

Mme CHARLOTTE.
Jeanne, si vous laissez faire dame nature,
Sans cesser d'être sage et bonne, j'en suis sûre,
Sur un air très-connu chantera, quelque jour :
Ma vieille tante, hélas! n'entend rien à l'amour.

Mlle AGATHE.
Jeanne respectera ma tendresse.

Mme CHARLOTTE.
                    Chimère!

Mlle AGATHE.
Se peut-il qu'à votre âge et sur pareille affaire,
Vous n'ayez pour raisons que des banalités.

Mme CHARLOTTE.
Je m'en vais vous donner, alors des vérités!...

SCÈNE V

Mme FLORE, — Mme CHARLOTTE, — Mlle AGATHE.

Mme CHARLOTTE.
Ah! vous voilà, ma bru, — c'est marée en carême!...
Soyez juge au débat, ou plutôt, non, vous-même,
Je vous accuse.

Mme FLORE.
        Moi!

Mme CHARLOTTE.
            Vous, d'abord...

Mme FLORE.
                    De quoi donc?

Mme CHARLOTTE.
De paresse.

Mlle AGATHE.
        Madame...

Mᵐᵉ CHARLOTTE.

           Ah ! si l'on m'interrompt...
De paresse ! ma bru, paresse sans excuse.
Une femme de cœur jamais ne se récuse
Quand il s'agit d'ouvrir le monde à ses enfants ;
Rien ne peut remplacer ses soins intelligents.
Elle seule a l'ardeur, la foi, la patience ;
Elle seule comprend les œuvres d'indulgence ;
Elle seule possède, avec l'autorité,
Les cent petits moyens de la maternité.
Qu'elle gronde au berceau sa gentille fillette,
Qu'elle conduise au bal sa joyeuse coquette,
Quoi qu'elle dise ou fasse, on l'écoute, on la croit,
Parce qu'elle a, ma bru, le devoir et le droit.

Mᵐᵉ FLORE.

Mon Dieu ! je sais, maman, ce que j'aurais dû faire.
Mais hélas ! le repos m'était si nécessaire...
Le docteur l'a voulu... — Sous peine de mourir,
De tout ce qui fatigue, il fallait m'abstenir !...
Ce n'est pas, à coup sûr, que je tienne à la vie,
Mon sort est, pour cela, trop peu digne d'envie...

(Elle s'étend sur une causeuse.)

Mais eût-il mieux valu braver imprudemment
Le mal qui me tuera...

Mᵐᵉ CHARLOTTE.

        Chanson !...

Mᵐᵉ FLORE.

                Prochainement !...
Et Jeanne ne sera que trop tôt orpheline.

Mᵐᵉ CHARLOTTE.

Le docteur est un sot. — Devant si belle mine,
Si friandes couleurs et si riche embompoint
Croyez-vous au trépas, Mademoiselle !... Point !
Dites-en votre avis ?...

Mˡˡᵉ AGATHE.

          Ma sœur souffre, Madame,
Et pour la soulager, je donnerais mon âme.

Mᵐᵉ CHARLOTTE.

Lanternes !

Mme FLORE.
Chère Agathe, au moins tu me comprends,
Toi, mon unique amie...
Mme CHARLOTTE.
Et si je vous entends
Moi, qui n'ai point de cœur, j'abuse de mon âge
Pour nier vos douleurs comme votre courage.
Souvenez-vous, ma bru, que ce mal vous a pris
Après six mois d'hymen avec mon pauvre fils,
Voilà tantôt seize ans. — Vous deviez, toute bonne,
Prendre le lit l'été et partir à l'automne.
Nous avons vu depuis passer nombreux hivers
Sans qu'un si long usage ait fatigué vos nerfs.
Aussi, je n'y crois plus...
Mme FLORE.
N'y croyez pas, Madame,
Vous êtes, je le sais, une vaillante femme
Sur qui les maux d'autrui font peu d'impression ;
Mais, hélas! en dépit de votre opinion,
Rien n'est, en ce moment, plus vrai que ma faiblesse,
Et malgré mes efforts... tenez... votre rudesse
M'a brisée... Ah! je souffre à ne pouvoir parler.
Je conviens de mes torts, à quoi bon quereller ?
Vous ne voudrez pas être à ce point inhumaine
De me donner, ce soir, une affreuse migraine.
(Elle s'arrange sur les coussins.)
Ma sœur Agathe a fait les choses pour le mieux,
Vous êtes prévenue... A ses soins précieux,
A sa haute sagesse, à son amitié rare,
Rendez plus de justice... Elle est un peu bizarre,
Elle a ses préjugés et certaine raideur,
Mais il reste prouvé qu'elle est femme d'honneur,
De grand savoir...
Mlle AGATHE.
Assez. — Dites qu'elle est modeste,
Flore, et je vous permets de supprimer le reste.
On sait que la vertu n'obtient guère ici-bas
Sa récompense, aussi, ne me plaindrai-je pas.
Il me suffit à moi, que mon œuvre s'achève
Parfaite, s'il se peut, autant que je la rêve,

Et je laisse au Seigneur, le soin de me payer.
Jeanne a les qualités requises pour frayer
Avec le petit cercle où l'on cherche l'honnête.
Peut-être maladroite à porter haut la tête,
A quêter les regards, les applaudissements,
Elle n'aura jamais les éblouissements
Que donne un fol amour des vanités mondaines,
Et ne souffrira pas des règles souveraines
Où se doit enfermer une femme de bien...
— Comme je vous fais rire, arrêtons l'entretien...

Mme CHARLOTTE.

Tout doux ! Parlons français. — Quel pathos ! je vous prie,
Est-ce un cours de chinois ou de bégueulerie ?
Je n'y saurais comprendre un mot. — Vite, entre nous
Trois vieilles... peu s'en faut... sans grotesque courroux,
Mesdames, réduisons les faits à notre taille.
Voyons... n'allez pas croire, au moins, que je vous raille,
Voyons, Jeanne a seize ans, saurait-elle soigner
Un enfant... tout petit ?... Le bercer, le baigner,
L'entourer, à propos, des mignonnes caresses
Où nos filles des champs sont d'heureuses maîtresses,
Et prendre, à belles mains, les adorables pieds
Si joyeux d'envoyer au diable les souliers ?
Ou bien, lui faudrait-il, peureuse et mécontente,
Pour sortir d'embarras, appeler la servante.
— Mais c'est une douleur que l'incapacité
Quand viennent les devoirs de la maternité.
— Dites qu'à tout propos je vise à la saillie,
Sait-elle enfin, comment on fait de la bouillie ?
Comment près d'un malade on aide au médecin ?
Comment on est rieuse ou sévère à dessein ?
Comment, par le côté qui fait notre puissance,
Les amours dévoués, on est la providence
De toute une maison ?...

Mlle AGATHE.

        Voilà trop de comment..
La nature y pourvoit. — En fait de sentiment,
Créez l'occasion, le cœur se plait au reste.
Monsieur de Grimanoir sera, je vous l'atteste.
Un sage conseiller...

SCÈNE V.

Mme CHARLOTTE.

   Que je voudrais le voir
Ce phénix ignoré. — Seigneur de Grimanoir ! —
Présentez-nous-le donc, comme le veut l'usage.
Et si Jeanne a déjà rêvé du mariage
Avec quelque héros, choisi sans votre aveu ?

Mme FLORE.

Vous voyez tout en noir.

Mme CHARLOTTE.

    Vous voyez tout en bleu.
Mais l'azur sans nuage est si contre-nature
En ceci, qu'avant peu, nous aurons, — j'en suis sûre,
Quelque nom d'amoureux. — Pour le moins un portrait.
Vous avez eu seize ans et vous vous êtes fait
Filles d'Eve, un roman, plein de tendres chapitres
Que vous lisiez du cœur... En regardant aux vitres,
En cousant...

Mlle AGATHE.

  Moi, jamais !

Mme CHARLOTTE.

     Où le mal ?... Bah ! tenez,
Aujourd'hui même, à l'heure où vous vous mutinez,
Vous avez l'œil au champ et votre cœur voisine...
Ce sont infirmités de la gent féminine...
Les plus collet-monté, les plus dragons d'honneur
A ces péchés mignons trouvent quelque douceur...

Mlle AGATHE.

Autant qu'il me surprend, ce discours m'embarrasse,
Et vous me réduirez à vous quitter la place.
Personne autre que vous, Madame, n'oserait
Aventurer, ici, ce langage indiscret...

Mme CHARLOTTE.

Vous vous fâchez !

Mlle AGATHE.

  Mais non.

Mme CHARLOTTE.

    Mais oui. — Prenez y garde
Cela donne à penser...

Mlle AGATHE.

   Pensez. — Je me hasarde
A braver vos soupçons, Madame...

    (Elle salue ironiquement.)

Mme CHARLOTTE, *saluant de même.*
    Serviteur !
Mlle AGATHE.

Je sors...

Mme CHARLOTTE.

Allez...

Mlle AGATHE.

Je sors... n'étant guère d'humeur
A baisser pavillon devant votre sagesse...
    (Saluant de nouveau.)
A mon tour serviteur...
    (Elle sort furieuse.)

SCÈNE VI

Mme CHARLOTTE, — Mme FLORE.

Mme FLORE, *se levant.*
        Si ce n'est par tendresse,
Vous auriez pu, Madame, au moins par charité,
M'épargner cette scène. — Outre que ma santé
Me protége aisément contre la médisance,
Ma réputation...

Mme CHARLOTTE, *à part.*
Consultez l'ordonnance.

Mme FLORE.

Et vous n'en doutez pas, — n'a rien à redouter
Des suppositions qu'il plairait d'inventer.
Le plus triste, en ceci, c'est que mon mal se double
De tout ce qui m'indigne, ou seulement me trouble.
Me voici condamnée à me coucher ce soir,
Madame, sans avoir l'honneur de vous revoir.
— Je ne vous en veux point. Dieu sait que je suis bonne.
Des choses d'ici-bas une seule m'étonne,
C'est de pouvoir encor si vivement souffrir...
Ah ! qu'il doit être doux, Madame, de mourir !...
    (Elle sort accablée.)

SCÈNE VII

Mme CHARLOTTE, *seule.*

Non pas, il fait bon vivre. — Et voilà ce qu'on gagne,
Quand on est un peu femme, à mettre une montagne
Entre le monde et soi. — Montagne de carton,

Je le crois, foi de vieille, et le saurai, dût-on
Soupirer à ma droite et maudire à ma gauche
Si je sermonne encor. — J'espère qu'on chevauche
Ici, résolument, en plein pays des sots!...
Sans prendre occasion, pour de malins propos,
De par notre dépit et le trouble où nous sommes,
Convenez avec moi, Mesdames, que les hommes
Sont un mal nécessaire, et que l'on nous verrait,
Si quelque cataclysme un jour les emportait,
Supplier le bon Dieu d'en retrouver la graine.
(Elle sort par la gauche.)

SCÈNE VIII

JEANNE, seule. — Elle regarde si personne ne la voit
et s'arrête à une fenêtre.

C'est bien lui... Je suis seule...
(Elle envoie un baiser.)
Une longue semaine
Sans l'avoir aperçu!... Comme il est beau garçon!
Mais quel air sérieux et triste. — Qu'il est bon
De revenir enfin calmer sa désolée!
Il m'a vue...
(Elle quitte vivement la fenêtre.)
Oh! mon Dieu, donnez donc sa volée
Au pauvre cœur de Jeanne... Est-ce que je fais mal
De répondre des yeux?... Il paraît si loyal.
Ma tante dirait oui. — Non, dirait ma grand'mère,
Il faut pour s'épouser se connaître et se plaire ;
Et je ne connais pas Monsieur de Grimanoir.
Ma grand'mère est très-sage. — Ah! si j'osais vouloir,
Elle me soutiendrait... Peut-être que Joyeuse
Serait de bon conseil ; mais elle est si moqueuse !
(Elle retourne à la fenêtre.)
Il ne m'entendra pas.... « Très-noble chevalier,
« Jeanne est sous les verrous, sa tante est le geôlier
« Qu'il faudrait promptement ou tromper ou corrompre,
« Essayez... doux seigneur... Qui vient nous interrompre ?
« Au revoir... »
(Elle salue de la main et s'enfuit.)

SCÈNE IX

Mme CHARLOTTE, JOYEUSE.

JOYEUSE.

Nous étions ensemble sur le banc
Près des grands marronniers, tout au bout de l'étang;
Pour mieux la préparer aux douces confidences,
Je lui parlais de Jean et de mes espérances...
Elle écoutait... J'allais alors questionner,
Lorsque nous entendons, tout à coup, résonner
Sur les menus cailloux de la route voisine,
Le sabot d'un cheval. — Elle a l'oreille fine,
Ce n'était rien encor, que ce pati-pata,
Pour mon oreille à moi, quand elle me quitta
Et se prit à courir, me disant à distance :
Reste... Ce que j'ai fait.

Mme CHARLOTTE.
Comment !...

JOYEUSE.
Par complaisance.

Mme CHARLOTTE.

Maladresse!

JOYEUSE.
Attendez. — J'ai suivi le cheval,
De l'œil. — Un cavalier sautait sur l'animal...

Mme CHARLOTTE.

Et c'était?

JOYEUSE.
L'un des trois.

Mme CHARLOTTE.
Ah! Lequel?

JOYEUSE.
Le bel homme,

Celui de ce matin.

Mme CHARLOTTE.
La pivoine?

JOYEUSE.
La pomme.

Mme CHARLOTTE.

Bien! — La pomme d'api?

JOYEUSE.
Fraîche, rose à croquer!

SCÈNE IX.

Mme CHARLOTTE.

Qu'a fait Jeanne ?

JOYEUSE.

A propos, de peur de l'offusquer,
J'ai feint de ne rien voir....

Mme CHARLOTTE.

Alors ?...

JOYEUSE.

D'un pied de biche
Elle a gagné sa chambre....

Mme CHARLOTTE.

Et ?...

JOYEUSE.

Je ne suis pas riche,
Mais je gage vingt sous que c'est lui, l'amoureux.

Mme CHARLOTTE.

Tu ne sais que cela ?

JOYEUSE.

Rien de plus.

Mme CHARLOTTE.

C'est fâcheux.
Pour jouer franchement, j'aurais voulu connaître...

JOYEUSE.

Jouez, bonne maman, osez un coup de maître.
Nous tenons un brelan, par trois valets de cœur ;
Le blondin, le notaire et Monsieur le docteur.
Jouez, vous dis-je...
  (Une petite pierre enveloppée d'un papier tombe près d'elle.)
Pan !...

Mme CHARLOTTE.

Qu'est-ce donc ?

JOYEUSE.

Une pierre.

Mme CHARLOTTE.

Ramasse-nous ceci.

JOYEUSE.

Ce n'est pas la première.
Elle arrive trop droit.

Mme CHARLOTTE.

Tu devines l'auteur ?...

JOYEUSE.

Ce doit être, maman, un des valets de cœur.
  (Elle regarde par la fenêtre.)

Je l'aperçois là-bas, caché sous les charmilles.
« Séducteur effronté, méchant trouble-familles.
« Voici le cas, Lindor, qu'on fait de vos écrits... »
(Elle s'apprête à déchirer le billet.)

Mme CHARLOTTE.

Tu ne déchires pas?

JOYEUSE.

J'attends vos ordres.

Mme CHARLOTTE.

Lis.

JOYEUSE.

« *Mademoiselle, ai-je besoin de vous répéter ce que vous ont dit*
« *mes yeux : Je vous adore...*

Mme CHARLOTTE.

C'est brusque...

JOYEUSE.

Mais c'est franc....

Mme CHARLOTTE.

Un peu contre l'usage.

JOYEUSE.

L'usage est si gênant quand on n'a qu'une page.
« *Je serais désolé de rien entreprendre qui pourrait vous dé-*
« *plaire. — Ce n'est pas un aveu que je vous demande, mais la*
« *permission d'agir pour vous mériter.*
Voilà du savoir-vivre, et comme c'est bien dit !

Mme CHARLOTTE.

Le détour est adroit.

JOYEUSE.

Et d'un homme d'esprit.
« *J'aurais dû, sans doute, m'adresser à celles de qui vous dé-*
« *pendez; mais votre logis ressemble à une prison, ce pourquoi*
« *j'ose...*
Il s'est cassé le nez sur notre porte close,
Et c'est humiliant... moi, je comprends qu'il ose...
« *J'ose m'assurer de votre bienveillance et demander vos con-*
« *seils...*
Ça, ne pourrions-nous pas, sans trop nous engager,
Lui donner des conseils...

Mme CHARLOTTE.

Il y faudrait songer...

JOYEUSE.

« *Je les suivrai avec toute l'ardeur que donne l'amour le plus*
« *sincère et le plus respectueux.* »

SCÈNE IX.

La fin vaut le début. — Il attend la réponse.
Mme CHARLOTTE.
Je lui devrais peut-être une verte semonce.
JOYEUSE.
Pauvre garçon ! — Si nous lui demandions son nom.
Mme CHARLOTTE.
Joyeuse, y penses-tu ?
JOYEUSE.
Prudemment.
Mme CHARLOTTE.
        A quoi bon ?
Cependant, j'en conviens, je serais curieuse
De savoir...
JOYEUSE.
   Et moi donc ! l'affaire est sérieuse.
 (Elle écrit.)
 « *Monsieur, votre nom, s'il vous plaît ?* »
Mme CHARLOTTE.
Nous allons un peu vite.
JOYEUSE.
     Eh, maman, c'est le cas.
« S'il vous plaît, » c'est poli, ça ne compromet pas.
 (Elle lance son billet.)
Très-bien ! — Voici trois sous de volés à la poste....
Il baise le papier... Prenez garde... Il riposte....
 (Un billet tombe, elle le ramasse et l'ouvre.)
Quelque titre à blason.
Mme CHARLOTTE.
   Qui sait.
JOYEUSE, lisant.
       Jacques Martin.
Mme CHARLOTTE.
Un nom de vrai croquant.
JOYEUSE.
    Hélas ! oui....
Mme CHARLOTTE.
        De vilain !
JOYEUSE.
Un nom qui, malgré moi, me remet en mémoire
Certain méchant proverbe en usage à la foire...

Mme CHARLOTTE, *souriant*.

Plus d'un âne...

JOYEUSE.

C'est ça. — J'en aurai le cœur net.
On peut être Martin et n'être pas baudet.
(Un nouveau billet tombe du dehors. — Joyeuse le ramasse et lit.)

« *Votre curiosité, Mademoiselle, peut se fier à ma discrétion.*
« *Vous ne m'avez pas vu depuis huit jours, c'est que j'ai voulu,*
« *m'assurer du consentement d'un oncle, autrefois mon tuteur,*
« *aujourd'hui mon ami. Ce consentement, je le mets à vos pieds.* »

Mme CHARLOTTE.

Ah ! nous avons un oncle.

JOYEUSE.

Un oncle raisonnable.

Mme CHARLOTTE.

Interroge sur l'oncle.

JOYEUSE, *écrivant*.

« *Où demeure monsieur votre oncle, que j'estime fort pour l'af-*
« *fection qu'il vous porte ?...* »

Il est assez probable
Qu'en nous donnant l'adresse, il nous dira le nom.

Mme CHARLOTTE.

De quelqu'autre Martin.

JOYEUSE.

Martin, soit. Pourquoi non ?
L'amour est roturier.
(Regardant par la fenêtre.)
Il est bien de visage..

Mme CHARLOTTE.

C'était au moins un duc.

JOYEUSE.

Il en a l'équipage.
(Nouveau billet du dehors. — Elle lit.)

« *Mon oncle habite la Touraine. — Aucun nom n'y est plus ho-*
« *norable que celui des Michaud.* »

Mme CHARLOTTE.

Michaud ! — J'en connais un. — Attends un peu....
Il m'a souvent parlé d'un coquin de neveu,
Tête chaude, un beau fils, qui fait de la sculpture,

Et, dans ses mauvais jours, de la littérature.
Jeanne aura mieux qu'un duc, Joyeuse, ne crains rien,
Nous tenons, là, peut-être, un académicien !
Conduis-le dans ma chambre et laisse-l'y m'attendre.
Prenez garde, surtout, qu'on vous puisse surprendre.
(Elles remontent la scène en causant bas.)

JOYEUSE.
J'ai compris

Mme CHARLOTTE.
Et grand bruit !..
(Elles se séparent et sortent.)

SCÈNE X

JEANNE, seule. — Elle va vivement à la fenêtre.

Il s'apprête à partir...
Apaise-toi, mon cœur. — Suis-je assez malheureuse !
Il s'arrête... il se cache. On vient donc ?—C'est Joyeuse...
Elle parle... il écoute... Oh ! lâche trahison !
Il l'embrasse. — Elle rit, en montrant la maison...
Le fourbe !... mais il suit cette méchante fille...
Et grand'mère prétend qu'elle est de la famille !
C'est une indignité ! — Ramassez ces gens-là,
Elevez-les à vous, puis, quelque jour, voilà
Comment, pour égaler votre sollicitude,
S'affiche leur audace et leur ingratitude.
(Elle cherche à retenir ses larmes.)
Après tout, que m'importe ! Il la peut épouser.
Et je me sens grand zèle à le lui proposer,
Si j'aimais, le mépris m'aurait tôt consolée...

SCÈNE XI

JEANNE, — Mme CHARLOTTE.

(Jeanne, en apercevant Mme Charlotte, s'essuie les yeux et cherche une contenance.)

Mme CHARLOTTE, l'amenant en scène.
Vous êtes, ma mignonne, une dissimulée.

JEANNE.
Moi, grand'mère ! — Pourquoi ?

8.

Mme CHARLOTTE.

Ne te désole pas.
Il est certains secrets qui sont un embarras
Pour fille de seize ans. — Ces secrets-là, ma belle,
Il faut les confier. — Est-ce une bagatelle?...
Une coquetterie?... On soufflera dessus;
Un conseil — et demain nous n'en parlerons plus.
Ou, ce que je voudrais, est-ce une grosse affaire ?
Alors, un tendre avis est cent fois nécessaire,
Puisqu'il s'agit d'oser, sans dommage à l'honneur
Toute chose propice aux intérêts du cœur.
Parle donc...

JEANNE.

Mais grand'mère, on m'a calomniée
Je ne sais... je n'ai rien...

Mme CHARLOTTE.

Une faute niée
Devient grave, et souvent ce qu'on arrangerait
Se complique... s'embrouille... Allons votre secret,
J'ai l'oreille indulgente.

JEANNE.

En vérité, grand'mère,
Je n'ai point de secret.

Mme CHARLOTTE.

Alors, sus au mystère !
On ne me cache pas ce que je veux savoir :
Jeanne vous adorez Monsieur de Grimanoir.

JEANNE, troublée.

Non, non, je vous le jure...

Mme CHARLOTTE, feignant la surprise.

Ah !...

JEANNE, se reprenant.

D'ailleurs je l'épouse
Et je dois...

Mme CHARLOTTE.

L'adorer. — Je te croyais jalouse.

JEANNE.

Vous vous trompiez...

Mme CHARLOTTE.

Vraiment?...

SCÈNE XI.

JEANNE.
Beaucoup !
Mme CHARLOTTE.
Beaucoup !... Tant mieux.
Donc, tu ne l'aimes pas d'un amour sérieux,
Ce monsieur... ce futur... qu'un grand danger menace...
Ah ! je ne voudrais pas voir un autre à sa place.
JEANNE.
Quel autre ?... quel danger ?...
Mme CHARLOTTE.
Il se bat.
JEANNE.
Quand ?
Mme CHARLOTTE.
Demain.
Pour toi...
JEANNE, troublée.
Mais contre qui ?
Mme CHARLOTTE.
Contre Jacques Martin.
JEANNE, étonnée.
Je ne le connais pas.
Mme CHARLOTTE.
Ni moi.
JEANNE.
Pourquoi se battre
Alors ?...
Mme CHARLOTTE.
On m'a parlé comme d'un diable à quatre
De ce monsieur Martin. — On m'assurait hier
Qu'il rôde autour de nous. — On dit qu'il a bon air
Et que c'est, dans l'ensemble, un fort agréable homme,
Il est beau cavalier.
JEANNE, à part.
C'est Martin qu'on le nomme.
Mme CHARLOTTE.
Pauvre de Grimanoir ! — il n'en reviendra pas,
A moins que le hasard ne s'avise, en ce cas,
De passer au bon droit.
JEANNE.
Au bon droit ?...

Mme CHARLOTTE, elle s'assied.

            Je m'explique :
Monsieur de Grimanoir a bien quelque rubrique.
On n'est pas gentilhomme, ou de l'enfance on sait
Faire œuvre d'une épée, user d'un pistolet.
Une fois face à face, en ces luttes d'adresse,
La science, je crois, vaux mieux que la jeunesse
Et notre tourtereau n'est pas sûr, après tout,
D'y briller...

      JEANNE.
  Vous pensez ?...

      Mme CHARLOTTE.
      Il suffit d'un beau coup.

      JEANNE.
Comment donc empêcher ?...

      Mme CHARLOTTE.
      Ce sont là leurs affaires.

      JEANNE.
Mais si l'un deux succombe...

      Mme CHARLOTTE.
      Ils sont célibataires.

      JEANNE.
Ah ! le mot est cruel.

      Mme CHARLOTTE.
  Faut-il les plaindre un peu

    JEANNE, très-émue.
Grand'mère, il ne faut pas que ce duel ait lieu.

      Mme CHARLOTTE.
Que nous importe à nous. .

  JEANNE pleurant, la tête sur les genoux de
    Madame Charlotte.
      Que je suis malheureuse!

      Mme CHARLOTTE.
Malheureuse ! de quoi ? — Tu n'es point amoureuse
Du vieux de Grimanoir. Quant au petit Martin,
Tu ne le connais pas. — D'où viendrait ce chagrin?
Tout beau ! c'est trop de pleurs pour une bagatelle;
Tu rougis sans motif, tes yeux mignons, ma belle.

      JEANNE.
Quoi ! sans motif, grand'mère, et l'on se bat pour moi.

SCÈNE XI.

Mme CHARLOTTE.

Sois donc plus raisonnable, est-ce ta faute à toi
Si deux héros, confits tout en chevalerie,
Te font l'insigne honneur et la galanterie
De se percer le flanc à ton intention ;
Et l'un des deux jamais eut-il occasion
De se croire les droits d'un préféré ?

JEANNE, confuse.

Peut-être.

Mme CHARLOTTE.

Ah ! peut-être...

JEANNE.

C'était avant de le connaître.

Mme CHARLOTTE, naïvement.

Lequel ?

JEANNE.

Monsieur Martin... Vrai ! j'ignorais son nom.

Mme CHARLOTTE.

Conte-moi l'aventure.

JEANNE, caressante.

Et j'aurai mon pardon ?

Mme CHARLOTTE.

Nous verrons...
(Jeanne se remet à pleurer.)
Tu l'auras.

JEANNE.

J'ai répondu du geste,
A ses saluts... dix fois...

Mme CHARLOTTE.

Oh ! oh ! mais va... le reste ?

JEANNE.

Aussitôt qu'il paraît, j'arrive... par hasard...
A la fenêtre...

Mme CHARLOTTE.

Eh ! Eh !...

JEANNE.

Je la quitte... trop tard
Pour ne rien recevoir des baisers qu'il envoie...
De la main...

Mme CHARLOTTE.

L'insolent ! Chère fille, la voie,

Où te voilà lancée est glissante, vraiment.
(Elle relève Jeanne).
Tu l'aimes donc beaucoup, ce mauvais garnement ?
JEANNE.
Non, je ne l'aime plus.
Mme CHARLOTTE.
Tu l'aimais ?
JEANNE.
Oui, grand'mère.
Mme CHARLOTTE.
C'est fini ?
JEANNE.
Tout-à-fait.
Mme CHARLOTTE.
Tu le crois ?
JEANNE, hésitant.
Je l'espère.
Mme CHARLOTTE.
Et cela depuis quand ?
JEANNE.
Depuis que ce matin
J'ai découvert... ici...
Mme CHARLOTTE.
Qu'on le nomme Martin?
JEANNE.
Qu'il me trompe.
Mme CHARLOTTE.
Oh ! le traître. — En es-tu bien certaine ?..
JEANNE.
Il embrassait Joyeuse.
Mme CHARLOTTE.
Ah ! l'impudent.
JEANNE.
A peine
Si la coquette un peu se défendait.
Mme CHARLOTTE.
L'ingrat !
JEANNE.
Je l'ai vu, de mes yeux.

Mme CHARLOTTE.
           Meure le scélerat !
Ce sera pain bénit, si Grimanoir le tue.
           JEANNE, troublée.
Non....
           Mme CHARLOTTE.
     Le fat ! Embrasser Joyeuse. — Et dans la rue !
           JEANNE.
Grand'mère il suffira....
           Mme CHARLOTTE.
           Dieu ! quel lâche courroux
           JEANNE.
Que je paraisse heureuse avec un autre époux.
           Mme CHARLOTTE.
La vengeance est trop douce et j'ai l'âme plus haute.
Grimanoir le tuera...
           JEANNE.
           De grâce !
           Mme CHARLOTTE.
                     C'est sa faute.
On chagrine ma fille, on insulte à son nom,
Une de la Hêtrée ! une de Boismignon !
Monsieur Martin tout court. — Et l'on séduit Joyeuse,
Ma filleule ! une enfant !
           JEANNE.
           Coquette ! glorieuse !
           Mme CHARLOTTE.
Je te dis qu'il mourra, comme il l'a mérité.
           JEANNE.
Peut être ai-je mal vu.
           Mme CHARLOTTE.
           Mal vu ! — La vérité ?
Tu l'aimes donc encor ?...
           JEANNE.
           Je ne sais pas... grand'mère.
           Mme CHARLOTTE.
Ce serait, en ce cas, une toute autre affaire
Nous nous contenterions d'une rude leçon.
           JEANNE, se jetant au cou de Mme Charlotte.
Vous êtes cent fois bonne.

SCÈNE XII.

Mme CHARLOTTE, — JEANNE, — JOYEUSE, puis Mme FLORE, et Mlle AGATHE.

JOYEUSE, un flambeau dans chaque main. — Très-effrayée.

Alerte ! La maison...
Alerte ! — J'ai vu là...

Mme CHARLOTTE.

Quoi ?...

JOYEUSE.

Là, maman Charlotte. .

Mme CHARLOTTE.

Un fantôme ?...

JOYEUSE.

Attendez...
(Elle monte silencieusement vers la fenêtre et se recule aussitôt en poussant un cri d'effroi.)
Ah !

Mme FLORE, rentrant.

Quel bruit ?

Mlle AGATHE, entrant.

Cent fois sotte,
Perdez-vous la raison ?

JOYEUSE.

Non !

Mme CHARLOTTE.

Daigne raconter ?...

Mlle AGATHE.

Quelqu'histoire !...

Mme FLORE.

Parlez.

JOYEUSE, feignant la peur.

Je viens de me heurter
Contre un homme, il glissait le long de la muraille. ...

JEANNE, à part.

Est-ce lui ?...

Mlle AGATHE.

Vision ! mensonge !

JOYEUSE, regardant Mlle Agathe.

Et quelle taille !

SCÈNE XIII.

JEANNE, curieusement.

Il est donc grand ?...

JOYEUSE.

Long ! long ! long ! comme un peuplier.

JEANNE, à part.

Ce n'est pas lui.

JOYEUSE.

D'abord j'ai tenté de crier,
Mais la peur m'étranglait...

Mme CHARLOTTE, prenant un flambeau.

Mademoiselle Agathe,
Vous venez ?...

Mlle AGATHE.

A quoi bon ?

Mme FLORE.

Je suis trop délicate
Pour vous suivre, pourtant, ma sœur, il faudrait voir.

Mlle AGATHE, feignant l'indifférence.

Il suffit de fermer.

JOYEUSE.

Nous coucher, sans savoir,
Et dormir là-dessus !... seules !...

(Bas à Mme Charlotte.)

C'est le notaire...

(Haut.)

Cinq femmes au logis !...

Mlle AGATHE.

Voulez-vous bien vous taire
Nous avons, Dieu merci, de solides verroux.

(Elle rentre chez elle emportant un flambeau.)

SCÈNE XIII

M^m CHARLOTTE, — JOYEUSE, — JEANNE, —
Mme FLORE.

Mme CHARLOTTE, bas à Joyeuse.

Notre amoureux ?

JOYEUSE, de même.

Sous clé.

Mme CHARLOTTE.

Mes enfants, laissez-nous,
Attendez au salon.

JOYEUSE, à Jeanne.
Vous allez être heureuse.
JEANNE.
Mon bonheur dépend-il de la belle Joyeuse ?
JOYEUSE.
Eh ! là, — vous me boudez, Jeanne. Ah ! je sais pourquoi.
Le baiser ! le baiser ! mais ce n'était pas moi
Qu'il embrassait, — jalouse !...
(Elles remontent.)
JEANNE.
Avouez...
JOYEUSE.
Oh ! j'avoue
Qu'à défaut de la vôtre, il a surpris ma joue.
JEANNE.
Il serait vrai !
JOYEUSE.
Très-vrai.
JEANNE.
C'est que j'ai cru tantôt...
JOYEUSE, tendant sa joue.
Reprenez votre bien, ce n'était qu'un dépôt.
(Elles sortent.)

SCÈNE XIV

Mme CHARLOTTE, — Mme FLORE.

Mme CHARLOTTE.
Lorsque je vous ai dit : Jeanne, selon l'usage,
Brochera son roman ; — elle était à l'ouvrage,
Ma bru. — J'ai, dans ma chambre, enfermé le héros.
Mme FLORE.
Encore, hélas ! jamais une heure de repos.
Cela regarde Agathe.
Mme CHARLOTTE.
Avec la demoiselle
Je tomberai d'accord, maintenant, sans querelle.
Mme FLORE.
Tant mieux, je le désire.
Mme CHARLOTTE.
Et si j'avais besoin
De votre appui, ma bru ?...

SCÈNE IV.

Mme FLORE.
                              Laissez-moi, dans mon coin,
Souffrir en paix, de grâce !
            Mme CHARLOTTE.
                        Ah ! je perds patience.
Madame, secouez enfin cette indolence,
Jeanne, — vous m'entendez, — votre fille !... est en train
De promettre son cœur, — donnerez-vous sa main ?...
            Mme FLORE.
Jeanne ne sort jamais sans sa tante...
            Mme CHARLOTTE.
                                    Sa tante !
Le beau porte-respect, quand le diable nous tente.
            Mme FLORE.
On ne vient point chez nous sans être présenté.
            Mme CHARLOTTE.
Et le de Grimanoir est seul qui l'ait été.
Je veux rompre, ma bru, cette monotonie ;
J'aime les amoureux. — Oui, — c'est une manie,
Mais enfin, je les aime, et si j'en présente un,
Vous ferez quelques frais... Je le veux croire...
            Mme FLORE.
                                          Aucun.
            Mme CHARLOTTE.
Bah ! pour l'amour de moi...
            Mme FLORE, presque impatientée.
                        Mon Dieu !
            Mme CHARLOTTE, raillant doucement.
                              Par complaisance.
            Mme FLORE, fâchée.
Non.
            Mme CHARLOTTE, raillant toujours.
    Oui.
    (Elle tire un papier de sa poche.)
            Connaissez-vous ?...
            Mme FLORE.
                        Quoi ?...
    Mme CHARLOTTE, mettant le papier ouvert sous les yeux
                    de Mme Flore.
                              Rien ! cette ordonnance.

Elle est ?...
            Mme FLORE, troublée.
        Mais du docteur.
            Mme CHARLOTTE, retournant le papier.
                        Un savant fort distrait.
Regardez d'un peu près...
            Mme FLORE, confuse.
                    D'où vous vient ce billet ?
Qui m'a trahie ?...
            Mme CHARLOTTTE.
                    Eh ! là... tout doux... un peu de calme.
Ce sont menus péchés... péchés d'honnête femme.
On les peut avouer, sans tant baisser les yeux.
Vous aimez le docteur, j'aime les amoureux,
Nous devons, ce me semble, aisément nous entendre.
Vous l'auriez, de longtemps épousé, sans attendre,
Si Jeanne vous laissait le gros de son avoir ;
Ce que lui permettait Monsieur de Grimanoir.
Il nous veut bien sans dot, ce friand de jeunesse.
Est on plus généreux ?...
        (Montrant la porte de sa chambre à elle.)
                    Comme je m'intéresse
Au petit que j'ai là, je donne, en beaux écus,
Cinquante mille francs ; — s'il le faut, un peu plus.
Je parle franchement, soyez franche vous-même ;
Appelez le docteur, — ce distrait-là vous aime...
Suivez-le sur le Tendre. — Et cachons aux enfants
Les tristes intérêts qui nous font si prudents.
Déplorables calculs ! pitoyables misères !
Qu'on retrouve partout, jusques au cœur des mères.
Mais je serai clémente ; arrière vos ennuis,
Profitez, à propos, des desseins où je suis,
Et faisons promptement un double mariage ;
L'un de fous, c'est le bon ; l'autre beaucoup plus sage.
Ils auront le bonheur, vous aurez la santé,
Tout sera pour le mieux, jusqu'à l'éternité.
Le sermon vous plaît-il ?
            Mme FLORE.
                    Madame, à vous entendre
Point d'obstacle possible. — Avant que de me rendre

Je devrais cependant consulter...
                    Mᵐᵉ CHARLOTTE.
                            Votre sœur;
Nous marchons de conserve, elle m'a fait l'honneur
De me laisser maîtresse en toute cette affaire.
        (Mˡˡᵉ Agathe paraît.)
Elle a même, en secret, appelé le notaire.
N'est-il pas vrai ?

SCÈNE XV

Mᵐᵉ FLORE, — Mᵐᵉ CHARLOTTE, — Mˡˡᵉ AGATHE.

                Mˡˡᵉ AGATHE, offensée.
            Madame !
                Mᵐᵉ CHARLOTTE.
                        Oh ! vous niez en vain,
Le notaire est ici. — Nous l'avons sous la main
Fort à propos...
                Mˡˡᵉ AGATHE, de même.
            Madame !
        Mᵐᵉ CHARLOTTE, lui faisant signe de se taire.
                        Il va, d'une belle encre,
Nous bâcler un contrat...
        (Bas à Mˡˡᵉ Agathe.)
                    Suivez-moi. — Jetez l'ancre
Où j'ai marqué le fond. — A votre air ébahi
On vous croirait coupable. — On sait tout, j'ai trahi
La moitié du secret, pour vous réserver l'autre...
                Mˡˡᵉ AGATHE, bas.
Je ne vous comprends pas...
                Mᵐᵉ CHARLOTTE, de même.
                        Ruse de bon apôtre,
Vous comprenez fort bien... Me condamnerez-vous
A leur tout révéler ? — Arrangeons, entre-nous,
Un beau petit complot qui vous fait généreuse.
Le notaire est ici, c'est l'homme de Joyeuse.
On l'a vu... reconnu... vous dis-je. — Maintenant
Silence, je conclus...
                (Mˡˡᵉ Agathe reste confondue.)

SCÈNE XVI.

Mme CHARLOTTE, — JOYEUSE, — JEANNE, — Mme FLORE, — Mlle AGATHE.

Mme CHARLOTTE.

Eh! S'il vous plaît, comment
Belles, quand j'ai donné l'ordre de nous attendre,
Revenez-vous si tôt. — Fallait-il vous défendre...

JEANNE.

Nous venons annoncer le docteur. Et...

Mme CHARLOTTE.

Parfait!
Il est homme de tact. — Nous serons au complet.
(Remettant le billet du docteur à Mme Flore.)
Maltraitez ce savant, voici qui le condamne....
Embrassez votre mère et votre tante, Jeanne...
Je vais vous présenter Monsieur Jacques Martin.

JEANNE, sautant au cou de Mme Flore, et de Mlle Agathe, elles se laissent embrasser de mauvaise grâce.

Oh! merci.

Mme CHARLOTTE.

Rien pour moi?
(Jeanne l'embrasse, puis retourne à sa mère et à sa tante.)

Mme FLORE.

Chère fille!

Mlle AGATHE.

Lutin!

JOYEUSE à Jeanne.

Le cahier de tantôt contient-il une page
Sur l'art de recevoir l'offre d'un mariage?

JEANNE, récitant.

« Il convient d'écouter, sans trahir d'embarras,
« Ni plaisir. »

Mme CHARLOTTE.

Ça, j'entends que l'on n'accepte pas
Subito mon galant. — Ce sont là choses graves;
Il est décent toujours d'y feindre des entraves.
Vous en inventerez quelques-unes au moins...

SCENE XVI.

JEANNE, inquiète.

Mais si...
(Elle continue à l'oreille de Madame Charlotte.)
Mme CHARLOTTE, la calmant du geste.

Pour les briser, nous avons nos témoins.
Quelque cérémonie... Allez, je représente
Les amis du futur et sa famille absente,
Recevez ma demande avec l'honnêteté
Nécessaire.
JOYEUSE.
Et conforme à la civilité.
(Une servante, portant un flambeau, introduit dans le salon du fond,
le docteur et le notaire, qui se saluent.
Mme Flore, Mlle Agathe, Jeanne et Joyeuse remontent en causant.)
Mme CHARLOTTE.

Tout va reprendre ici tournure raisonnable.
Avant peu nous mettrons une allonge à la table.
Aimez-vous le franc rire et les joyeux propos,
Laissez venir, Messieurs, la saison des marmots !
Mme FLORE, bas à Mme Charlotte. Elle est
redescendue avec précaution.

Pas un mot du docteur, en face du notaire,
Madame, je vous prie...
Mme CHARLOTTE.
Oh ! nous saurons nous taire.
Mme AGATHE, redescendant à son tour et avec
les mêmes précautions.

Pas un mot du notaire, en face du docteur,
Madame, s'il vous plaît...
Mme CHARLOTTE.
Il suffit... de grand cœur !
JEANNE, même jeu, Joyeuse la suit.

Surtout, ne dites pas, grand'mère, que je l'aime...
Mme CHARLOTTE.

Je m'en garderai bien.
JOYEUSE, remontant avec Jeanne.
Parbleu ! nous dirons même

Tout le contraire...

JEANNE.

Non !

(Mme Flore, Mlle Agathe sont entrées dans le salon du fond, Joyeuse et Jeanne les y rejoignent, échange de salutations.)

Mme CHARLOTTE, ouvrant à gauche.

Venez mon tourtereau.

(Un jeune homme paraît et baise la main de Mme Charlotte, qui lui prend le bras.)

Comment vont les douleurs de notre oncle Michau ?

(A leur tour, ils se dirigent ensemble vers le salon. — Le rideau tombe.)

FIN DE LA GRAND'MAMAN DE BOISMIGNON.

LE DOCTEUR PRICE

MÉLODRAME

EN CINQ ACTES ET EN VERS

A MONSIEUR LE Dr ALEXANDRE **BIXIO**

HOMMAGE AFFECTUEUX.

L. D.

De parti pris, nous avons usé ici de toutes les libertés du genre. — En même temps nous avons tenté de relever, par la forme, ce même genre dans lequel le dédain du style n'est pas du tout une condition de succès, quoiqu'en puissent dire entre-eux les charpenteurs ordinaires.

C'était d'avance nous fermer les théâtres; les uns à cause des moyens, les autres à cause de la rime.

Mais l'essai nous a semblé neuf et il nous a séduit. Tant mieux si nous y avons réussi assez, pour satisfaire quelques-uns des esprits délicats à qui le peuple ne paraît pas indigne d'entendre des choses intéressantes dans un langage aussi relevé que possible.

L. D.

PERSONNAGES

Le docteur Price, 60 ans.
Paul, 25 ans.
John Burke, 40 ans.
Lord Turner, 70 ans.
Charles Andrews, comte de Hulton, 25 ans.
Henriette, 20 ans.
Marguerite, 50 ans.
Robert, — Stephen, — Nicolas, — \
Richard, — James, — Joseph, — } amis de Paul
Philipp, — Georges, — Bill, — / et de Charles.
Michel, — Thomas.
Jonathas, garçon tavernier.
Un moine.
Un juge.
Quatre aldermen. — Un sergent.
Drake, matelot de Burke.
Un domestique du docteur.
Patrick, écuyer de Charles.

Ecuyers, pages, dames, de la maison de Henriette.
Seigneurs, — chevaliers, — hommes d'armes, — moines, — pages, — valets et vasseaux, — matelots, — soldats napolitains, — hommes et femmes du peuple.

L'action se passe vers 1520. — Au premier acte, à Edimbourg, dans la taverne de l'Ancre. — Au second et au troisième à Edimbourg, chez le docteur. — Au quatrième au château de Hexam, en Angleterre. — Au cinquième à Naples.

LE DOCTEUR PRICE

ACTE PREMIER

Une salle de la taverne de l'Ancre à Edimbourg. Fenêtres et portes au fond. — Autres portes à gauche et à droite. — Tables et siéges.

SCÈNE Ire.

JONATHAS, — CHARLES, puis BURKE et TURNER. Au lever du rideau, Jonathas dispose une grande table au milieu, vers le fond.

CHARLES.
Dépêchons-nous...

JONATHAS.
Voilà !...

CHARLES.
C'est complet ?

JONATHAS.
A peu près...

CHARLES, sortant par le fond.
Que la bière soit vieille et que le vin soit frais.

BURKE, entrant par la gauche avec Turner.
Qu'en dites-vous, milord ?...

TURNER.
Je dis, mon camarade,
Je dis que le saint homme, est un saint très-malade.
Ça tu m'as bien compris.
(A Jonathas, qui range les siéges.)
Te tairas-tu, pataud,
Que fais-tu là ?

JONATHAS.
Je fais... mais je fais ce qu'il faut !
Je prépare la table. — Et, ne vous en déplaise,
Pour de jeunes seigneurs...

TURNER, le menaçant de sa canne.
					Ferme la parenthèse,
Et va voir si ton coq a pondu ce matin.
					(Jonathas sort à droite.)
Burke, je ne veux pas, — tu connais ce latin,
Je ne veux pas, mordieu ! si mon fils continue
A traîner sa jeunesse et son nom par la rue,
Je ne veux pas faillir, et pris au dépourvu
Enrichir le coquin, pour n'avoir rien prévu...
— La fièvre lâchera ton oncle, — veille à l'heure,
Et tâche qu'il t'indique, au plus tôt, la demeure
D'une enfant, qu'autrefois, il eut à sa merci
Pour la faire adopter par quelque pauvre, ici.
Ce qui s'est fait, je crois. — Je pars ce soir pour Londre
Et de là pour Hexam, — tu devras m'y répondre.

					BURKE.
Au comté ?

					TURNER.
	Dans six jours. — Dis-moi, Burke.

					BURKE.
							Amiral.

					TURNER.
Tu t'es donc fait bourgeois ?

					BURKE.
					Comme je vivais mal
Entre l'oncle d'église et l'oncle de taverne...

					TURNER.
Je le crois.

					BURKE.
	Quand le temps le permet, je gouverne
Une barque de pêche.

					TURNER.
		Oh ! de pêche...

					BURKE.
						Ah ! milord,
Je n'ai pas inventé, moi, la loi du plus fort,
Je la subis. — On a rejeté dans la plaine
Ma famille vaincue et j'y respire à peine.
Chassé de la montagne, afin d'avoir plus d'air,
J'ai confié, depuis, ma fortune à la mer.

ACTE I, SCÈNE II.

TURNER.
C'est d'un brave Ecossais ; mais tu te feras pendre.
BURKE.
Bah! pour pendre les gens, milord, il faut les prendre
Et vivant, sur l'honneur, on ne me prendra pas.
TURNER, donnant la main à Burke, — il sort.
Bonne chance !
BURKE.
Au revoir !

SCÈNE II.

JONATHAS, — BURKE, — LE DOCTEUR, — HENRIETTE,
en habits d'homme.

LE DOCTEUR, en dehors.
Jonathas! Jonathas!
(Il entre par la droite, Jonathas par la gauche.)
Préviens John...
JONATHAS, montrant Burke.
Le voici.
BURKE, allant au docteur.
Vous me rendez la joie,
Docteur.....
LE DOCTEUR, avec empressement.
Le Révérend ?
BURKE.
Montez, pour qu'il vous voie
Avant de trépasser. — J'allais jusque chez vous
Envoyer Jonathas.
(Le docteur suit Burke vers la gauche.)
JONATHAS, à Henriette.
Restez auprès de nous,
Monsieur Henri, restez. Un chrétien qui rend l'âme
C'est dur.....
HENRIETTE, au docteur qui s'arrête.
J'aurais prié...
LE DOCTEUR.
Demeure.
BURKE, montrant Jonathas.
Avec sa femme,

Vous prierez plus à l'aise...
JONATHAS, à Henriette.
Elle se fond en eau,
Si grand deuil ! — Elle en a comme un coup de marteau.
LE DOCTEUR.
Burke a raison...
JONATHAS.
Cent fois !...
HENRIETTE, insistant.
J'aurais...
LE DOCTEUR, doucement.
Non, va m'attendre
Chez Nelly, je le veux.
(Il sort avec Burke.)

SCÈNE III

HENRIETTE, — JONATHAS.

JONATHAS.
Certes, on n'est pas tendre,
Lorsque pendant vingt ans on a battu les mers
Et touché, quatre fois, au bout de l'univers ;
Eh bien, John, n'a pu voir, sans manquer de courage,
Son oncle du bon Dieu prêt à plier bagage,
Et moi, monsieur Henri, moi... ce matin...
(Il s'essuie les yeux.)
Aussi
Votre père a bien fait de vous laisser ici..
J'achève et nous partons.
(Il range encore les siéges autour de la grande table et va pour sortir à droite avec Henriette, au moment où les jeunes gens entrent par le fond en faisant grand bruit. — Henriette effrayée, se réfugie près de la porte à gauche.)

SCÈNE IV

BILL, — THOMAS, — RICHARD. — MICHEL, — ROBERT, — PHILIPP, — JAMES, — STEPHEN, — GEORGES, — NICOLAS, — JOSEPH, — JONATHAS et HENRIETTE, retirés à gauche.

ROBERT, frappant la table.
Tavernier !

ACTE 1, SCÈNE IV.

RICHARD, amenant Jonathas en scène.
             Voici l'homme !
A toi, Thomas.
             (Il le pousse au milieu. Robert le reçoit.)
             JONATHAS.
       Milords!
             ROBERT.
          Tais-toi donc! — Qu'on l'assomme
S'il braille. — A toi, Stephen.
                      (Il le pousse.)
       NICOLAS, même jeu.
         Je l'ai...
       JONATHAS, se défendant.
                         Milords!!
       STEPHEN.
                              Poussez.
       MICHEL.
Roule, butor!
       JONATHAS, de même.
       Mais... mais... milords !
          PHILIPP, le poussant.
                         Silence !
     ROBERT, ramenant Jonathas en scène.
                              Assez.
Tu nous feras servir par ta nièce ou ta fille.
             MICHEL.
On dit ta femme jeune?
             STEPHEN.
            Est-ce qu'elle est gentille?
             RICHARD.
Et vaut-elle qu'on songe à décorer ton front?
             JONATHAS, furieux.
Ah ! Milords!
          ROBERT, le retenant.
       Tavernier, de la bière, et sois prompt.
(Ils remontent vers la table, Henriette se rapproche de Jonathas.)
             HENRIETTE, bas.
Quels sont ces gens?
             JONATHAS.
         Des fous?

HENRIETTE.
D'où viennent-ils ?

JONATHAS.
Du diable !
Et je les y verrais, surtout ce soir...

ROBERT, très-fort.
A table !

JONATHAS.
Retourner de bon cœur.

HENRIETTE.
J'ai peur !

JONATHAS.
Tenez-vous coi,
Gagnons la porte.
(Ils tournent derrière la table pour gagner la droite, — tous les jeunes gens sont assis, — deux places restent vides en haut de la table.)

ROBERT, à Richard.
Eh ! bien, que sais tu ?

RICHARD.
Rien ! — Et toi ?

JAMES.
Rien ! — Et vous ?

JOSEPH.
Rien !...

THOMAS.
Rien !...

GEORGES.
Rien !...

STEPHEN.
Hélas ! pas davantage,
Et je n'espère plus...

ROBERT.
Si tôt, perdre courage !

STEPHEN.
On le perdrait à moins.

RICHARD.
Non, de par Belzébut !
Déserter le combat pour un trait loin du but...
Non, — mordieu ! mes amis, notre douleur est grande,
Soit grand aussi l'effort : — il faut que Paul se rende.

HENRIETTE, s'arrêtant sur le seuil au moment où sort Jonathas.
Paul !...
RICHARD.
Il le faut, malgré le soin mystérieux
Qu'il a pris de cacher sa retraite à nos yeux.

SCÈNE V

LES PRÉCÉDENTS à table, — HENRIETTE, — sur la porte à droite. — Pendant cette scène, des garçons taverniers apportent de la bière et du vin.

HENRIETTE, à part.
Paul !... serait-ce le voisin qui nous suit à la messe ?
RICHARD.
Nous le découvrirons, malgré l'enchanteresse
Qui l'a traîtreusement endormi dans ses bras ;
Eût-elle de Vénus les célestes appas.
Il rougira bientôt de ce sot esclavage...
JAMES.
Ah ! si je rencontrais la dame au doux visage
Dont les charmes nous ont joué ce mauvais tour,
Je lui ferais passer ses caprices d'amour...
PHILIPP.
A moins que regrettant la maison paternelle...
RICHARD.
Paternelle ! allons donc ! tu nous la donnes belle...
Paul a toujours tenu ce chapitre à l'écart ;
On le dit orphelin, moi, je le crois bâtard.
MICHEL.
Double face au secret ! — Quelle est la véritable ?
Charles, seul, peut le dire...
STÉPHEN, bâillant.
    Ah ! quel ennui m'accable ;
Je bâille à réveiller mes aïeux trépassés...
Je me sens le front lourd et les deux bras cassés,
Si bien que je n'ai pas le courage de boire.
JAMES.
En vérité, Stéphen, on n'y voudra pas croire....
Tu ne bois plus ?...

STÉPHEN, vidant son verre qui est fort grand.
Non! non!!
JOSEPH.
Je serai, sur l'honneur,
Avant un an, coiffé du bonnet de docteur,
Si Paul, ainsi souvent, nous fausse compagnie.
HENRIETTE, à part.
Paul! encor!
MICHEL.
Je suis pris d'une étrange manie;
Je rêve dots, contrats, noces, châteaux, forêts,
Prés et gazons fleuris, gras et jaunes guérêts,
Où, sa grâce, lord Black, de qui j'ai reçu l'être,
Sous le joug de l'hymen voudrait m'amener paître...
NICOLAS.
Que je possède encore assez d'argent ce soir
Pour acheter un clou, je m'y pends.
RICHARD.
Désespoir
Absurde, mes amis! — Si petit qu'on se fasse
On ne disparaît pas sans laisser quelque trace.
Et, puisque Paul n'a pas franchi les sombres bords,
Un indice suffit pour guider nos efforts.
Croyez-moi, nous aurons bientôt raison du traître...

SCÈNE VI

LES PRÉCÉDENTS à table, PAUL, — CHARLES, —

HENRIETTE, regardant Paul, — elle se cache pour écouter.
C'est lui!
RICHARD, ouvrant un plan.
J'ai préparé mes derniers coups en maître.
Admirez-en l'effet sur ce plan d'Edimbourg :
Je prends, pour moi, le nord, à Stéphen, ce faubourg.
CHARLES, sur la porte.
Voici le fugitif!...
TOUS.
Paul!
CHARLES.
Oui, Paul!
(Tous vont pour serrer la main de Paul.)

ACTE I, SCÈNE VII.

ROBERT.

Ah ! victoire!

JAMES.

Victoire!!...

GEORGES.

Explique-nous le secret...

PAUL.

Après boire...

MICHEL, debout sur la table, chantant.

Par Bacchus! le dieu des lurons,
Nous faisons vœu de tempérance

TOUS EN CHOEUR.

Par Bacchus! le dieu des lurons,
Nous faisons vœu de tempérance,
Et désormais,

MICHEL.

Nous ne boirons...
Par pénitence!
Que du vin vieux, — du vin de France!

REPRISE EN CHOEUR.

Le vacarme redouble, Henriette, plus effrayée, étouffe un cri et ferme la porte sur elle. — A ce bruit Nicolas se lève.

NICOLAS, cherchant.

Eh! quelqu'un nous écoute. — On a poussé, je crois,
Un petit cri pointu, peureux, et cette voix
Trahit assurément une bouche de femme.
Mais où se cache-t-elle ?... — Une porte !... — La dame
Est ici.

(Il essaie d'ouvrir, Burke entre par la gauche, et va à Nicolas.)

SCÈNE VII

NICOLAS, — BURKE, les autres à table.

BURKE, arrêtant Nicolas.

S'il vous plaît?

NICOLAS.

Oui; mais il me plaît peu.....
Qui donc est là?

BURKE.

Là?...

NICOLAS.

Là.

BURKE, il ouvre la porte, Henriette sort.
Permettez.... — Mon neveu...
Mauvais drôle que j'ai mis ce matin en cage,
Pour ses hauts faits. — Passez, garnement.
(Il fait passer Henriette à droite et la suit.)

NICOLAS, retournant à la table.
C'est dommage...
Ce garnement est fait de gentille façon...
Mainte fille envierait sa tournure.

PAUL.
Garçon,
Quatre bols ! — Nicolas, va présider à l'œuvre...
Dirige les apprêts, et ne laisse au manœuvre
Que le soin de souffler prudemment les fourneaux.
(Nicolas sort suivi des garçons taverniers.)

BURKE, bas à Henriette.
Pourquoi, sans Jonathas?...

HENRIETTE, à part.
Quels discours ! quels propos !

BURKE.
Pourquoi dans cette salle?...

HENRIETTE, distraite.
Oui... Burke...

BURKE.
Votre père
Serait fort mécontent...

HENRIETTE, froidement.
Je le sais; mais j'espère
Que Burke se taira, quand j'aurai défendu
Qu'on rapporte au docteur...

BERTHE.
Ai-je bien entendu,
Vous me défendez, vous?...

HENRIETTE, avec énergie.
Je vous défends...

BURKE.
La cause ?

HENRIETTE.
Vous la saurez plus tard.....

BURKE, à part.
Et dire que je n'ose

ACTE I, SCÈNE VIII.

Moi, Burke, un roi des mers, heurter la volonté
De cet enfant mutin.

HENRIETTE, à part.

Oh! la réalité!...

Mon premier rêve est mort! — Je suis folle et mérite,
Cette douleur... (à Burke.) Partons...

NICOLAS entre, suivi de quatre garçons portant chacun un bol enflammé.

BURKE.

Un instant.

HENRIETTE, elle l'entraîne par le fond.

Partons vite.

SCÈNE VIII.

LES PRÉCÉDENTS, moins BURKE et HENRIETTE.

Les quatre bols enflammés éclairent seuls la scène.

PAUL, en haut de la table. — debout.

Après tant de défis portés à Lucifer,
Et nos communs efforts, pour mériter l'enfer,
Je me croyais, sur vous, amis, plus de puissance...
Je fais, par aventure, à peine un mois d'absence,
Et viveurs abêtis, traîtres à vos serments,
Rénégats oublieux de mes enseignements,
Sous l'ennui qui vous mord, vous luttez de grimace.
Il vous trouble la vue, il vous blêmit la face,
Ride vos fronts chargés d'une morne langueur
Transforme en eau le sang qui vous chauffait le cœur...
Et nul ne se retrouve une haine assez vive
Pour chasser du banquet ce stupide convive !

STEPHEN.

Que pouvons-nous sans toi ?

PAUL.

Thomas ne chante plus,

Nicolas songe creux, — Philipp est à Vénus. —
La muse de Richard pleine, hier, d'énergie
S'énerve à larmoyer, sur des vers d'élégie. —
Bill traduit Grotius. — Stephen, depuis un mois,
Le nez sur Puffendorf, s'est enivré trois fois.
S'enivrer ! — Triste effort de la sottise humaine!
Dites qu'au plaisir vrai, ma sagesse vous mène,

Proclamez qu'avec moi, vous avez tous appris
L'art de vivre. — Chansons, rêves d'écoliers gris !
Mais puisqu'en ce moment Épicure m'inspire,
Philosophons, marmots...
(Il s'assied.)
RICHARD.
Un peu ne saurait nuire.
Philosophons !...
TOUS, à Richard.
Bravo !
(A Paul).
Parle.
RICHARD.
Philosophons !...
Seulement, s'il vous plaît, avant tout, saluons
Ce jour trois fois heureux.
(Levant son verre.)
A l'amitié !
PAUL, voyant entrer le docteur et se levant.
Silence,
Et le front découvert ; — Je bois à la science !

SCÈNE IX.

LES PRÉCÉDENTS à table, LE DOCTEUR, — HENRIETTE, — BURKE.

PAUL, les yeux sur Henriette
Messieurs, au docteur Price, et faites-moi raison.
— Milords, vous êtes tous de puissante maison ;
Vos ayeux ont conquis le droit héréditaire
De lever étendard au premier cri de guerre ;
Vous aurez, de leur chef, un siége au parlement,
Et comme eux, vous saurez l'occuper dignement.
Eh bien, en vérité, ce qu'ont fait vos ancêtres
Dans le métier des preux, nobles et rudes maîtres,
Ce que vous ferez, vous, quand votre temps viendra,
Pour le bonheur public, jamais n'égalera,
Si grands que vous soyez, si haut qu'on vous renomme,
Les talents ignorés de ce simple honnête homme.
BURKE, à part.
Bien !

ACTE I, SCÈNE IX.

HENRIETTE, à part.

Il me reconnaît...

PAUL.

Buvons donc !

TOUS, debout.

Au docteur !

LE DOCTEUR, s'avançant.

J'accepte la santé, je décline l'honneur.
Faites droit, seulement, à ce que je réclame
Je vous en saurai gré.

PAUL.

Parlez, et, sur mon âme,
Chacun, ici, sera fier de vous obéir.

LE DOCTEUR.

Un vieillard, en ces lieux, va peut-être mourir.
En dépit de mon art, dont l'impuissance est grande,
Et quoi qu'aussi mon cœur, contre Dieu, le défende,
Je dois craindre...

PAUL.

Il vivra !...

LE DOCTEUR.

Qui le sait ?

PAUL, à Nicolas qui pousse un siége.

Moins de bruit...

(Au docteur.)
Nous partons.

HENRIETTE, à part.

Généreux !...

PAUL, à Charles.

Un crayon ?

HENRIETTE, à part.

Il écrit...

LE DOCTEUR.

John Burke, j'enverrai, tantôt, par Marguerite
Un remède nouveau, pour la nuit. — Je vous quitte,
Messieurs.

PAUL, à Henriette, lui présentant un billet.

A votre sœur...

LE DOCTEUR, à Burke en scène.

Nous reviendrons demain.

PAUL, à Henriette.

Oh! de grâce!

HENRIETTE, avec mépris.

Un billet?...

PAUL, suppliant.

Madame...

HENRIETTE, jetant le billet.

Il sent le vin.

PAUL à part.

Fière et belle!

LE DOCTEUR, aux jeunes gens.

Au revoir...

(Il gagne la porte, tous s'inclinent sur son passage. — Burke et Henriette le suivent.)

SCÈNE X

TOUS à table, PAUL.

PAUL, à part.

Tiens bien ta porte close,
Docteur.... je l'ouvrirai.

(Il reprend sa place à table.)

Messieurs, je vous propose,
Un problème à résoudre, avant de nous quitter.
L'entreprise est piquante et devra vous tenter.
L'homme qui sort d'ici, bizarre personnage
Hait ou craint le grand jour. On ignore son âge.
Sa fortune, son nom, sont presque des secrets.
Il sort, il va, revient, mais ne reçoit jamais.
Cent fois il a prouvé sa science profonde;
Sa charité, cent fois, a surpris tout le monde,
Et l'on ne sait, vraiment, quel le plus applaudir
Ou son art de donner, ou son art de guérir.
Mille bruits mensongers circulent sur son compte.
C'est à qui bâtira le plus absurde conte.
On ne connaît, malgré tant d'esprit dépensé,
Qu'un peu de son présent et rien de son passé.
C'est à vous qu'appartient de percer le mystère.
Je l'ai tenté tout seul et je ne l'ai pu faire
J'ai conçu vingt projets.

ACTE I, SCÈNE X.

PHILIPP.
Un suffit.

PAUL.
Je m'y perds. —
rouve-le donc Philipp, les avis sont ouverts.
ropose...

PHILIPP.
Et sans chercher. — Parbleu ! ton monsieur Price,
Si ténébreux qu'il soit, a bien à son service
Fille ou femme. — On l'achète, ou je lui fais la cour ;
Si l'argent n'ouvre pas, essayons de l'amour.

PAUL.
Mauvais. — J'attendais mieux de ton intelligence,
L'argent comme l'amour serait là sans puissance.
Une vieille morose, un tout jeune garçon...

NICOLAS.
Le petit ?...

PAUL.
Un gros chien, composent la maison.

PHILIPP.
De l'argent !

TOUS.
De l'argent !

PAUL.
Ah ! Silence... A la ronde...

JAMES.
Qui dit savant dit sot aux choses de ce monde.
Notre homme accueille-t-il les flatteurs d'un bon œil,
Et ne pourrait-on pas l'attaquer par l'orgueil ?
(Signe négatif de Paul.)

RICHARD.
Puisqu'il a pour son art une amour aussi vive
Il souhaite, à coup sûr, que son art lui survive,
Et voudrait rencontrer quelque esprit généreux
A qui léguer, lui mort, son savoir merveilleux :
Il lui faut un disciple en tout digne du maître.
Son choix n'est pas douteux, s'il vient à te connaître.
Sans relâche, crois-moi, travaille à l'approcher ;
L'occasion viendra, si tu la sais chercher.
Nous t'aiderons d'ailleurs.

PAUL.
Il est inabordable.
RICHARD.
Le rôle te convient.
PAUL.
Oui, mais, chose incroyable,
Que je sais, cependant, à n'en pouvoir douter :
Il ne consent jamais, quoiqu'on puisse tenter,
Même au lit du malade, à parler médecine.
GEORGES.
Si nous prenions à bail une maison voisine.
PAUL.
C'est fait, j'en ai pris une...
GEORGES.
Eh! bien?
PAUL, hésitant.
Je n'ai rien vu :
Que des ombres passer. — Cet homme a tout prévu,
De grands murs au jardin, de sombres jalousies,
Et des portes de fer.
GEORGES.
Quoi point de fantaisies?
D'habitudes?
PAUL.
Non rien...
GEORGES.
La maison aujourd'hui
T'appartient?
PAUL.
Toujours.
BILL.
Ah!... Mettons le feu chez lui,
Pour t'offrir un moyen de lui rendre service.
PAUL.
Nous ne sommes que trop mal vus de la police ;
Ce serait dangereux.
ROBERT.
Pourtant, Bill a raison.
Pour dompter ce sauvage et t'ouvrir sa maison,

ACTE I, SCÈNE X.

Le chemin le plus droit c'est la reconnaissance.
Et je crois qu'on pourrait, sans trop de violence
Si nous le voulons tous, mener l'affaire à bien.

PAUL.

Le comment?

ROBERT.

Écoutez : — donc, nous ne brûlons rien...
Mais un soir, nous chargeons, dans quelque rue obscure,
Notre homme en vrais larrons. — Il fait bonne figure
Il est brave?...

PAUL.

On le dit.

ROBERT.

Nous nous fâchons alors.
Quoiqu'il puisse invoquer, et malgré ses efforts,
Nous l'entraînons, disant qu'un pareil personnage
Pour nous en dessaisir est un trop riche otage.
Soudain, Paul apparaît, il met flamberge au vent,
Nous chasse de la voix, sur nous pousse en avant
Frappant de tous côtés, et d'estoc et de taille,
Comme un preux qui se rue au cœur de la bataille.
Nous fuyons... et la fin se devine aisément.

PAUL.

Bien ! mais le délivré me dira poliment :
Jeune homme, vous tenez vaillamment une épée,
Et savez, haut la main, trancher une équipée.
Nos fripons n'ont pas vu d'où leur pleuvaient les coups,
Et je me sens tout fier, aujourd'hui devant vous,
Que quelques malheureux soient, de façon ou d'autre,
Mes obligés, seigneur, comme je suis le vôtre.
Bonsoir, car on m'attend et je rentre chez moi.

ROBERT.

Alors, pour le contraindre à s'occuper de toi
Nous rendrons, s'il le faut, le combat dramatique.

PAUL.

Ton moyen?

ROBERT.

Oh! très-simple, — en fuyant, je t'applique
Un bon coup de bâton.... je te casse le bras...
Je suis sûr de mon fait.

PAUL.
Tout beau !
ROBERT.
L'on n'en meurt pas.
Tu choisis ce moment pour perdre connaissance,
Quelques-uns d'entre nous, viennent, par leur présence,
Augmenter à propos l'embarras du docteur.
Il faudra bien, morbleu, qu'il sauve son sauveur.
Et d'ailleurs nul objet n'apprenant au bonhomme
Quel logis est le tien, ni comment on te nomme,
Nous t'enlevons de force, et, sans plus de façons,
Malgré lui, c'est chez lui que nous te déposons.
A ton gré, tu pourras, couronner l'aventure.

STEPHEN.
Bien trouvé !
TOUS.
Merveilleux !
ROBERT.
Qu'en dis-tu ?
PAUL.
Ce murmure
Plaide pour l'orateur. — J'aurais, je crois, grand tort
De heurter l'assemblée à qui l'avis plaît fort.
Je m'y range et suis prêt.

MICHEL.
Il reste à nous entendre...
Arrêtons, sur-le-champ, les mesures à prendre...

ROBERT.
L'œuvre est mienne, je veux l'honneur et le souci
D'en régler les détails.
(Ils boivent.)

SCÈNE XI.

LES PRÉCÉDENTS, à table, — CHARLES, à l'extrémité gauche,
PAUL, à l'extrémité droite, — MARGUERITE.

MARGUERITE.
John Burke est-il ici ?
CHARLES, allant à elle,
Qui ?... l'hôte ?

ACTE I, SCÈNE XI.

MARGUERITE.
Son neveu.
CHARLES.
C'est moi.
MARGUERITE.
Plaisanterie,
Et de fort mauvais goût !...
CHARLES.
C'est moi.
MARGUERITE.
L'effronterie
Mérite qu'on l'admire. — Allez, Monsieur, fi donc !
Un mensonge ! oh ! l'horreur ! — Quoi, vous auriez le front ?
CHARLES.
Parbleu !
MARGUERITE, le menaçant.
C'est par trop laid ! — Je ne sais qui me tente...
Mais je connais John Burke, et suis votre servante...
CHARLES.
Bah ! vous le connaissez ; que ne le disiez-vous ?
Je suis le sommelier. — Le sommelier, chez nous,
Quand le maître est absent, à sa place commande.
Le maître étant sorti...
MARGUERITE.
C'est John que je demande.
CHARLES.
Sorti, comme son oncle.
MARGUERITE.
Alors...
CHARLES.
Voilà pourquoi
Je vous ai répondu : le tavernier, c'est moi.
Vous comprenez ?
MARGUERITE.
Pas trop.
CHARLES.
Je suis le...
MARGUERITE.
Que m'importe,
Vous êtes le garçon...

CHARLES.
Le sommelier.
MARGUERITE.
J'apporte,
De la part du docteur, ce remède nouveau.
Le malade en prendra, dans un grand verre d'eau,
Trois goutelettes.
(Paul écoute.)
CHARLES.
Bien.
MARGUERITE.
Pas plus.
(Charles ouvrant le flacon, Marguerite l'arrête.)
Etes-vous ivre ?
CHARLES.
Non.
MARGUERITE.
Fou ?
CHARLES.
Non, que je sache.
MARGUERITE.
Ou déjà las de vivre ?
CHARLES.
Pas davantage.
MARGUERITE.
Alors, gardez-vous, malheureux,
De goûter ce breuvage, un poison !...
CHARLES, riant.
Dangereux !
MARGUERITE.
Terrible ! Le docteur dit, sur cette ordonnance,
Qu'on n'en saurait user avec trop de prudence,
Et qu'en le prenant pur, à moins d'un prompt secours,
Tout homme serait mort au bout de quatre jours.
CHARLES.
Il suffit.
MARGUERITE.
Voyons donc... j'en étais à vous dire...
Trois gouttes...
CHARLES.
C'est écrit?

MARGUERITE.
C'est écrit.
CHARLES, prenant l'ordonnance.
Je sais lire.
MARGUERITE.
En ce cas, je m'en vais.
(Fausse sortie.)
CHARLES.
Bon voyage !
MARGUERITE.
A propos,
Je vous dois un conseil, beau plaisant, en deux mots :
C'est pécher, que mentir, même en riant, l'offense
N'est pas moindre envers Dieu...
CHARLES.
Je ferai pénitence,
Dussé-je, pour cela, vous embrasser.
MARGUERITE, avec une révérence.
Merci !
(Elle sort.)

SCÈNE XII

LES PRÉCÉDENTS, toujours à table, CHARLES, en scène.

CHARLES.
La peste, si je sais que faire de ceci.
PAUL.
Donne.
CHARLES.
Ce noir poison, drogue fort innocente.
PAUL.
Tu le crois ?
CHARLES.
J'en suis sûr. — Et le diable me tente
De remplir, en secret, le flacon de vin vieux.
Le malade, demain...
PAUL, vidant lentement le flacon dans son verre.
Rendrait l'âme.
CHARLES.
Irait mieux.
PAUL, regardant son verre.
La mort dans quatre jours...

CHARLES.
Parbleu ! la ruse est neuve.
Qui donc s'aviserait d'en venir à l'épreuve ?
PAUL, se levant.
Qui ?... moi.
(Il boit. — Mouvement.)
CHARLES.
Malheureux !
PAUL.
Moi, qui veux vous convertir.
CHARLES.
Qu'as-tu fait, s'il est vrai qu'on en doive mourir.
JAMES.
Au secours !
RICHARD.
Au secours !
PAUL.
Arrêtez et silence.
CHARLES.
Va, Richard.
PAUL.
Demeurez.
CHARLES.
Mais, la mort !
PAUL.
Patience.
(A part.)
Je la verrai...
(Haut.)
Tu crois maintenant ?
CHARLES.
Non, j'ai peur.
PAUL.
Entêté !
CHARLES.
Malgré lui, courez chez le docteur.
PAUL.
Encore un coup, restez, je le veux.
CHARLES.
Mais, peut-être...

ACTE I, SCÈNE XII.

PAUL.

Plus un mot. — Mes amis, que c'est mal me connaître.
Vous imaginez-vous que j'ai bu ce poison
Pour mourir ou braver le danger, sans raison ?
Vous ai-je habitués à ces traits de folie ?
En viendrais-je sitôt à démentir ma vie ?
Ce papier... cette plume... à toi, Stéphen, écris.
« Maître,

CHARLES.

Tu souffres ?

PAUL, chancelant.

Non.

(Il dicte.)
      « D'incrédules esprits
« Ont osé, devant moi, nier votre science.
« Par amour de notre art, j'ai pris votre défense...
« Et pour qu'on sache mieux combien grande est ma foi,
« J'ai vidé ce flacon... maintenant... sauvez-moi...
« Si je meurs, conservez mon corps que je vous donne,
« Et, devant Edimbourg, ouvrez-le. — J'abandonne
« (Contre les préjugés vous aurez à lutter),
« J'abandonne mes biens pour faire exécuter,
« Malgré les ignorants, ma volonté dernière. »
Une chaise... Je sens s'alourdir ma paupière...
Charles, tu plaideras... s'il le faut... D'ailleurs, tous
Vous pourrez attester... que libre... devant vous,
J'ai signé cet écrit... maintenant qu'on me porte
Au docteur... s'il refuse...

CHARLES.

On brisera la porte...

PAUL.

Mes amis, hâtez-vous...

RICHARD.

Je cours devant.

(Paul s'évanouit, ils se préparent à l'emporter.)

SCÈNE XIII

LES PRÉCÉDENTS, — PAUL, évanoui, — JONATHAS.

JONATHAS, les arrêtant.

Milords, Qui paiera?

CHARLES.

Le logis du docteur, va...

JONATHAS.

J'en sors.

CHARLES, le poussant vers la porte.

Conduis-nous.

JONATHAS.

Que c'est mal de voler un pauvre homme.

RICHARD.

Te voler!

CHARLES.

Que doit-on?

JONATHAS.

Pas grand'chose.

RICHARD.

La somme?

JONATHAS.

Deux livres...

CHARLES, lui jetant sa bourse.

Tais-toi donc, et dirige nos pas.

JONATHAS.

Je me tais.

CHARLES, le poussant très-fort.

Va, coquin.

JONATHAS, en sortant.

Vous m'étranglez... le bras.

(Ils enlèvent Paul. — Le rideau tombe.)

FIN DU PREMIER ACTE.

ACTE DEUXIÈME.

Le cabinet d'étude du docteur Price, vaste salle contenant les curiosités dont s'entouraient les médecins du temps. — A droite, une porte. — A gauche, un grand miroir. — Au fond, trois portes.

SCÈNE Ire

LE DOCTEUR, à son bureau, au premier plan à droite. — HENRIETTE. — Au fond devant un pupitre élevé, elle enlumine un livre de prières. — MARGUERITE file au premier plan à gauche. — PAUL, écrit, assis à une table à gauche vers le milieu.

LE DOCTEUR, ouvrant des lettres.

Naple. — On y craint la peste.
PAUL.
Et vous irez, docteur?
LE DOCTEUR.
Je suis trop vieux, mon fils, pour un pareil honneur.
PAUL.
Que n'ai-je le savoir?...
LE DOCTEUR.
Vous l'aurez. — La science
Germe sous le travail et la persévérance.
(Paul se remet au travail. — Moment de silence.)
LE DOCTEUR à part, regardant Paul.
J'ai tort de m'effrayer, — ardent et studieux,
Ce jeune homme n'a pas le temps d'être amoureux.
Il n'aime que notre art. — J'en ai pour garantie
Ce qu'il a fait, — folie!... Oui, mais noble folie!
Il ira loin, quand l'âge aura de sa raison
Modéré les écarts et doublé l'horizon.
Disciple généreux, digne d'un meilleur maître,
Béni soit l'éternel, qui m'a fait te connaître;
Puisqu'en ton cœur je trouve et l'audace et la foi,
J'ai là de vieux trésors que j'ouvrirai pour toi...

Plus tard. — Ailleurs, surtout. — Toute femme est coquette
En dépit d'elle-même, et femme est Henriette,
Elle a vingt ans ;... un mot, un regard indiscret,
Un geste inattendu, peut livrer mon secret.
Secret fatal! si bien gardé jusqu'à cette heure.
— Paul aura dans huit jours regagné sa demeure.
J'irai là, quelquefois, diriger ses travaux.
(Il se met à lire.)

PAUL, à part.

Oh! Tantale a souffert le plus affreux des maux!
Le docteur me surveille, Henriette m'évite,
Je n'ai rien pu savoir, même de Marguerite...

LE DOCTEUR, examinant un dessin.

Mondinus s'est trompé... Le muscle que voilà
Ne suit pas cette route, il doit s'attacher là...
Mondinus est pourtant un docte personnage ;
Mais l'erreur est certaine et grave. — C'est dommage,
Car ce livre savant tout plein de vérités
Fournit à nos travaux d'innombrables clartés.
— Malgré les préjugés de notre sainte Église
Avoir pu, dans Bologne, attentive et soumise,
Ouvrir et commenter deux cadavres humains.
Avoir vu des deux yeux et touché des deux mains
Tant des secrets de Dieu, cachés au cœur de l'homme.
Quel triomphe!. Et sans moi cette œuvre se consomme.
Si l'Écosse à son tour... Sot respect du tombeau...
Oh! si j'osais braver le baiser du bourreau...

PAUL.

Les temps viendront...

LE DOCTEUR, se levant.

Trop tard!... Paris bientôt peut-être
Fera comme Bologne, et notre art va renaître,
Sans qu'il nous soit permis d'aider ses premiers pas...
J'écrirai dès ce soir. — On se doit, en ce cas,
Entre fils d'Esculape, un avis salutaire.
J'ai mes preuves, voyez. —
(Il remonte la scène vers un coffret placé au fond à gauche, Paul le suit.)

MARGUERITE, les arrêtant.

Monsieur, qu'allez-vous faire?
Et devant cet enfant, toucherez-vous encor

A ces os de chrétien ?
LE DOCTEUR.
Laissons là mon trésor,
Marguerite a raison. — Nous reprendrons ensemble
Cet examen, plus tard.
(Paul revient à sa place. — Le docteur va vers Henriette.)
MARGUERITE, à part.
Sainte-Vierge! Je tremble,
Ce coffret de Satan nous portera malheur ;
Que je le voudrais voir aux mains du fossoyeur.
LE DOCTEUR.
Henri, que faites vous ?
HENRIETTE.
Je termine, mon père,
Mon beau Missel... J'aurai fini demain... J'espère
M'en servir au salut, si vous m'y conduisez.
(Elle descend la scène son livre à la main.)
LE DOCTEUR.
Nous verrons.
HENRIETTE.
Quel bonheur !
LE DOCTEUR.
Tout doux ! — Vous vous plaisez
Beaucoup loin du logis... J'aime peu que l'on sorte ;
Que gagnez-vous de bon à courir de la sorte ?
HENRIETTE.
Mon père, est-ce un grand mal que d'aller au salut ?
LE DOCTEUR.
Qui vous dit que c'est mal ? Où tend ce beau début ?
HENRIETTE.
Ah! vous voilà fâché !
LE DOCTEUR.
Contre vous?
HENRIETTE.
Je le pense.
LE DOCTEUR, avec bonté.
Pourquoi mentir, Monsieur ?
(Il lui fait signe de retourner peindre. — A Paul.)
Ma dernière ordonnance
Vous prescrivait, jeune homme, un repos absolu,

Malgré moi, ce matin, vous avez beaucoup lu,
Je vous trouve, à cette heure, une ardeur sans pareille.
Qu'écrivez-vous ainsi? Sans doute une merveille...
                    PAUL.
Non, maître, mais j'aspire au titre de docteur,
Vous serez mon parrain, je veux vous faire honneur.
                    LE DOCTEUR.
Abordez franchement votre sujet en face.
Laissez-vous emporter, montrez un peu d'audace ;
Cela sied à votre âge, et notre gravité
Sert, parfois, mollement l'austère vérité.
Lisez-moi le début, voyons si ma vieillesse
Pourra comprendre encor votre jeune sagesse
J'écoute : le sujet?...
                    PAUL.
            De l'art du médecin.
                    LE DOCTEUR.
Choix heureux et qui prouve un généreux dessein.
                    PAUL.
C'est que je vous ai pris, maître, pour mon modèle.
Et j'ai tracé de vous une image fidèle.
                    LE DOCTEUR.
Flatteur, — je vous pardonne en raison du motif,
Si, comme je le crois, vous tranchez dans le vif ;
Mais faites aux abus rude et mordante guerre.
Que dites-vous, voyons ?
(Henriette cesse de peindre. — Elle écoute, puis descend près de
                    Marguerite.)
                PAUL, debout.
                    Je dis que notre père,
Le prudent Esculape, était fils d'Apollon,
Et qu'en rentrant, jadis, dans le sacré vallon
Ce Dieu nous a légué sa mission divine.
Je dis qu'ils mentent tous à leur noble origine,
Ces brûleurs de charbon, noirs chercheurs de trésor,
Toujours prêts de trouver l'art de fabriquer l'or,
Et si fort avivant la soif qui les enflamme
Par cette œuvre d'enfer, qu'ils y perdent leur âme.
                    LE DOCTEUR.
Très-bien ; mais enseignez le mépris des honneurs,

La haine d'aucun joug, devoirs, présents, faveurs.
De ces vains embarras nous devons nous défendre ;
N'exiger rien d'autrui, s'il se peut, ne rien rendre,
Et, modernes Bias, fiers de la pauvreté,
Porter tout avec nous.
                    MARGUERITE, à part.
                        Merveilleuse fierté !
Maître fou, qui souvent de la sorte raisonne,
Et ce Bias l'était de toute sa personne.
                    HENRIETTE, bas à Marguerite.
Tais-toi.
                    MARGUERITE, de même.
        Foin des Bias ! Gouvernez le logis,
Faites-le pot-au-feu de ces donneurs d'avis.
                        PAUL.
Je dis encor, docteur, et c'est vous que je vole,
Qu'au livre d'Hippocrate est la sainte parole,
L'esprit du sacrifice, et le respect de soi,
L'Amour du patient, le devoir et la foi ;
Que ce livre est, pour nous, beau comme l'Évangile ;
Qu'il n'a rien de pareil aux monuments d'argile
Qu'ont rêvés, depuis lui, les doctes vanités,
Et, qu'en germe, il contient toutes les vérités.
Remontant au plus loin dans l'histoire des mondes,
Je signale aux penseurs les lumières fécondes
Mais rares, qui nous ont éclairé le chemin.
J'ose juger hier, et pressentir demain.
                    LE DOCTEUR, animé.
Louez Érasistrate et surtout Hérophile,
Il brava les clameurs de la foule imbécile.
Parlez de Chauliac, — c'est un homme de bien.
De l'Arabe Géber, — du prudent Galien.
Je vous dicte au hasard ces noms dont j'ai mémoire.
Je sais, mieux que le rang, les travaux et la gloire.
Citez-les à propos, gardez-vous d'oublier
Vésale, et par respect, nommez-le le dernier.
Depuis tantôt six mois au mépris de sa vie,
Affrontant des prélats la redoutable envie,
Il s'est, dans Paris même, — au Clos des Innocents,
— A Montfaucon, — tout près des gibets menaçants

Enfermé chaque jour, et là, dans la poussière
Qu'amoncelle du temps la bêche meurtrière,
Pièce à pièce a refait dix squelettes humains...
Ce dangereux labeur, œuvre chère à ses mains,
J'en ai reçu de lui l'heureuse confidence.
Aujourd'hui, révélez ce secret à la France,
A l'Europe, lisez la lettre que voici...
Et louez chaudement...

PAUL.

Oh! mon maître, merci!
Merci! Quoi vous daignez sitôt à votre gloire
Associer mon nom!... je n'ose encore y croire...

LE DOCTEUR.

Après lui, je n'ai plus personne à vous nommer.
Pour conclure j'ajoute : ayez soin de blâmer
L'attirail menaçant que maint et maint confrère
Expose en son logis pour l'effroi du vulgaire.
Méprisable et cruel remède que la peur.
Le savoir éprouvé, jaloux de son honneur,
Ne donne point crédit à ces supercheries.
Si quelque chose encore, après ces jongleries,
Mérite le mépris des plus honnêtes gens,
C'est le métier honteux des médecins charmants,
Bouffons de châtelains, maîtres en l'art de plaire,
Messagers complaisants de toute laide affaire,
Se faisant, sans vergogne, au service d'autrui,
Fournisseurs de plaisirs et guérisseurs d'ennui.
Flétrissez et livrez à la haine publique
Le médecin paillard, dont la main impudique,
Sous le noble manteau qui cache ses desseins,
Se livre impunément à d'infâmes larcins.
Frappez d'un fouet vengeur, et l'ivrogne, et l'avare,
Joignez-y la paresse, et le crime plus rare
De ceux qui sur le pauvre, au profit des heureux,
Osent tenter, parfois, des essais dangereux.
Enveloppez, enfin, dans cette large étude
La gent porte soutane et sa vieille habitude
De joindre, habilement, le profane au sacré.
Du prélat, duc et pair, au moindre tonsuré
Tout pasteur, aujourd'hui, fait négoce d'eau pure,

Chaque saint, pour cette œuvre, est chargé d'une cure;
Si bien qu'on voit partout barbiers et rebouteurs
Se plaindre amèrement de ces nouveaux docteurs,
Et qu'on trouve aux piliers des plus belles églises,
De la base au sommet, de sales marchandises.
Grâce à ces oripeaux, fruit d'un commerce actif,
On dirait, en entrant, la boutique d'un juif...
C'est une impiété que l'on tolère à Rome,
Mais que peut, à bon droit condamner l'honnête homme.
— Achevez maintenant...

PAUL.

— Non, maître, cet écrit
Est indigne devant ce que vous avez dit.
Et jamais...
(Il s'apprête à déchirer sa thèse).

LE DOCTEUR.

Arrêtez, pourquoi donc ?... C'est folie !

PAUL.

C'est justice.

LE DOCTEUR.

Attendez, — demain, je vous délie
De la parole, enfant, que vous m'allez donner
Si l'on ne vous voit pas d'ici là retourner
A cette pauvre thèse... Aussi bien par prudence
Restons-en là ce soir.

PAUL.

Mais docteur...

LE DOCTEUR.

Ah ! silence,
Vous voilà tout ému... Je vous l'ai déjà dit :
La moindre émotion peut vous remettre au lit
Et je ne réponds plus, alors, de votre vie.

HENRIETTE, à part.

Grand Dieu !

SCÈNE II

MARGUERITE, — HENRIETTE, — BURKE, — LE DOCTEUR, — PAUL.

BURKE.

Salut, docteur. — Salut, la compagnie !

LE DOCTEUR.

Bonsoir ! — que nous veux-tu ?

BURKE.

Lettre du révérend...
Pressante...

LE DOCTEUR.

Que fait-il ?

BURKE.

Mon oncle vous attend...

LE DOCTEUR, lisant à part.

« Docteur, l'amiral comte de Hexam désire retrouver l'enfant naturelle que nous eûmes il y a vingt ans mission de faire disparaître. Je regrette, mon vieil ami, que l'état de ma santé vous oblige à prendre seul aujourd'hui l'embarras de cette affaire. Le comte a déshérité son fils légitime, qui a disparu d'ailleurs. Il veut absolument retrouver l'enfant abandonnée ; venez sans retard, je vous remettrai les papiers nécessaires, et vous agirez. »

Sortir encor ! sortir toujours !

(Marguerite lui apporte son chapeau et sa canne qu'il cherchait, — il ne les prend pas, — à Burke.

Burke demeure,
J'aurai besoin de toi.

BURKE.

Bientôt ?

LE DOCTEUR.

Avant une heure.

(A part, à Marguerite.)

Madame Marguerite, ayez soin du logis,
Veillez.

MARGUERITE.

Allez en paix.

LE DOCTEUR, à part.

Je n'ai jamais surpris

Entre ces deux enfants, la moindre intelligence...
(A Marguerite.)
Filez les yeux ouverts.
MARGUERITE.
Oui.
LE DOCTEUR.
Pas de complaisance,
Ni de caquets.
MARGUERITE, blessée.
Monsieur, de grâce, à quel propos,
Parlez-vous de caquets?
LE DOCTEUR.
Paix, folle!
(A Paul.)
Le repos
Que je vous ai prescrit sera plus efficace,
Si vous l'allez chercher ailleurs qu'à cette place.
Rentrez chez vous.
PAUL, à part.
Sitôt, quand j'espérais...
(Haut.)
Docteur...
LE DOCTEUR.
Il le faut.
PAUL.
J'obéis.
LE DOCTEUR, lui prenant la main.
Voilà plus de chaleur
Que je n'en voudrais voir. — Malgré cela, j'espère.
Vous renvoyer bientôt.
PAUL, à part, remontant lentement.
Qu'elle est belle!
HENRIETTE, offrant son front au docteur.
Mon père,
Et mon baiser du soir? — Là, vous pouvez partir.
LE DOCTEUR, à Henriette.
Soyez sage, Monsieur.
PAUL, sortant au fond à gauche.
Oh! j'ai peur de guérir.
(Le docteur regarde Paul entrer chez lui et remonte avec Burke, Marguerite les suit portant le chapeau et la canne. — Ils sortent par le fond.)

SCÈNE III

HENRIETTE, seule. — Après avoir regardé la porte de Paul, elle ouvre l'armoire du pupitre, en sort une robe, s'assied en avant et se met à coudre.

Me voilà seule, vite, achevons ma couture.
J'en aurai bientôt fait. — La coquette ceinture...
Comme elle m'ira bien. — Ce n'est pas ce poignet,
L'autre... un nœud, quel ennui! Là... deux points au collet...
Maintenant, à ce pli. — Que c'est gentil de coudre!...
   (Elle se pique.)
Oh! là... — Comment mon père a-t-il pu se résoudre
A me laisser grandir sous ces vilains habits.
Un secret... Maudit fil!... Un secret... J'obéis...
Mais qu'il m'en coûte, hélas! pour être ainsi soumise.
Marguerite, demain, sera toute surprise...
   (Ne pouvant enfiler son aiguille.)
Mon Dieu! quel petit trou! — Car elle me verra...
Que dira-t-elle encor?... Marguerite dira
Que je suis une folle, et, malgré sa colère,
Deux baisers, trois, au plus, soudain la feront taire.
Et peut-être, à son tour, monsieur Paul... Oh! jamais...
Si mon père savait qu'à la fenêtre, un soir,
Sous cet ajustement, monsieur Paul m'a pu voir,
Certe, il se fâcherait. — Hélas! la solitude
Est un fardeau si lourd, que ta sollicitude
Ne saurait, mon bon père, en alléger le poids.
Mais je pèche, aujourd'hui, pour la dernière fois.
   (Voyant entrer Burke avec Marguerite, elle cache sa robe et se remet à peindre.)

SCÈNE IV

MARGUERITE, — HENRIETTE, au fond, — BURKE.

   BURKE, à Marguerite.

L'amiral et son fils sont brouillés. Sans famille,
L'amiral, haut la main, nous demande sa fille.
Mon oncle a, quatre fois, retourné son bonnet,
Et le grave docteur s'en va tout inquiet.

ACTE II, SCÈNE IV.

MARGUERITE.
Ce serait demi mal que cette inquiétude,
Si mon maître en tirait, contre son habitude,
Seulement dix écus. Mais...

BURKE.
Il est généreux.

MARGUERITE.
Dites la vérité.

BURKE.
Je la dis.

MARGUERITE.
Il est gueux,
Gueux, comme un rat d'église...

BURKE, à Henriette.
Ah ! la superbe image !

HENRIETTE, descendant son livre à la main.
Vous trouvez ?

BURKE.
Oui, je trouve.

HENRIETTE.
Oh ! tant mieux.

BURKE.
C'est dommage,
Malgré ce beau talent... qu'on ne peut pas nier,
Qu'un garçon comme vous se plaise à tel métier...

MARGUERITE, s'approchant.
Vous croyez ?

BURKE.
Oui, je crois.

MARGUERITE.
Ayez la complaisance
De garder vos conseils.

BURKE.
Je dis ce que je pense.

MARGUERITE.
Vous pensez sottement, Burke, le mal appris.

BURKE.
Plus sottement encor vous parlez, m'est avis.

MARGUERITE.
Insolent !

BURKE, se moquant.

Le gros temps...

MARGUERITE.

Pirate !

BURKE, de même.

Le tonnerre...

MARGUERITE.

Taisez-vous !

BURKE.

Vent du diable...

MARGUERITE, le menaçant.

Ah ! gare ma colère !

BURKE.

Tempête, cris, vacarme, et tout le bataclan,
Allez, je connais ça...

MARGUERITE.

Par saint Georges, va-t-en.

BURKE.

Par saint Georges, je reste.

MARGUERITE.

Et pourquoi ?

BURKE.

Je m'amuse.

MARGUERITE.

A me faire enrager.

HENRIETTE, doucement à Marguerite.

Mais non, non.

MARGUERITE.

On l'excuse !...

HENRIETTE.

Il s'intéresse à moi. — Pourquoi vous quereller ?
Vous m'aimez tous les deux tendrement.

BURKE.

C'est parler.

HENRIETTE.

Mais à votre façon.

BURKE.

Et la mienne est la bonne.

MARGUERITE.

Que grogne-t-il ?

ACTE II, SCÈNE IV.

BURKE.
Moi, rien.
MARGUERITE.
Vous parlez ?
BURKE.
A personne.
Je colloque avec moi.
HENRIETTE.
Paix !
BURKE.
Soit. — Mais le docteur
Aurait dû me choisir pour votre précepteur.
Je vous aurais dressé, tout jeune, à la manœuvre,
Et j'aurais fait de vous...
MARGUERITE.
Un vaurien.
BURKE.
Un chef-d'œuvre !
A quelques-uns déjà, j'ai servi de patron...
MARGUERITE.
Beau modèle !
BURKE.
On le dit.
MARGUERITE.
Le gros fat !
BURKE, à Marguerite.
Tout de bon,
Pouvez-vous élever un homme de la sorte !
Vous le rabougrirez, ou le diable m'emporte.
MARGUERITE.
Le diable ne prend pas les gens qui sont à lui,
Il les laisse venir.
BURKE, à Henriette.
Mon enfant, aujourd'hui,
C'est perdre votre temps que peindre des images.
A seize ans, j'avais fait déjà quatre voyages,
Harponné la baleine, — et quel noble métier !

(Il prend Henriette par le bras et la place à distance, au premier plan, à droite.)

Vous êtes les rameurs...

MARGUERITE.
Butor !
BURKE, sans lâcher Henriette.
Pourquoi crier ?
MARGUERITE.
Mais, vous lui faites mal.
HENRIETTE, se rapprochant.
Oh ! très-peu, Marguerite.
BURKE, replaçant Henriette.
Vous êtes les rameurs.
MARGUERITE.
Non.
BURKE.
Vous ramez.
MARGUERITE.
Non.
BURKE.
Vite.
(Reculant à gauche.)
J'ai le harpon en main...
MARGUERITE, descendue à droite
L'enragé !
BURKE, montrant à droite, vers Marguerite.
Tout là-bas,
L'animal gros et laid...
MARGUERITE, en colère.
Je ne souffrirai pas.
Ah ! par exemple... Henri, je vous défends...
HENRIETTE.
De grâce !
MARGUERITE, se rapprochant.
L'animal...
HENRIETTE.
Permets...
MARGUERITE.
Non, gros et laid !... Je me lasse...
BURKE.
Le récit vous déplaît, c'est bon, n'en parlons plus.
A Henriette.
J'achèverai pour vous.

HENRIETTE.
Oui.
BURKE.
Plus tard.

(Son de cloche.)
MARGUERITE.
L'Angélus !
Mon petit monsieur Burke...
BURKE.
Ah ! diable, une caresse.
Où veut-elle en venir ?
MARGUERITE.
Malgré votre rudesse,
Que l'on peut excuser, vous êtes bon... souvent...
HENRIETTE, à Burke.
Ecoutez.
MARGUERITE.
L'Angelus sonne au prochain couvent.
Vous restez, j'ai, ce soir, une affaire à l'église,
Le direz-vous ?
BURKE.
A qui ?
MARGUERITE.
Par vengeance.
BURKE.
Au docteur ?...
HENRIETTE.
Va, nous serons discrets.
MARGUERITE.
C'est promis.
BURKE.
De bon cœur.
(Marguerite lui parle bas. — Ils remontent.)
HENRIETTE, à part.
Je pourrai quitter Burke, et...
BURKE, à Marguerite.
Soyez donc tranquille.
La taverne de l'Ancre est au bout de la ville,
Ils auront à causer.
(Henriette gagne son pupitre et prend sa robe.)

MARGUERITE, mystérieusement.
Veillez sur lui.
BURKE, de même.
Plus bas!
HENRIETTE, sortant vite à droite.
Maintenant...
BURKE, à Marguerite qui sort.
Mes deux yeux ne le quitteront pas.

SCÈNE V.

BURKE, seul, descendant la scène.

J'ai le harp... quoi parti!... ce jeune homme... oh! jeune
[homme...
Docteur on y croit peu... mais on fera tout comme,
Puisqu'il vous plaît...
(S'arrêtant devant des animaux empaillés.)
Voilà le grand pélican blanc...
Le bon Dieu des Chinois, et Fo-hi son parent...
Le pingouin, volatile adroit comme une bûche...
Le castor, un maçon pas trop bête ; — et l'autruche,
Animal insolent, portant, comme on le voit,
Des bijoux féminins en un certain endroit,
Qu'on ne peut, davantage, indiquer... par décence...
Ça, Burke, mon ami, vous perdez patience,
Ce me semble... allons voir, jusqu'au bout du jardin,
Si dame Marguerite a fini son latin...
(Il sort par le fond, à droite.)

SCÈNE VI.

HENRIETTE. Elle a mis sa robe. — Courant à la glace.

Enfin!... je n'y tiens plus. — Oui, vraiment, je suis belle.
Je ne le savais pas. — Bonjour, mademoiselle...
Cette boucle... très-bien! — Bonjour encor, ma sœur,
Cette robe vous sied à ravir...

SCÈNE VII.

HENRIETTE, — PAUL.

PAUL, sans voir Henriette.
>Le docteur

Avait raison tantôt, je reviens à ma thèse.
>>HENRIETTE.

Quel bonheur de pouvoir se mirer à son aise.
>>PAUL, allant au bureau du docteur.

La lettre de Vésale était là ce matin,
J'ai besoin de la lire.
(Il s'arrête, voyant Henriette.)
>>HENRIETTE, à la glace.
>>>A bientôt... A demain !...

(Elle va pour sortir et voit Paul.)
Ah ! Perdue !
>>PAUL, suppliant.
>>Un moment...
>>>HENRIETTE.
>>>Où fuir ?
>>PAUL.
>>>>Plus belle encore

Que la première fois... Oh ! que je vous adore
Et du cœur et des yeux !
>>HENRIETTE, éperdue.
>>>Vous m'aimez, je le sais...

Oui... J'ai tout deviné... mais oubliez...
>>PAUL.
>>>Jamais !
>>HENRIETTE, suppliante.

Oubliez qui je suis.
>>PAUL, de même.
>>Henriette !
>>HENRIETTE.
>>>Je tremble...

Si Burke revenait .. S'il nous trouvait ensemble...
Autant vaudrait mourir.

PAUL.
Vous mourir... et par moi !
Me haïssez-vous tant ?...
HENRIETTE.
Je le hais !...
PAUL.
Mais pourquoi ?...
HENRIETTE.
Pourquoi ?... Je ne sais pas... Mon Dieu, mon Dieu, que faire ?
Que dire ?.... Autour de moi tout est ombre et mystère.
J'ai peur... mille accidents reviennent chaque jour
Qui me font repousser les doux pensers d'amour.
J'ai peur... Oh ! oui, bien peur... — J'en ai la certitude,
Un danger nous menace, et cette inquiétude,
Dévorante toujours, plus grande que jamais,
Me déchire le cœur... Oh ! partez ; désormais,
Autant que vous pourrez, évitez ma présence.
Fermez ainsi que moi votre âme à l'espérance.
De grâce... je le veux... parce que je ne puis
Désirer ni prévoir. — Parce que je ne vis
Qu'au hasard, sous le poids d'un secret que j'ignore —
Mais funeste, à coup sûr. — Partez, vous dis-je encore.
Je ne dois pas vous perdre aussi jeune avec nous...
D'où vient tenter le ciel que l'on sent en courroux !...
Pour mon père... pour moi... pour vous... aujourd'hui
Encore un coup, partez, parce que... je vous aime. [même
PAUL, à ses genoux.
Vous m'aimez !
HENRIETTE, accablée.
Qu'ai-je dit ?... Ne punissez que moi,
Seigneur, si j'ai mal fait ?

SCÈNE VIII.

HENRIETTE, — LE DOCTEUR, — PAUL.

LE DOCTEUR, au fond.
Ah !
HENRIETTE.
Le docteur !
LE DOCTEUR, à Henriette.
Tais-toi.

ACTE II, SCÈNE VIII.

(A Paul.)
Sortez. —
(On sonne au-dehors.)
On vient!
BURKE, entrant à droite et sortant par le fond sans rien voir.
Tout doux, ne brisez pas la porte,
Enragé! —
LE DOCTEUR, épouvanté et furieux, à Paul.
Sortez donc!
(Paul pâlit et chancelle.)
HENRIETTE.
Il se meurt!
LE DOCTEUR, la poussant violemment chez elle à droite.
Et qu'importe!
(Paul tombe évanoui au fond à gauche.)
LE DOCTEUR, le regardant.
Cependant, il n'a pas mérité de mourir...
(Il va à Paul qu'il ranime et qu'il emporte, au moment où Marguerite et Burke paraissent au fond. — Marguerite a son livre d'heures à la main.)
MARGUERITE, en colère à Burke.
Ai-je assez attendu?...
BURKE s'inclinant, pour la laisser passer.
Faites-moi le plaisir...
(Ils entrent le rideau tombe.)

FIN DU DEUXIÈME ACTE.

ACTE III

Même décor qu'au deuxième acte.

SCÈNE Iʳᵉ.

LE DOCTEUR seul, — assis à son bureau, — très-accablé.

Ainsi, Paul me trompait... et tout à ses amours
C'est pour franchir mon seuil qu'il a joué ses jours.
Mais de quoi me plaindrais-je? Est-ce que la nature
Compte avec nos projets? Ma raison qui murmure
N'avait que trop prévu ce coup qui m'interdit.
Sinon pourquoi ces murs, et pourquoi cet habit,
Sous lesquels j'ai caché, trop longtemps, Henriette?
Que répondre au défi que le destin me jette?
— Sa mère l'a voulu..... Cependant, tôt ou tard,
Je devais droit de vivre à l'enfant du hasard.
Et ce droit, c'est ma mort. — Me tuer... Nulle crainte
N'avive les douleurs dont mon âme est atteinte.
Je puis, sans épouvante, et presqu'avec fierté,
Faire, au jour du départ, face à l'éternité.
Mais je n'ai pas fini ma mission sur la terre,
Et Dieu me reverrait sans doute avec colère.
Tant qu'il me laisse au cœur un seul rayon d'espoir,
Il m'ordonne de vivre... Où donc est le devoir?
Oh! doute qui m'accable! Oh! douleur qui me tue!
A quoi se résoudra mon âme irrésolue?
Affranchis ma raison, Seigneur, puisqu'il me faut
Choisir entre eux et moi... Pauvres enfants! tantôt
Je me suis fait brutal pour mieux cacher ma peine.
Rassurez-vous, jamais, je n'ai connu la haine.

SCÈNE II.

MARGUERITE, — LE DOCTEUR.

MARGUERITE, entrant par le fond à droite, un paquet sous le bras.
— Elle pleure.

Hélas ! Seigneur, partir... Je ne pourrai jamais.
Monsieur... monsieur...

LE DOCTEUR.

J'ai dit, hier, que je voulais
Ne recevoir personne.

MARGUERITE, pleurant.

Ah ! monsieur...

LE DOCTEUR, se levant.

Quel supplice !
N'ai-je donc plus ici valet qui m'obéisse ?

MARGUERITE, effrayée.

Monsieur, je pars... je pars...

LE DOCTEUR, sans l'entendre.

Qu'on me laisse en repos.
Price, le médecin, renonce à ses travaux,...
Price quitte Édimbourg,... Price est mort...

MARGUERITE.

Sainte Vierge !...

LE DOCTEUR.

Au seuil de son logis vous pouvez mettre un cierge
Et fermer les volets. — Je suis fou !... — fait-il jour ?

MARGUERITE, ouvrant la fenêtre.

Une lettre, Monsieur.

LE DOCTEUR, lisant.

« Je reçois à l'instant un message de l'amiral Turner. Si
« Burke ramène l'enfant, expédiez-les ensemble pour Hexam.
« L'impatience du comte ne connaît plus de bornes. »

Surveillez le retour
De Burke. Il nous amène un enfant de famille.
Autant qu'il m'en souvient, ce doit être une fille.
Vous lui préparerez une chambre à l'écart,
Et vous introduirez Burke, ici, sans retard.

MARGUERITE.

Je ne serai plus là.

LE DOCTEUR.
Vous allez?

MARGUERITE.
Et le sais-je?
Je ne suis pas de ceux que le bon Dieu protége
Que m'importe au surplus...

LE DOCTEUR.
Qu'est-ce que ce discours?.

MARGUERITE, continuant.
Chassée honteusement, où finiront mes jours?
Adieu, monsieur...

LE DOCTEUR.
Chassée? et qui vous a chassée?

MARGUERITE.
Mais vous, monsieur...

LE DOCTEUR, étonné.
Moi!

MARGUERITE.
Vous.

LE DOCTEUR, se souvenant.
Ah!—J'ai bien fait.

MARGUERITE.
Brisée,
Vieille...

LE DOCTEUR.
Me trahir! Vous!...

MARGUERITE.
Accusez le hasard
Il est le seul coupable... Et d'ailleurs, tôt ou tard,
Vous devait advenir cette mésaventure.
Le bon Dieu ne veut pas qu'on pèche outre mesure,
Et c'est un grand péché que mentir si longtemps
Car vous mentiez, monsieur, par les ajustements
Donnés à votre fille et je mentais moi-même...
Il est si douloureux d'affliger ceux qu'on aime,
Que je n'ai point osé refuser d'obéir.
Mais je l'aurais dû faire, et me dois repentir
D'avoir été, vingt ans, faible et si peu soumise,
Aux saints commandements de notre sainte Église.

LE DOCTEUR, à part.

Hélas! elle a raison... tôt ou tard, en effet,
On eût, je le sais, trop pénétré mon secret?
Apaise-toi mon cœur, et subis...

MARGUERITE.
 Je vous quitte
Mais de près ou de loin, je prîrai...

LE DOCTEUR.
 Marguerite,
Je souffre, tu le vois. — Il n'est pas généreux
D'abandonner ainsi ses amis malheureux...
C'est manquer, plus encor, faut-il qu'on te le dise?
Aux saints commandements de notre sainte Eglise...

MARGUERITE.
Vous m'avez, durement, ordonné de partir...

LE DOCTEUR.
C'est vrai, — mais tu pouvais ne pas t'en souvenir.
Reste, et si, quelque jour, la colère m'emporte,
Si je te chasse encor, conduis-toi d'autre sorte.
Ne t'afflige de rien; conserve, en ce logis,
Moitié de la fortune et moitié des soucis;
C'est un droit bien acquis par tes loyaux services.

MARGUERITE.
Mon cher maître!

LE DOCTEUR.
 Parfois, j'ai d'étranges caprices,
N'en tiens compte...

MARGUERITE.
 Oh! merci! Je sens là mon vieux cœur,
Qui se mourait, revivre, et sauter de bonheur.

LE DOCTEUR.
Va trouver Henriette, et dis-lui de descendre.

MARGUERITE.
Quel bien vous m'avez fait! Puisse Dieu vous le rendre!
(Elle entre chez Henriette, à droite.)

SCÈNE III.

LE DOCTEUR, seul.

Nobles travaux! travaux sacrés! je dois vivre, je veux...
Mais rendez-vous mes jours jusques-là précieux,

Que je puisse, brisant l'avenir d'Henriette,
Verser l'ombre qui tue à son âme incomplète ?...
Un aveu l'eût sauvée... et c'est prétexte vain
Que tout savant se doit à l'heur du genre humain...
Le genre humain !... Qu'importe à cette enfant si belle,
A cet ange exilé... Peut-il être pour elle,
De longtemps, autre chose à rêver que l'amour ?...
Ma demeure n'a rien d'un consolant séjour.
L'ennui conseille mal... Paul mérite qu'on l'aime,
Je me suis plu souvent à le dire moi-même...
Secrètement, mon cœur applaudit à leurs feux...
Que l'Eternel m'inspire et les garde tous deux !...
Quant à moi !... — La voici...

SCÈNE IV.

LE DOCTEUR, — HENRIETTE.

HENRIETTE, à part.
                    Je suis ta fiancée,
Paul, ô mon bien-aimé !... Sois ma seule pensée,
L'espoir qui doit survivre à mes plus doux espoirs...
Je ne faillirai point à mes nouveaux devoirs.

LE DOCTEUR, à part.
Comme déjà les pleurs ont pâli son visage...
  (Haut.)
Henriette...

HENRIETTE.
  Mon père...

LE DOCTEUR.
          Il nous faut du courage,
A tous deux.

HENRIETTE, à part.
   A tous deux !... j'en aurai maintenant.
  (Haut.)
Paul ?

LE DOCTEUR.
    Il vit.

HENRIETTE.
   Je le sais...

ACTE III, SCÈNE IV.

LE DOCTEUR.
Il vivra. Cependant...
HENRIETTE.
Le coup qu'il a reçu pouvait ouvrir sa tombe...
Le verrai-je?...
LE DOCTEUR.
Bientôt.
HENRIETTE.
Quand?
LE DOCTEUR.
Demain.
HENRIETTE.
S'il succombe
D'ici-là?
LE DOCTEUR.
Calme-toi, je l'ai dit : il vivra...
Il est debout... sauvé...; dès ce soir, il viendra,
Lui-même, demander ce qu'Henriette ordonne...
Il est prêt à partir...
HENRIETTE.
Partir!... Il m'abandonne?...
Non, Paul sait que je l'aime... Et d'ailleurs, aujourd'hui,
Quel ordre peut attendre ou recevoir celui
Que mes aveux hier, si coupables peut-être,
Ont fait, aux yeux de Dieu, mon époux et mon maître...
LE DOCTEUR, à part.
Plus que l'orgueil humain forte est la vérité,
Et contre ses arrêts j'ai vainement lutté !...
J'ai méprisé vingt ans la raison de la foule,
L'œuvre de ma raison en ce moment s'écroule.
Puisque, dans ce combat, Satan est le plus fort,
Soit, comme il est écrit, décidé de mon sort.
(Haut.)
Henriette, écoutez : — Je vous ai laissé dire,
Je comprends vos douleurs... — je fais plus, car j'admire
Le changement si prompt qui se révèle en vous,
J'y reconnais l'amour et n'en suis point jaloux.
Un seul jour a suffi pour éveiller votre âme,
Enfant hier encor, je vous retrouve femme,
Et femme résolue, au péril de l'honneur,

A suivre noblement le penchant de son cœur...
Vous ne faillirez point, j'en suis sûr... ma tendresse
N'a point à redouter qu'une indigne faiblesse
Vous aveugle, au mépris de tout votre passé,
Jusqu'à franchir le but que vous aurez tracé...

HENRIETTE.

Mais alors ?...

LE DOCTEUR.

Attendez. — Si donc, je m'inquiète...
Ce n'est plus à l'enfant que je parle, Henriette...
Vous devez supposer de puissantes raisons...
Vous étiez, autrefois, docile à mes leçons,
Eh bien ! croyez encor l'avis que je vous donne,
Paul...

HENRIETTE.

Est digne de moi...

LE DOCTEUR.

Qui le nie ? Eh ! personne...

HENRIETTE.

Pourquoi donc ?

LE DOCTEUR, à part.

Il le faut, je me défends en vain.

(Haut.)
Sachez tout.

HENRIETTE, avec épouvante.

Le secret !...

LE DOCTEUR.

Oui, le secret... demain,
Quand je vous aurai dit l'histoire douloureuse
Qui me fait si... bizarre et vous si malheureuse...
Demain, je nommerai, moi-même, votre époux
Ce Paul, ô mon enfant, que j'aime autant que vous,
Si vous me l'ordonnez...

HENRIETTE.

Oh ! mon père !...

LE DOCTEUR.

Ma vie
N'est plus, depuis vingt ans, qu'une lente agonie.
Pourquoi tant y tenir, si vous êtes heureux
Vous et lui...

ACTE III, SCÈNE IV.

HENRIETTE, d'un ton de reproche.
Quoi, sans vous !...

LE DOCTEUR.
                      Je suis déjà si vieux !...
J'ai, dans l'art de guérir, une foi légitime,
Pour moi, c'est le grand œuvre, et l'ardeur qui m'anime
M'a souvent fait braver la rigueur de nos lois...
En dépit du bourreau, j'ai souvent, autrefois,
Afin de suppléer au silence d'un livre,
Interrogé les morts... La réussite enivre...
Jeune alors, je parlai de ces travaux secrets...
J'eus des admirateurs, partant des indiscrets...
Mon nom fit quelque bruit. — Certains hommes d'église,
De ceux que la science effraie et scandalise,
Certains docteurs, jaloux de ma célébrité,
Se plaignaient hautement de mon impiété,
Criaient au sacrilége, et contre mon audace,
Ameutaient, m'a-t-on dit, déjà la populace...
Un jour, j'habitais Londre encor... pour ton malheur,
Une dernière fois, j'acquis du fossoyeur
Un cadavre de femme. — A l'heure où tout sommeille,
Tremblant, je rapportai chez moi cette merveille....
Heureux de mon succès, seul, en face de Dieu
Que je priai d'abord... les yeux et l'âme en feu...
J'étendis doucement ce beau corps sur ma table...
Jamais je n'ai rien vu qui soit plus admirable !
De quel divin sommeil il paraissait dormir !...
Ce souvenir me brise, et je me sens souffrir,
A te le retracer, Henriette, ma fille,
Mon unique trésor, ma joie et ma famille,
Comme si je devais, quand sonnera minuit,
Reprendre le travail de cette horrible nuit...
Le scalpel à la main, je n'osais me résoudre
A toucher ce chef-d'œuvre... Et si Dieu peut m'absoudre,
C'est qu'un doute savant tourmentait mes esprits,
C'est qu'un effort de plus, vers un secret surpris
Me semblait œuvre sainte et que, plein d'espérance,
Je croyais, en dépit de ma triste ignorance
Me retrouver, au jour, plus ardent et plus fort,
Pour l'éternel combat que nous livre la mort...

Je n'osais... mais enfin, au cœur de cette femme,
Lentement, je posai le tranchant d'une lame,
Le sang jaillit...

HENRIETTE.
Grand Dieu !

LE DOCTEUR.
Je m'arrêtai soudain,
La peau sembla se plaindre et frémit sous ma main...
A ce signe, aussitôt, je reconnus la vie...
Ta mère, mon enfant, n'était qu'en léthargie...

HENRIETTE.
Ma mère ! à moi, ma mère !...

LE DOCTEUR.
A quoi bon raconter
L'espoir sitôt conçu de la ressusciter ?...
Mes veilles, mes soucis, par quel labeur extrême
De ses flancs affaiblis je t'arrachai toi-même,
Et pus enfin goûter le bonheur infini
De te voir dans ses bras... Je fus vite puni,
La mort revint, hélas ! qui réclama sa proie
Et la ravit bientôt à l'orgueil de ma joie,
Tu restais orpheline et j'eus peur... contre moi
L'ignorance pouvait faire appel à la loi...

HENRIETTE.
Et jamais je n'ai su quel nom portait ma mère !...
Et vous m'avez caché sa tombe solitaire ?...

LE DOCTEUR.
Avant de condamner mon silence trop long,
Écoute jusqu'au bout. — C'est elle qui répond...
J'étais à son chevet à l'heure solennelle
Où déjà s'entr'ouvrait l'éternité pour elle...
Sa main pressant la mienne, elle me dit : Docteur,
Je quitte, malgré vous, la vie avec bonheur...
J'ai tant souffert, mon Dieu !... Prenez soin de ma fille,
Elle attend tout de vous, nom, fortune, famille...
J'ai foi dans le secret que vous m'avez promis,
Vous ne chercherez point à savoir qui je suis...
Ceux de qui j'ai reçu la coupe empoisonnée
Et qui m'ont lâchement, si jeune condamnée
Se vengeraient... Ami, je suis morte pour eux....

ACTE III, SCÈNE V.

Cachez-leur cette enfant. — Il serait dangereux
Et pour elle et pour vous d'éveiller leur colère.
Aussi, ne rendez point ma dépouille à la terre...
Ce corps vous appartient... qu'il serve à vos travaux!...
D'où vous vient cet effroi?... Gardez, gardez mes os.
Ils seront pour ma fille une sainte relique,
Le sacré talisman du foyer domestique,
N'importe où vous irez, ce quelque peu de moi
Dans l'amour qu'elle perd, ravivera sa foi...
Je jurai d'accomplir sa volonté dernière...
Et les os que j'ai là... sont les os de ta mère...

HENRIETTE.

Seigneur! ayez pitié de nous!

LE DOCTEUR.

     A ce serment,
Que j'ai voulu tenir, peut-être imprudemment,
Ajoute ta beauté... la menace anonyme
Qui me fut faite, alors, de révéler mon crime...
C'est le nom que l'on donne à nos témérités...
Et vois, ô mon enfant, si mes sévérités,
Mes soucis, pour voiler l'éclat de ta jeunesse
Ont manqué de raisons, autant que de sagesse...
J'ai compté, follement, sans les destins jaloux ;
Femme de par l'amour, que Paul soit ton époux
Si tu les veux braver...

SCÈNE V.

BURKE, — LE DOCTEUR, — HENRIETTE.

BURKE, au fond à Marguerite, qui veut l'empêcher d'entrer.
     Bah! j'entrerai, vous dis-je,
Quelle mouche vous pique!... avez-vous le vertige?...
Si je comprends un mot à tous vos contes bleus
Je veux bien...

MARGUERITE.

  Taisez-vous.

BURKE, se dégageant.

     Lâchez-moi. — C'est heureux!...

(Il entre.)

(Au docteur.)
Et vous laissez courir une pareille folle,
Docteur? — Elle m'a fait toute une parabole
« Monsieur Price m'a dit...

LE DOCTEUR, sans l'écouter, tout occupé de Henriette.
Silence !...

BURKE, continuant.
« Il ne veut pas ..

LE DOCTEUR, doucement.
Assez !

BURKE, de même.
« Dieu, quel malheur !...

LE DOCTEUR.
Plus un mot.

BURKE, de même.
« Parlons bas...
« Henriette... Henri...

LE DOCTEUR, plus fort.
Paix donc !...

BURKE, de même.
« En votre absence,
Hélas ! Seigneur, ce Paul...

LE DOCTEUR, en colère.
Encore un coup, silence.

BURKE.
Il suffit.

LE DOCTEUR, brusquement.
Qu'as-tu fait ?

BURKE.
Rien.

LE DOCTEUR.
Mais l'enfant du lord ?

BURKE.
Mort.

LE DOCTEUR.
L'hôte ?

BURKE.
Mort.

LE DOCTEUR.
Son fils ?

BURKE.
Mort.
LE DOCTEUR.
Et le curé ?
BURKE.
Mort.
LE DOCTEUR, vivement.
Tous?...
BURKE.
Tous. — L'hôtesse item et sa vieille servante :
J'ai trouvé le pré vert, et la cabane absente.
LE DOCTEUR.
Les papiers?
BURKE.
Je les ai.
LE DOCTEUR.
Donne alors.
BURKE.
Les voici.
LE DOCTEUR, très-agité.
Tu ne me trompes pas !... redis-moi... pas ici...
Viens, suis-moi ! si j'osais !... mais viens donc que je sache...
BURKE.
Vous savez...
LE DOCTEUR.
Cette idée à mon cerveau s'attache.
(Examinant les papiers avec une émotion extrême.)
Henriette... Henriette... et le sexe et le nom
Et l'âge... tout s'accorde... Est-ce œuvre du démon,
Ou le ciel m'ouvre-t-il lui-même cette voie
Pour nous rendre d'un coup le repos et la joie?...
Morte l'enfant du lord !!.. J'ai la preuve !.. mon Dieu,
Mon Dieu !! conseille-moi... (Il sort.)
BURKE, le suivant.
Je n'y vois que du feu.
Aurais-je donc aussi la tête un peu fêlée...

SCÈNE VI

HENRIETTE, seule, tournée vers le coffret.

O ma mère ! ma mère !... à ta fille accablée,
Rends, en ce triste jour, l'espérance et la foi

Que tu lui promettais... Elle n'a plus que toi
Qui lui puisse donner un conseil salutaire.
Qui doit-elle épargner... son amant ou son père?
Puisqu'il me faut briser le cœur de l'un des deux
Ma mère, éclaire-moi, dans ce choix douloureux...
(Voyant Paul).
Sitôt, mon Dieu, sitôt!... Aurai-je le courage
De suivre jusqu'au bout la voie où je m'engage?

SCÈNE VII.

PAUL, — HENRIETTE.

PAUL.
Henriette, un seul mot... vous m'aimez?

HENRIETTE.
          Je l'ai dit.
Et, malgré les rigueurs du sort qui nous poursuit
Je conviens, sans rougir, du plaisir que mon âme
Trouve à considérer combien grande est ma flamme,
Et combien, sans regret, je vivrais peu de jours
Si Dieu daignait sourire à nos saintes amours;
Mais il faut renoncer à ce bonheur suprême.

PAUL.
Renoncer!

HENRIETTE.
  Fuir.

PAUL.
    Fuir!.. moi!.. — Tarir la source même
Où j'ai puisé l'orgueil des pensers généreux,
Oublier la clarté qui rayonne en vos yeux,
Jamais!... Lancer ma barque au hasard et sans voile,
Me fermer l'horizon dont vous êtes l'étoile,
Jamais!... User ma vie à de savants labeurs,
Émerveiller la foule et briguer ses faveurs
Sans que votre regard m'excite et m'accompagne,
Henriette, jamais!.. devenez ma compagne,
Ou soudain, j'abandonne espoirs, rêves, travaux,
Et je maudis le ciel, auteur de tous mes maux...
J'ai touché, de trop près, le bien que je réclame,
De trop près, j'ai compté les trésors de votre âme,

Pour renoncer, sans lutte, à ma félicité...
Riche de votre amour, je crains la pauvreté...
Et puisque j'ai trahi l'amitié qui m'accuse,
Vous, la cause inconnue, au moins soyez l'excuse...
Deshérité... banni, du foyer paternel
Aux jeunes débauchés, j'ai fait un fol appel,
Tous sont venus... et roi, par ma verve à l'orgie,
J'ai gouverné trois ans, les hasards de leur vie.
Vous m'aimiez ! — J'ai quitté ce sabbat de damnés...
Je retourne à Satan, si vous m'abandonnez...

    HENRIETTE, à part.
O ma mère !..
   (Haut.)
    Et c'est vous qui parlez de la sorte...
Et c'est vous qu'aussi loin le désespoir emporte !..
Soyez plus sage, ami, croyez aux jours meilleurs...
Notre amour partagé vaut toutes les faveurs
Que peut, à ses élus, accorder la fortune...
Point de vœux imprudents, point de plainte importune...
Le bonheur incertain et longtemps attendu
A bien plus de saveur qu'un bonheur défendu...
D'ailleurs, n'êtes-vous pas le maître de ma vie?...
Par la sainte union où mon cœur vous convie,
Quoique vous puissiez faire et tenter, désormais,
Vous m'aurez près de vous, Paul, je vous le promets ;
Moins le corps que Dieu garde, à vous, je m'abandonne..
Laissez-moi quelques jours, pour tresser ma couronne,
Rompre avec le passé, sans ravir le repos
A mon père, troublé dans ses nobles travaux.
Vous m'accusez déjà d'être froide et cruelle,
Plus tard, avez-vous peur de me trouver moins belle?..

    PAUL.
Pourquoi cet obstacle à l'accomplissement
De nos communs désirs?... Pourquoi ce long tourment
Que vous nous imposez et qui me désespère...
Pourquoi de vos douleurs me faire ainsi mystère
Ne les puis-je adoucir?
    HENRIETTE.
    Depuis que je connais
Le funeste secret qui brise nos projets,

J'ai compris que mon père, a, de par sa veillesse,
Bien plus que vous encor, des droits à ma tendresse,
Et qu'à lui j'appartiens, jusqu'à son dernier jour...
Dût-ce pieux devoir me ravir votre amour
Je le veux accomplir... Soumise et résignée
J'accepte, jusqu'au bout, ma triste destinée
Et j'attends...

PAUL.

Mais après?

HENRIETTE.

Après, je vis pour vous.
(Le docteur et Burke entrent par le fond, — en parlant vivement
et à voix basse, — ils s'arrêtent et écoutent.)
Espérons que le ciel nous garde un sort plus doux,
Que bientôt le docteur nous unira lui-même,
Car il vous aime, Paul...

PAUL.

Est-il vrai?

SCÈNE VIII.

PAUL, — LE DOCTEUR, — BURKE, — HENRIETTE.

BURKE, très-animé.

Dieu! s'il l'aime!
Un aussi noble cœur!... mais laissez-nous, enfants,

Le docteur va pour l'arrêter, il continue.

Librement achever l'œuvre... que j'entreprends.
(A Paul.)
Croyez aux jours heureux... j'ai plus que l'espérance.
(Au docteur qui semble accablé.)
Soyez homme, docteur.

(A Paul.)

Reprenez confiance
Vous avez leur parole...

PAUL.

Il se pourrait!...

BURKE.

Partez;
On vous dira plus tard... les instants sont comptés.

LE DOCTEUR.

Elle est à vous?

PAUL.

Mon père...

BURKE, interrompant, il entraîne Paul.

Assez, oh! la jeunesse...

LE DOCTEUR, à Henriette.

Courage, enfant!

HENRIETTE.

Parti!...

BURKE, revenant — au docteur.

Nous la ferons Comtesse!

FIN DU TROISIÈME ACTE.

ACTE QUATRIÈME.

PREMIER TABLEAU.

Une salle du château de Hexam ornée de trophées maritimes.

SCÈNE PREMIÈRE.

Au lever du rideau, LORD TURNER, assis dans une chaise roulante, entre poussé par deux laquais, — BURKE le suit, — DES GARDES ET UN MOINE se tiennent au fond.

LORD TURNER.
Burke, mon vieil ami, conviens que le hasard
Est bon diable, parfois.
  (Désignant sa jambe à un valet, — avec un geste de douleur.)
     La droite... assez !... ma part,
Dans les biens d'ici-bas, n'eût pas été mauvaise
Si je n'avais les pieds au cœur d'un feu de braise...
Et si, depuis un mois, cloué sur ce fauteuil,
Je ne voyais chacun s'apprêter pour mon deuil.
Pourtant, j'allais courber le front sous ces misères,
Quand tu m'arrives, toi, toi !... le roi des corsaires,
Le joyeux et le fort, parmi ceux qu'autrefois
Je gouvernais du geste et matais de la voix !...
Te voilà !... j'ai quasi honte de ma vieillesse !...
Tu me verras mourir... Je mourrai sans faiblesse.
BURKE.
Pardieu ! mon amiral, je n'imagine pas
Que vous ayez plaisir à parler du trépas.
Et, si je n'y vois point un grand sujet d'alarmes,
En somme, le chapitre a, pour moi, peu de charmes ;
Laissons donc, s'il vous plaît, ce lugubre entretien.
LORD TURNER.
Oui, Burke, parlons d'elle !.. Et, sans oublier rien...
Va, redis-moi son nom, son âge, sa figure.

ACTE IV, SCÈNE I.

BURKE.

Votre fille a vingt ans.

LORD TURNER.

Vingt ans !...

BURKE.

Noble tournure...
On la nomme Henriette...

LORD TURNER.

Elle est de sang royal.

BURKE.

Et la reine n'a pas plus de grâce à cheval...

LORD TURNER.

Tant mieux, Burke, tant mieux! — Sa fortune nouvelle
Va la rendre orgueilleuse...

BURKE.

Elle en sera plus belle.
Un peu d'orgueil sied bien pour le commandement,
Vous lui donnez, ici, part au gouvernement?..

LORD TURNER.

Qui, moi, lui donner part? Non, Burke, je lui donne
Son titre de Comtesse. — Apanage et couronne, —
Je veux que, sans tarder, elle en puisse jouir.
Le temps est précieux, Burke, je puis mourir,
Mais, qu'elle arrive donc ! — La fièvre me dévore
Moins que l'ennui...

BURKE.

Du calme, un jour ou deux encore.

LORD TURNER.

Mais notre messager?...

BURKE.

Il sera de retour...

LORD TURNER.

Les aura-t-il trouvés tous deux dans Edimbourg.

BURKE.

A coup sûr. — Le docteur m'avait promis d'attendre...

LORD TURNER.

Ce docteur est un sot. — Pourquoi ne pas se rendre
A mon premier appel?

BURKE.

Elle est sa fille un peu,

Je vous ai raconté...
LORD BURNER.
Que m'importe l'aveu ?
Il a fait autrefois, comme il lui plut de faire,
Henriette aujourd'hui n'a plus que moi pour père.
De par ce testament, devoirs, fortune, droits,
Tout est changé pour elle...
BURKE.
Oh ! croyez...
LORD BURNER.
Oui, je crois...
Je crois !. Car il me faut, pour servir ma vengeance,
Quelqu'un dont je sois sûr... qui, par reconnaissance,
Ferme, résolument, quand je serai là-bas,
Aux prodigues ma bourse, et ma porte aux ingrats.
LE MOINE, s'avançant.
Cependant, votre fils...
LORD BURNER.
Qui songe à me déplaire ?
Qui parle, ici ?...
LE MOINE, humblement.
Moi.
LORD TURNER.
Vous ! — votre saint caractère
Me force à contenir quelque peu ma fureur.
Mais ne me lassez pas, monsieur mon confesseur.
LE MOINE.
Monseigneur... j'ai promis... ma parole m'engage...
Il s'agit...
LORD BURNER.
Taisez-vous !
LE MOINE.
Il s'agit... d'un message...
Le comte de Hulton, seigneur de Kilderlins,
Au nom de votre fils, l'a remis en mes mains.
LORD TURNER.
Avec le messager, renvoyez le message.
J'ai promis comme vous, ma parole m'engage...
Il est déshérité, c'est que je l'ai voulu...
Et j'avais droit d'agir comme j'ai résolu.

C'est affaire à régler avec ma conscience,
D'ailleurs, si j'ai péché, faites-en pénitence,
Allez, mon père, allez.
BURKE, bas au moine.
Bah! qu'importe au couvent
Comment, au prochain jour, se lèvera le vent?
Si le vent, après tout, de quel côté qu'il vienne,
Mon digne révérend, vous promet bonne aubaine.
LE MOINE, à Burke.
J'obéirai, Seigneur.
UN PAGE, annonçant.
Un envoyé du roi.
(Un officier présente à lord Turner une lettre au sceau royal.)
LORD TURNER.
Du roi! — Je le plains fort, s'il a besoin de moi.
Lis, Burke, lis, voyons ce que Henri m'ordonne.
Je le voudrais servir au prix de ma couronne.
BURKE, après avoir lu des yeux.
A Ghines, dans un mois, le roi Henri se rend,
Vous conduirez la flotte et sur le continent
Prendrez place au cortége... — Il s'agit d'alliance.
Pour l'heur de l'Angleterre et celui de la France,
Entre François premier, et son puissant cousin...
Notre jeune princesse épouse le dauphin.
LORD TURNER.
Henriette de droit est dame de la reine.
Elle ira faire honneur à notre souveraine
Et montrer aux Français l'éclat de ma maison...
(Un page présente une seconde lettre. — Turner la passe à Burke.)
Encor...
BURKE.
C'est du docteur.
LORD TURNER.
Un retard? Lis donc...
BURKE.
Non,
Il arrive demain.
LORD TURNER, avec éclat.
Demain! Ah! par Neptune,
Je prétends faire accueil à si bonne fortune.

Arrière ce bâton! — au diable ces coussins!
Je retrouve, d'un coup, mes jambes et mes mains.
(Il est debout et repousse Burke, qui veut le soutenir.)
Largesse, mes enfants! je vous livre mes caves,
Buvez à la comtesse, — allez, courez, mes braves!
(Montrant la lettre du docteur.)
Ceci casse les crocs au vieux chien qui me mord.
— Que l'on donne à chacun, ce soir, deux écus d'or.

TOUS, sortant.

Vivat! vivat! Turner!

LORD TURNER, chancelant.

A moi...

TOUS, en dehors.

Vivat!

LORD TURNER, s'affaissant sur son fauteuil.

Mon Père!...
Burke!... Burke!... je meurs... Quelle corde me serre!
Arrachez donc... là... là...
(Il déchire ses habits sur la poitrine, et remet à Burke un pli
qu'il en arrache.)

Ce testament, prends... prends...
J'étouffe... Ah!
(Il retombe.)

BURKE.

Du secours, allez...

LE MOINE, la main sur le cœur de lord Turner.

Il n'est plus temps...
(Les serviteurs et les gardes reparaissent. — Parmi eux, Charles de
Hulton et Patrick son écuyer.)

BURKE, à part.

En tout ceci, le ciel ou satan nous seconde.

CHARLES.

Que faut-il au banni, moine, que je réponde?

LE MOINE.

Que l'amiral est mort.

CHARLES.

Avant la fin du jour
Nous partons, tous les deux, Patrick, pour Edimbourg.
(Ils sort avec Patrick. — Le moine et les serviteurs s'agenouillent.
— Le rideau tombe.)

DEUXIÈME TABLEAU.

Le parc du château de Hexam. — A droite, l'entrée principale du château élevée de quelques marches. — A gauche, de grands arbres à travers lesquels on aperçoit le toit d'une chapelle. — Au premier plan, sont les arbres, un trône. — Au fond, avec une perspective propre à la marche d'un cortége, la ville de Hexam.

SCÈNE PREMIÈRE.

MARGUERITE, seule, en grand costume. Elle lit.

« Les ambassadeurs prirent congé du roi, et ils s'en allèrent si con-
« tents dudit sieur roi qu'il n'était de plus, car il leur avait donné
« à chacun des principaux, un buffet de vaisselle dorée, et fait pré-
« sent de chevaux et d'argent. »

Je tiens ce beau récit de milord Stukélif
Qui fut de l'ambassade, avec le grand schérif...

« Et furent conclus avec les dits ambassadeurs, le voyage d'Ardres
« et de Ghines, pour se voir, ensemble. »

Voyage pour lequel s'apprête ma maîtresse,
La comtesse. — Il est vrai, Henriette est comtesse!.
Comtesse de Hexam! — un comté palatin
A ce que m'a tantôt expliqué du latin
Un bavard alderman, long, long, comme une perche,
Lequel me voudrait faire agréer sa recherche.
Un alderman, fi donc!... moi, la dame d'honneur
D'une dame de cour... Nous avons plus de cœur...
Seigneur, et valons mieux. Comtesse! quand j'y pense,
Un si grand changement me met en défiance.
Le docteur ? allons donc !. Marguerite, tais-toi...
Pourquoi douter ainsi de ton maître... Ah! pourquoi?
Ce Burke, que j'exècre est un si terrible homme...
La monstre va s'ouvrir... c'est ainsi que l'on nomme
Ce tableau, qui sera réjouissant à voir...
Nos vassaux, rassemblés depuis hier au soir,
En ces lieux, vont venir, pour nous y rendre hommage,
Saluer Notre Grâce, et, dans un beau langage,

Jurant de nous garder jusqu'à leur dernier jour
Leur foi de chevalier et de servant d'amour ;
Reconnaître sur eux nos droits de souveraine...
Les tentes, les soldats couvrent déjà la plaine,
C'est beau ; mais ce sera magnifique tantôt.
Et je verrai très-bien, moi, ma place est là-haut!...
(Elle se promène avec de grands airs au milieu des serviteurs du château, qui terminent les préparatifs.)

SCÈNE II.

BURKE, — MARGUERITE, — BOHÉMIENS, — VASSAUX.

BURKE, à des bohémiens qui le suivent.
Faites comme devant la comtesse elle-même.
(A Marguerite.)
Permettez...
(Il la conduit cérémonieusement sur l'estrade, et la fait asseoir.)
Allons, place aux enfants de Bohême.
(Les vassaux se rangent au fond. — Danse des bohémiens. — Après la danse, Burke va au-devant de Marguerite avec la même cérémonie.)

BURKE.
Qu'en dites-vous?

MARGUERITE.
Charmant!
(Elle rentre au château.)

SCÈNE III

LE SERGENT, — LE JUGE, — L'ABBÉ, — LE SCHÉRIF, — BURKE, — DEUX ALDERMAN, — QUATRE CONSTABLES.

BURKE.
Ah ! je vous attendais
Messieurs, approchez donc... Enfin, sommes-nous prêts?
LE SCHÉRIF.
Nous le sommes, mylord.

BURKE, au shérif.
                    Vous pourrez sans encombre
Amener en ces lieux et quelqu'en soit le nombre
Les membres du cortége. — Avez-vous tout prévu?
Aux besoins des soldats j'ai largement pourvu,
Sergent, sont-ils joyeux?
            LE SERGENT.
                    Jamais, que je le sache,
Soldat, dans meilleur vin, n'a trempé sa moustache.
                BURKE.
Et vous, seigneur abbé? — Jusques à leur départ
Dans l'aile du château, vos gens auront à part,
La retraite et la paix qui leur sont nécessaires.
J'ai chargé l'aumônier de toutes vos affaires...
— Messieurs les Alderman, — de nos gens de métier,
Surveillez l'allégresse, et soignez le gosier.
Je m'en remets à vous du soin de la police,
Seigneur juge. — Rendez à tous prompte justice :
Le dernier des vassaux doit pouvoir en ce jour
Approcher de ces lieux, pour y faire sa cour...
Henriette Turner veut qu'on espère en elle.
Prouvez, Messieurs, qu'elle est aussi bonne que belle.
(Faisant avancer les quatre constables, — ils sont de tailles
                différentes.)
Vos constables sont bien tout de noir habillés,
Mais pourquoi les choisir ainsi dépareillés !
Pourrez-vous les changer?
            LE JUGE.
                J'essaierai.
            BURKE.
                        L'heure presse,
Reprenez votre place, et vive la comtesse !
            (Ils sortent moins Burke.)

SCÈNE IV

LE DOCTEUR, — BURKE.

                BURKE.
Encore une heure à peine, il n'est homme au comté
Qui n'ait, à milady, juré fidélité.

Elle part, avec vous, dans huit jours, pour la France
Et je me charge, moi, pendant sa courte absence
De garder fièrement l'honneur de son blason.
Nous mettrons au besoin les fous à la raison,
Rassurez-vous, docteur...

LE DOCTEUR.

Mais que Dieu nous seconde !...
Il est si mal aisé de tromper tant de monde.
Je tremble, malgré moi, que quelqu'événement
Ne vienne prolonger notre dernier tourment.
Ce que j'ai laissé faire...

BURKE.
Est bien fait.

LE DOCTEUR.

C'est un crime.
Nous avons dépouillé l'héritier légitime
Des Turner...

BURKE.
Parlez donc plus froidement, docteur.

LE DOCTEUR.
Mieux eût valu mourir que faillir à l'honneur...
En livrant ma vieillesse aux coups de la justice
Je faisais, à propos, un noble sacrifice,
Et nul n'eût eu le droit d'insulter à mon nom,
— Mais l'as-tu découvert ?...

BURKE.
Qui ? l'héritier ?

LE DOCTEUR.

Oui.

BURKE.

Non.

LE DOCTEUR.
As-tu mis tous tes soins ?...

BURKE.

Pour retrouver sa trace,
Je n'ai rien mis, parbleu ! — Dieu nous en débarrasse.

LE DOCTEUR.
Je t'avais ordonné...

BURKE.
Je n'ai point obéi.

LE DOCTEUR.
Burke !... pourquoi ?...
BURKE.
Pourquoi !... parce que le souci,
Docteur, en ce moment, vous fait perdre la tête,
Parce qu'on ne va pas chercher un trouble-fête ;
Parce qu'on fuit le grain dont on est menacé ;
Parce qu'enfin je bois le vin que j'ai versé.
LE DOCTEUR.
Mais Henriette exige, et j'ai promis...
BURKE.
Faiblesse !...
Nous faussons compagnie à la délicatesse ;
Mais quel mal en ceci, qui se soit fait par vous ?
Lord Turner aurait vu son prodigue à genoux,
Qu'il n'en aurait pas moins écouté sa colère,
Qu'il eût donné ses biens, à défaut d'héritière,
Au chat, au chien, que sais-je... au Turc, au Maure, à moi.
LE DOCTEUR.
Il aurait pu choisir un moins digne que toi.
BURKE.
J'en doute... mais passons. Puisqu'enfin la fortune
Vous fait, de ses bontés, la faveur peu commune,
Sur ce qu'elle vous donne ou ne vous donne pas,
Si vous la querellez, querellez-la tout bas.
LE DOCTEUR.
Cependant...
BURKE.
Elle est femme, et la vieille coquette
Se pourrait bien venger de vous sur Henriette...
LE DOCTEUR.
Henriette elle-même a mis, pour m'obéir,
Une condition que je voudrais remplir ;
Nous garderons le nom ; au fils, à la famille,
Nous rendrons tous les biens, tous les titres...
BURKE.
Vétille !...
Et comment ?...
LE DOCTEUR.
On pourrait...

BURKE.
Projets hors de saison...
Ecoutez, pour finir, une comparaison...
Par hasard, il m'arrive une méchante affaire,
Malgré moi ; — je me sauve et je me fais corsaire.
Au début de ma course, alors qu'il faut marcher,
De peur que l'ennemi ne vienne à me chercher,
Au moment où je fais une grande manœuvre,
Comme aujourd'hui...

LE DOCTEUR.
J'entends.

BURKE.
Survient un maladroit.
Qui songe à discuter mes ordres et mon droit.
Le péril est constant, on écoute, on s'irrite.
Tout maître a des jaloux, je me perds si j'hésite,
J'avise alors mon homme, et l'abats comme un chien.
On obéit de peur ; mais je passe outre. — Eh bien !
Ai-je fait, en ce cas, un acte de sauvage?
Détrompez-vous, docteur, j'ai sauvé l'équipage !
— Plus tard, lorsque j'aurai bien assis mon pouvoir,
Et fait face au danger, il sera temps de voir
Comment on peut rentrer dans le juste et l'honnête.
C'est ce que nous verrons ensemble, après la fête,
Jusque-là, croyez-moi, toutes voiles dehors,
Et si l'on nous pressait, répondez des deux bords.

LE DOCTEUR.
Ne sais-tu rien de Paul?...

BURKE.
Hélas ! non, rien encore.
Mais que dit votre fille ?...

LE DOCTEUR.
Henriette dévore
Ses ennuis en secret et parle peu de lui.

BURKE.
C'était le champion qu'il fallait aujourd'hui
Pour proclamer les droits de sa noble maîtresse,
Et, le premier de tous, la saluer comtesse ;
Car il est, j'en suis sûr, fils d'illustre maison.

ACTE II, SCÈNE V.

LE DOCTEUR.

Je l'ignore.

BURKE.

Tant pis.

LE DOCTEUR.

Avais-je une raison
Pour m'en inquiéter?... Aider ses confidences...

BURKE.

Oui, c'était, j'en conviens, servir ses espérances.
Sa place m'appartient, puisqu'il nous fait défaut.
Je la prends comme j'ai pris la vôtre. — Et tantôt
Je compte bien prouver que Burke le corsaire
Sait porter haut l'épée et le nom de son père,
Courage!

(Trompettes au dehors.)

Voici l'heure et le dernier signal,
Dames et chevaliers vont monter à cheval.
Foi de marin, courage, et relevez la tête,
Jamais ciel aussi pur n'a caché la tempête.

(Ils sortent. — Le théâtre est vide un instant. — Musique.)

SCÈNE V

Le cortége apparaît dans le fond.

HENRIETTE, magnifiquement vêtue, assise sur sa haquenée. — LE DOCTEUR, — MARGUERITE, — DAMES, — CHEVALIERS, — PAGES, — MOINES, — HOMMES D'ARMES, — VASSAUX.

(Henriette descend de cheval au milieu du théâtre et monte sur le trône. — Le cortége se groupe.)

UN HUISSIER.

Silence!

(Henriette s'agenouille à demi élévation de l'estrade.)

UN MOINE, debout près d'elle.

Au nom très-grand et du Père et du Fils,
Au nom du Saint-Esprit, — par le droit qu'a remis,
En mes mains, l'amiral et feu comte mon maître,
Moi Jean, son confesseur, indigne et pauvre prêtre,

Je vous somme, vassaux de ce noble comté,
De jurer, en ce jour, paix et fidélité,
A sa fille Henriette, unique et légitime,
Comme Dame que Dieu tient en sa haute estime,
Comme toute puissante à gouverner ici,
Comme juge et maîtresse, ayant à sa merci,
Hormis l'honneur de tous, les biens et la personne.
Comtesse de Hexam, à vous cette couronne.
Prenez, au nom très-grand et du Père et du Fils
Au nom du Saint-Esprit, prenez, je vous bénis.

    HENRIETTE, debout, la couronne sur la tête.

Henriette Turner, que votre noble maître,
Très-grand et très-illustre, a daigné reconnaître
Pour sa fille. — Héritière et libre possesseur
Des biens que, dans ce monde, il tenait du Seigneur,
Comtesse de Hexam, pairesse d'Angleterre,
Et dame de la reine, — au nom très-grand du Père,
Du Fils, du Saint-Esprit, à tous présents, salut.
Nous, votre souveraine et maîtresse, au début
De ce règne, en ouvrant nos premières assises,
Jurons de conserver leurs droits et leurs franchises
A nos aimés sujets et féaux serviteurs ;
D'aider, par nos bontés, nos grâces, nos faveurs,
Quiconque nous rendra quelque plaisant office ;
De faire, à qui de droit, bonne et douce justice,
De n'appeler jamais qu'à de nobles travaux,
Vicomtes et barons, le ban de nos vassaux ;
De ne tenter, enfin, nulle folle entreprise
Pouvant causer dommage à notre sainte Eglise.
Sur l'Evangile ouvert, nous faisons ce serment
De la bouche et du cœur, devant tous librement.
Que si nous y manquons, l'Eternel, sur la terre,
Fasse nos jours maudits, et que, dans sa colère,
Sans pitié ni pardon, il en tranche le fil,
Pour l'exemple et votre heur. — J'ai dit.

    LES ASSISTANTS.

              Ainsi soit-il !

SCÈNE VI.

LES PRÉCÉDENTS, — BURKE, entrant par le fond, à cheval, en grand costume de guerrier écossais.

BURKE.

Moi, Burke, enfant des mers, dont la race vaillante
Fut jadis, en Ecosse, honorée et puissante,
Qui serais aujourd'hui le chef du klan Ranald,
Si le sort n'eût trahi la valeur des Dugald ;
Reprenant, aujourd'hui, le rang de mes ancêtres,
Champion de Hexam, je proclame ici traîtres,
Déloyaux et félons, ceux qui, d'entre vous tous,
Se laissant emporter à des pensers jaloux,
Ne reconnaîtront pas pour leur dame et maîtresse,
Henriette Turner, que ses droits font comtesse.
Et j'offre, à tout venant, le combat en champ clos,
Jusqu'à mort du vaincu, sans trève ni repos,
Pour prouver, par le glaive, à la face du monde,
Que ses droits sont sacrés et que Dieu nous seconde !

(Il jette son gant et descend de cheval. — Plusieurs seigneurs entrent précipitamment à droite.)

SCÈNE VII.

LES PRÉCÉDENTS, — CHARLES, — PATRICK.

CHARLES.

Patrick, à nous ce gant ! — Place à la vérité.
Si Dieu, comme autrefois punit l'impiété,
C'est à nous de prouver votre laide imposture.
Moi, Charles de Hulton, sur mon blason, je jure
Que milady n'est pas la fille des Turner.
Et le moine, et la femme, et le noble highlander,
Ont menti, tous les trois !...

BURKE.
        Nous, menti !!..

CHARLES.
              Par saint George !

BURKE.
Je te ferai rentrer cette injure à la gorge...

CHARLES.

Arrière, l'Ecossais! — Les hommes de Ranald
Ont bien fait de chasser la race des Dugald,
S'ils avaient, comme toi, le mensonge à la bouche.

BURKE.

Les Dugald ont écrit : « Malheur à qui le touche! »
Sur leur écu, malheur!...

CHARLES.

Chevaliers et barons,
Vous soutiendrez les droits qu'ici nous défendons.
Saluez Paul Turner, votre seigneur et comte.

PAUL, sortant du groupe.

Henriette !
(A Charles.)
Tais-toi !

CHARLES.

Justice bonne et prompte
De ces voleurs...

PAUL.

Tais-toi !
(A part.)
Qu'est-ce donc que l'honneur
Si le bien des Turner a tenté le docteur?...
Henriette coupable!... ô mon amour, que faire?...
La perdre, la flétrir; mieux vaut rester son frère
Et la sauver...

CHARLES.

A nous...

PAUL, l'arrêtant, il s'avance et s'incline.

Madame, pardonnez.
Charles Andrews et moi, tous les deux sommes nés
Ici, le même jour. Son zèle a, pour excuse,
L'amitié qui l'inspire et l'erreur qui l'abuse...
La fortune a, parfois, des coups inattendus
Qui brisent les plus forts et les mieux résolus...
Vaincu, je m'y soumets, et pour preuve j'atteste
Que vous êtes ma sœur. — J'affirme, je proteste
Que nul n'a qualité pour contester vos droits,
Que tout doit, en ces lieux, obéir à vos lois.
— Respect aux volontés de mon honoré père !...

Dieu fasse, à votre front, la couronne légère...
Je ne vous charge point du poids de mon malheur,
Et vais, loin de Hexam, chercher un sort meilleur,
Mais, avant de partir, recevez mon hommage.
Vous saurez, des Turner, ennoblir l'héritage.
Gloire et paix à ma sœur! Vassaux de ce comté,
Oubliez, en l'aimant, Paul le déshérité!...
  (Il s'enfuit.)
          HENRIETTE, éperdue.
Paul!...
          BURKE, la retenant.
     Silence! — Docteur, soutenez son courage.
Et puisqu'un vent propice a détourné l'orage,
Profitons du secours, mais sans perdre de temps.
  (A la foule.)
La comtesse, ce soir, recevra vos serments.
Pour les braves, ce jour doit être un jour de fête.
Seigneurs et chevaliers, venez, la lice est prête.
Que les preux, parmi vous, entendent mon appel.
Trompettes et clairons, sonnez au carrousel!...
  (Le rideau tombe sur le cortége.)

FIN DU QUATRIÈME ACTE.

ACTE CINQUIÈME.

(PREMIER TABLEAU.)

Une place de Naples, au fond de laquelle on aperçoit le lazaret, vaste camp où sont enfermés les pestiférés. — Au premier plan, à gauche, sont endormis les porteurs, faisant le service des morts. — Burke, assis plus en avant. — De toutes les rues sortent des hommes et des femmes, conduisant ou portant des malades au lazaret.

SCÈNE Ire

BURKE, assis, la tête dans ses mains. — LES PORTEURS couchés. — LE DOCTEUR ET HENRIETTE, entrant à droite, Henriette en habit de religieuse.

HENRIETTE.

Et Burke?

LE DOCTEUR.

Viens, il dort. — Dieu double son courage
Car la mort, cette nuit, a redoublé sa rage!
Henriette prend un enfant des bras d'une femme épuisée, le docteur soutient un vieillard, — tous se dirigent vers le lazaret.

SCÈNE II.

BURKE, — LES PORTEURS, toujours couchés.

BURKE, relevant la tête.

ourquoi, d'efforts perdus, ce long enchaînement?
Pourquoi la faute un jour? Pourquoi le châtiment?
Est-ce donc ta justice, ô ciel! ou ta colère,
Qui nous frappe, et faut-il protester ou nous taire?
Burke, trêve aux pourquoi. — Debout, mon fils, debout!
(Il se lève, — les porteurs s'éveillent successivement.)

Comtesse de Hexam !... Henriette, d'un coup,
Trouvait, à nos souhaits, et fortune et famille;
Sans nuire, nous donnions une adorable fille,
Au très-noble amiral, un vrai gibier d'enfer...
L'enfant épousait Paul, — quand Paul, fils de Turner,
Survient et redoutant la justice indiscrète
Pour sa sœur, devant tous, reconnaît Henriette.
Coup de foudre ! — Aussitôt, nous cherchons prudemment
L'ombre pour quelques jours. — J'équipe un bâtiment,
Bon voilier, fin marcheur, un vrai cygne sur l'onde,
Et nous voilà tous trois à flaner dans le monde.
La peste éclate à Naple, un hasard nous l'apprend
A l'heure où milady songe au choix d'un couvent,
C'est un but... nous voguons vers ce but, l'âme en proie
Au besoin d'y trouver l'oubli, sinon la joie...
La mort que nous bravons, épargne le docteur,
Sa fille, et jusqu'à moi, devenu fossoyeur !
Si j'en juge aux raisons où s'inspire mon zèle,
Ce n'est pas, à coup sûr, ce qu'on espérait d'elle,
         (Aux porteurs.)
En attendant le ciel, voici de l'or, enfants,
Faisons au lazaret place aux agonisants.
         (Ils montent vers le lazaret.)

SCÈNE III.

PAUL seul, puis des hommes et des femmes qui le suivent et l'examinent avec une curiosité menaçante.

Je touche enfin la terre, où ma raison brisée
Va rentrer dans sa force... Ombres de ma pensée,
Fuyez, dissipez-vous !.. devant tant de douleurs
Paix, ô mes souvenirs... A bout de ses fureurs.
Puisse, en voyant ma main, prête à fermer l'abîme,
La peste m'y jeter, pour dernière victime.
Henriette,... j'irais, insoucieux héros,
T'attendre si gaîment, dans l'éternel repos !
         UNE FEMME, montrant Paul.
C'est un empoisonneur.
         PAUL, voyant qu'on le fuit.
         Partout la solitude.

On s'écarte... — on me fuit... — déjà l'ingratitude !
J'apporte à ces mourants l'espoir et la santé...

UN HOMME, parlant à un groupe au fond.

Cernez la place, allez.

PAUL.

           Oh ! si j'avais compté
Sur la reconnaissance !...
(La foule augmente et s'approche peu à peu.)

UNE FEMME.

             Il a marqué de rouge
Cent maisons, cette nuit...

UNE AUTRE.

               Il touche au mur...

UN HOMME.

                       S'il bouge,
Je frappe.

PAUL, voulant sortir.

   Au lazaret...
(La foule l'entoure.)

TOUS.

          Mort à l'empoisonneur !
Mort ! mort !

PAUL retiré à gauche, — à part.

   Me défendrai-je ? Oui, pour eux.

TOUS, le menaçant.

                       Mort !!!

PAUL, essayant de leur parler.

                       Erreur..

UN HOMME, arrachant une gourde que portait Paul.

Il porte du poison, et voici la bouteille.

PAUL, se contenant.

Les fous !
(Le cercle s'ouvre en un point.)

UN HOMME, montrant l'issue.

Antonio, prends garde, là.

UN AUTRE.

                J'y veille.

UN AUTRE.

Je l'ai vu tantôt près d'une fontaine...

ACTE V, SCÈNE III.

TOUS.

A l'eau!!!

A l'eau, l'empoisonneur!!!

UN HOMME.

La torture!! un étau!!

UN AUTRE.

J'ai mon poignard.

PAUL, le repoussant.

Arrière, écoutez-moi.

QUELQUES VOIX.

Silence

PAUL.

Je suis...

UNE FEMME.

Un assassin!...

PAUL.

Je viens...

UN HOMME.

Pour la potence!...

PAUL.

Je suis...

UNE FEMME

Il va mentir !

PAUL.

Un médecin.

LA MÊME FEMME.

Il ment!!

UN HOMME. s'avançant sur Paul.

Vite, un *Pater*... va, monstre, où le diable t'attend.

UNE JEUNE FILLE, à cet homme.

N'approche pas, Piétro, s'il te donnait la peste !
(Tous s'écartent avec effroi.)

PAUL.

Je venais pour mourir, par Dieu, je vous l'atteste,
J'étais prêt... mais c'était pour mourir en chrétien.
Vous ne me tûrez pas, insensés, comme un chien.
(Il veut franchir le cercle, — cris, tumulte. — Paul sort de la
  mêlée en arrachant une hache à un homme, il se réfugie au
  coin à droite.)

SCÈNE IV.

LES PRÉCÉDENTS, — BURKE, — DES SOLDATS

BURKE, au fond, à la foule.
Laissez faire aux soldats.
UN HOMME.
Par ici, la justice.
UNE FEMME, montrant Paul.
Là.
UNE AUTRE, de même.
Là, l'empoisonneur.
PAUL, aux soldats, — jetant sa hache.
Grand merci du service
Vous venez à propos, il y avait danger
Pour un d'eux...
BURKE, à part.
Ce n'est pas la voix d'un étranger,
— Paul Turner!... C'est bien lui!...
PAUL.
Vous, Burke, vous!
BURKE, bas.
Silence?
Je ne puis vous sauver qu'à force de prudence;
Mais je veille...
PAUL.
Henriette?...
BURKE.
A Naples.
PAUL.
Le docteur!..
BURKE.
Avec elle.
PAUL.
Ah! merci! c'est encor du bonheur,
Je n'espérais pas tant...
LE CHEF DE L'ESCORTE.
Chez le juge...
PAUL, à Burke.
Adieu!
LE CHEF DE L'ESCORTE.
Marche!

BURKE, à Paul.
Je ferai, dès ce soir, ma première démarche.
UNE FEMME.
Quand le brûlera-t-on ?.
UN HOMME.
Peut-être avant huit jours.
BURKE.
C'est ce qu'il faudra voir. — Dieu puissant des amours!...
Je croyais, entre nous, et la mer et la peste,
Tu nous as réunis, maintenant, fais le reste.
(Bruit de cloches, — la foule se disperse. — Au fond, des prêtres et des moines en procession, sortant du lazaret et escortant un cortége funèbre.)

DEUXIÈME TABLEAU.

A Naples, — une salle dans la maison du docteur. — Au fond, une galerie fermée par des rideaux qui laissent voir en s'ouvrant le panorama de la place publique. — Porte à droite et à gauche.

SCÈNE PREMIÈRE.

Au lever du rideau, le théâtre est vide. — DES MATELOTS chantent au dehors, — BURKE entre par le fond à droite.

LES MATELOTS.
Combien le vent
Qui pousse loin de la Guinée
Mon bâtiment,
Va désoler ma dulcinée,
De la Guinée,
Cruellement.

UNE VOIX.
Ma dulcinée,
De la Guinée,
La pauvre enfant
Est une noire demoiselle
Luisante et belle
Que j'adore très-tendrement.

BURKE.
Drake attend le signal.

(Il va au balcon et chante.)

Ma dulcinée,
De la Guinée,
La nuit, le jour,
Bien mieux que toi, blonde Clémence,
Fille de France,
Sait vaillamment faire l'amour.

SCÈNE II

BURKE, — DRAKE, il entre à gauche.

BURKE.
Tes hommes sont-ils prêts?
DRAKE.
Prêts à tout, capitaine.
BURKE.
Ont-ils bu... sans excès?
DRAKE.
Rien. — Quelques brocs de vin, seulement pour attendre.
BURKE.
Je puis compter sur eux?
DRAKE.
Dévoués!
BURKE.
Va les prendre,
Arme-les, et reviens... — par couples, seulement,
Autour de ce logis, tenez-vous prudemment.
Tu comprends?
DRAKE.
Bien, très-bien, capitaine.
BURKE.
A merveille.

(Drake sort.)

SCÈNE III

BURKE, seul.

Vit-on jamais, ailleurs, fatalité pareille?...
Il allait échapper, — la police intervient,

Le sauve, sous mes yeux, l'enferme, le retient,
Pour pouvoir, à loisir, examiner l'affaire...
Et l'affaire s'embrouille, ainsi que d'ordinaire.
Si bien qu'on trouve preuve à l'empoisonnement
Que Paul est condamné. — Condamné! Jugement
Inique s'il en fut. — Lui, condamné! John Burke,
Mon ami, la justice est, à Naple, un peu turque.
Et tu laisserais faire à ces pestiférés?...
Si, maladroitement, nous nous sommes fourrés
Sur un bas fond, — morbleu, nous jouerons de la hache,
Et nous en sortirons! — Que le destin s'attache
A nous persécuter, et que... Paix, mon secret!

SCÈNE IV

BURKE, — LE DOCTEUR.

BURKE.

Déjà sorti, docteur.

LE DOCTEUR.

Je viens du Lazaret.

BURKE.

Un pareil jour...

LE DOCTEUR.

Oui, Burke. — Eh! faut-il que j'oublie,
Pour pleurer mes douleurs, le devoir qui me lie,
La tâche qu'en ces lieux je suis venu remplir.
Deux cents infortunés, dont trente vont guérir,
M'attendaient ce matin.

BURKE.

Mais, Paul?...

LE DOCTEUR.

Mal sans remède.

BURKE, à part.

Qui sait? S'il ne fallait que vous venir en aide,
On pourrait bien...

LE DOCTEUR.

L'argent?

BURKE.

Je l'ai.

LE DOCTEUR.

De qui?

BURKE.

                                                                              D'un juif
Qui prenait des façons et se montrait rétif ;
Mais il s'est apaisé sitôt qu'il a pu lire
L'acte qu'à milady vous avez fait écrire.
Il m'a, sans hésiter, en lettres de crédit,
Sur un juif espagnol, son confrère, à Madrid,
Compté la somme entière, et j'ai là...

LE DOCTEUR.

                                      Très-bien, donne.
Hormis ce juif et toi, qui sait l'emprunt ?

BURKE.

                                                       Personne.

(A part.)

Voici beaucoup d'argent et d'étranges discours...

LE DOCTEUR.

Et, dans Naple, on attend le supplice ?...

BURKE.

                                                       Toujours.

LE DOCTEUR, à part.

Pour le greffier, ses gens... pour le chef de l'escorte...
Pour les quatre geôliers. — Maintenant, il importe
Que je puisse arriver jusqu'à l'exécuteur.

(Haut.)

On a permis à Paul, par insigne faveur,
De passer, avec nous, sa dernière journée ;
Je n'ai pas tout à fait achevé ma tournée,
Henriette, avec toi, vous l'allez recevoir.
Travaille à soutenir jusqu'au bout leur espoir...

BURKE.

Mais, vous espérez donc ?...

LE DOCTEUR.

                             Oui, j'espère, et peut-être
Avant ce soir...

BURKE.

              Bravo ! faites un coup de maître,
Vous le pouvez, docteur.

LE DOCTEUR.

                      Ah ! si Dieu le permet.

BURKE.

Dieu veille aux intérêts qu'en ses mains on remet,

Quand on l'aide, docteur.
(Le docteur sort.)

SCÈNE V

BURKE, seul.

Si votre ruse échoue,
La nôtre aura son tour. — J'aperçois Drake qui joue.
Je suis seul. — Haut la voile.
(Il chante.)
Ma dulcinée
De la Guinée,
A l'œil ardent,
La peau douce, la gorge ronde,
Et, dans le monde,
Nul pied ne vaut son pied charmant.

DRAKE, au dehors.
Ma dulcinée
De la Guinée,
Je reviendrai.
Ne me sois point trop infidèle,
Si tu veux, belle,
Part aux bijoux que j'offrirai..

CHŒUR DE MATELOTS, se rapprochant.
Combien le vent
Qui pousse loin de la Guinée
Mon bâtiment,
Va désoler ma dulcinée
De la Guinée.
Va désoler ma dulcinée,
Cruellement.

BURKE, pendant le chœur.
Ils montent... Quelques mots
Pour donner seulement l'ordre à nos matelots,
Et nous pourrons attendre en paix la fin de l'œuvre.
Ce sont gens résolus, rompus à la manœuvre,
Certes, ils marcheront plus vite au dénouement
Que vous et moi, docteur.

SCÈNE VI.

BURKE, — DRAKE, — MATELOTS.

BURKE.

Vous m'avez fait serment
D'obéir, sans réserve, à votre capitaine,
De servir, au besoin, son caprice ou sa haine,
Assurés, qu'avant tout, Burke est homme de cœur,
Et ne peut rien tenter qui soit contre l'honneur.
Je vous ai dit, hier, par quelle récompense
Je paîrai le succès. — C'est déjà trop, je pense,
Que traiter, avec vous, une fois ce sujet,
Passons. — Vous connaissez maintenant mon projet.
Vous savez qui je veux arracher au supplice.
Aussi, passons encor. — Prenez un coin propice,
Armés jusques aux dents, laissez venir à vous,
Tout près, si vous pouvez, pour mieux porter vos coups,
Le cortége et la foule. — Attaquez bien ensemble,
Frappez qui vous résiste, et que pas un ne tremble.
De ce sang répandu vous êtes innocents,
D'ailleurs, vous courrez sus à des agonisants.
La lutte sera courte, osez, je crois qu'en somme,
L'enlèvement se peut accomplir sans mort d'homme.
Avec le prisonnier vous gagnerez le port,
Où je vous rejoindrai, si je ne suis à bord.
Retirez-vous.

(Ils sortent.)

Vrai Dieu ! passe cette journée,
Et nous te quitterons, Naples, ville damnée.
Avoûrai-je au docteur ? Non, qu'il ne sache rien.
Et tout est bien, d'ailleurs, Burke, qui finit bien !

SCÈNE VII

PAUL entre au fond amené par des soldats. — BURKE, en l'apercevant, ouvre l'appartement d'Henriette, et se retire sur la galerie.

HENRIETTE.

Condamné !

PAUL.
Condamné !
HENRIETTE.
Sans espoir ?
PAUL.
Dans une heure...
Henriette, un baiser, puisqu'il faut que je meure.
HENRIETTE.
Paul, j'appartiens à Dieu.
PAUL, avec ironie.
Comme ce Dieu jaloux
A, jusques à présent, daigné veiller sur nous.
HENRIETTE.
Mon frère, ne songeons, en ce moment suprême,
Qu'au salut de notre âme.
PAUL.
A mon âme elle-même
Je ne crois plus.
HENRIETTE.
Mensonge, oh ! mensonge !
PAUL.
Je veux,
Puisque je vais mourir, au moins mourir heureux.
HENRIETTE.
Heureux ! grand Dieu ! coupable !
PAUL.
Ou coupable, qu'importe..
HENRIETTE.
Par pitié !
PAUL, continuant.
Mon salut et le tien, si j'emporte
Un souvenir plus cher que mon éternité.
HENRIETTE.
Mais c'est braver le ciel !...
PAUL.
Dis la fatalité.
HENRIETTE.
Vous blasphémez !
PAUL.
Bah !

HENRIETTE.
Paul !

PAUL, continuant
Lucifer, s'il existe,
Se rit de ces terreurs. — Regarde, suis-je triste,
Moi, qui ne verrai pas la fin de ce beau jour ?
Henriette, de grâce, un seul baiser d'amour !
Un seul...

HENRIETTE.
Tais-toi, Paul!

PAUL.
Non — A quoi donc puis-je croire
Encore en ce moment?... au bonheur? à la gloire?...
La gloire !... j'ai voulu, pour la mieux mériter,
Jusqu'en ces murs maudits venir et m'arrêter.
Avant de me connaître, et sans même m'entendre,
Le peuple, autour de moi, s'ameute pour me pendre.
La justice clémente, et par grande faveur,
Daigne me brûler vif. — Mort était mon bonheur,
Morte sera bientôt aussi ma renommée.
Gloire et bonheur, pour moi, n'ont été que fumée,
Et fumée enivrante à perdre la raison...
Je n'ai plus, devant moi, qu'une heure d'horison...
Les rêves sans espoir ont flétri ma jeunesse,
Je suis vieux aujourd'hui, je touche à la sagesse.
Ici-bas, rien n'est bon, rien n'est vrai que l'amour.
A lui, mais sans partage, à lui mon dernier jour...
Viens donc qu'à tes genoux...

HENRIETTE.
Jamais !

PAUL.
Jamais !... fumée
Aussi que tes serments !... A mon âme affamée,
Amour, gloire, bonheur, soit, tout aura manqué.
De quel signe maudit étais-je donc marqué ?
Pour donner maintenant un regret à ma vie,
Il me faut remonter jusqu'au temps où l'orgie
Groupait à mes côtés cinquante amis joyeux ;
Au temps où, nous raillant de l'enfer et des cieux,
Aussi libres d'honneurs que légers de richesses,

Incapables de croire aux mortelles tendresses,
Et riant des amours que rien ne doit finir,
Ensemble, nous cherchions le grand art du plaisir.
Les douleurs qui, depuis, m'ont arraché des larmes,
Ont leur source en tes yeux. — Je les dois à ces charmes,
Charmes divins, parfaits, qu'en ma loyale ardeur,
Je croyais follement moins parfaits que le cœur.

HENRIETTE.

Paul ! mais quand j'oublîrais mon habit et ma chaîne
Pour ne plus écouter que l'amour qui m'entraîne
Et tomber en tes bras, m'y pourrais-tu souffrir,
Moi, désormais ta sœur.

PAUL.

Rêve ! — J'ai vu mourir
L'enfant abandonné de qui j'étais le frère.
Tu le sais comme moi, la fille de mon père,
Depuis dix ans, repose où je serai demain.
Le docteur m'a tout dit, tu te défends en vain,
Henriette, tu n'es ni ma sœur, ni comtesse.
Le vieillard a failli par excès de tendresse,
Et Burke a tout conduit contre sa volonté.
Je ne me courbe pas sous la fatalité.
La fille des Turner, fantôme, ombre impuissante,
Oublions-la...

HENRIETTE.

Mon Dieu !...

PAUL.

Que ta voix caressante,
Que ton tendre regard, en ce jour de douleur,
Rende, à mes yeux ravis, la fille du docteur,
Ange sans nom sur terre, et messager de joie,
Que le Seigneur lui-même a poussé dans ma voie,
Qu'il y ramène encor, lorsque je vais mourir,
Afin de condamner mon âme à le bénir...

HENRIETTE.

Tais-toi ! tais-toi !

PAUL.

Viens !

HENRIETTE.

Non.

(Elle s'échappe des bras de Paul.)

SCÈNE VIII

HENRIETTE, — LE DOCTEUR, — PAUL, — BURKE au fond.

LE DOCTEUR, à Paul.
Vous avez votre grâce.

HENRIETTE.
Sa grâce !

PAUL.
Il serait vrai !

BURKE, à part, sur la galerie.
Le peuple qui s'amasse
Viendrait donc là pour rien ?...

LE DOCTEUR.
Oui, Paul.

BURKE, à part.
Et ces soldats ?

HENRIETTE.
Béni soit Dieu !
(Des gardes paraissent.)

PAUL, les montrant avec ironie.
Sauvé ! la mort ne lâche pas,
Vous le voyez, docteur, ceux qu'elle a, dans sa rage,
Marqués pour la moisson.
(A Henriette.)
J'aurais eu du courage,
J'aurais subi mon sort, j'aurais tout accepté,
Si vous m'aviez aimé !...
(Se tournant vers l'escorte.)
Salut, fatalité !
Qu'on dise qu'ici-bas tu n'es pas souveraine.
(Le chef de l'escorte s'approche du docteur. — Celui-ci abandonne son manteau. — Il a pris un costume pareil à celui de Paul.)

LE DOCTEUR.
Je suis prêt.

BURKE, à part.
Le docteur !
(Le chef des gardes va pour lier les mains du docteur.)

ACTE V, SCÈNE VIII.

PAUL, saisissant les liens.
                    Arrêtez, cette chaîne
Est à moi, je la veux !
                    HENRIETTE.
                    Vous, mon père ! mourir !
                    PAUL.
A ma place ! — Une fois j'ai dû vous obéir.
Pour m'imposer, alors, ce rude sacrifice,
Vous aviez, avec vous, un semblant de justice.
Je me suis incliné sous la nécessité...
J'ai laissé cette enfant à votre autorité.
Cependant, si j'en juge à l'ardeur de ma flamme,
L'âme de cette enfant est la sœur de mon âme.
N'était-ce point un droit aussi que mon amour ?
Un droit sacré, docteur ?... — Eh ! quoi ! mon dernier jour
Se lève. — Il rend la force à ma raison brisée
Et vous voulez me prendre encore ma fiancée...
La mort, qui m'appartient, vous me la disputez.
C'est trop longtemps marcher de force à mes côtés.
Rompons enfin, docteur.
                    LE DOCTEUR, très-calme.
                              Paul, nous avons une heure
A peine... moins peut-être, écoutez : — Que je meure
Ou bientôt, ou demain, nul ne reste après moi
Que je laisse ici-bas, sans aide... Enfants, pourquoi
Troubler ainsi mon cœur, dans sa dernière joie ?.
A ce peuple de fous il fallait une proie.
Il l'aura... mais, par Dieu ! Paul, ce ne sera pas
Vous, trop jeune, trop fort, pour être déjà las,
Vous qui devez encor tant d'œuvres à la terre.
(Montrant Henriette.)
Vous, son unique espoir. — Ami, laissez-moi faire,
Lorsque j'ai reconnu comme il est bien d'agir,
Quoiqu'il faille briser, quoiqu'il puisse advenir,
Sans hésiter jamais, j'agis : ma conscience,
Me donne, en même temps, lumière et récompense.
Quand le juste est trouvé, l'homme un peu haut de cœur
Sans lâche compromis, marche où le veut l'honneur.
A cette loi suprême, une fois, j'ai failli;
                              (Montrant Henriette.)
                              Mais pour elle
Dieu nous en a punis. — J'y veux mourir fidèle.

— On ne vous connaît point ; — j'ai payé largement,
Ce costume est le vôtre, et la foule, aisément,
Se laisserait tromper à moins de ressemblance.
L'escorte et le bourreau sont dans la confidence.
Ils m'ont coûté fort cher, et, je vous en préviens,
J'ai pris, pour les payer, le meilleur de vos biens.
(Leur donnant des papiers.)
Je vous lègue, en retour, le soin de ma mémoire
Et ce triste récit de notre étrange histoire.
Grâce à lui, vous pourrez reprendre votre nom,
Vos titres, et bientôt...
PAUL.
J'en ai fait l'abandon.
LE DOCTEUR.
Laissez-moi terminer. — Et puisque Dieu m'éclaire
Ne m'interrompez plus. — Cet écrit du Saint-Père
Relève de ses vœux Henriette. — Je puis
Avant de m'éloigner enfin vous voir unis
Sans crime ; aimez-vous donc. — Enfant, sèche tes larmes,
Ferme, aujourd'hui, ton cœur aux pieuses alarmes,
On n'est pas, à mon âge, attristé de mourir.
Son labeur accompli, l'ouvrier peut partir,
Sans honte, sans regrets. — Et l'heure est si prochaine
Où j'allais vous quitter que je l'avance à peine...
Ce n'est pas un grand mal de m'envoyer à Dieu ;
J'ai de quoi m'affranchir des tortures du feu.
Abrégeons les adieux... — Tout est bien... — Du courage !...
J'aurais voulu gaîment préparer mon voyage
Et vous me tourmentez... — Au revoir, mes enfants,
Car nous nous reverrons... Qu'est-ce que cinquante ans
Dans le monde éternel où je vais vous attendre.
A bientôt ! à bientôt !
(Il serre la main de Burke, lui remet Paul et Henriette, se dégageant avec peine de leur étreinte, — on l'emmène.)

SCÈNE XIV ET DERNIÈRE.

BURKE, — PAUL, — HENRIETTE, — puis DRAKE.

BURKE, arrêtant Paul, qui veut suivre le docteur.
Seul, laissez-le descendre.

ACTE V, SCÈNE IX.

PAUL.
Seigneur, est-ce bien là le dernier de tes coups?
HENRIETTE.
Perdu, mon Dieu! perdu!
PAUL, à Henriette.
Me pardonnerez-vous?...
(On chante, au dehors, le chœur des matelots du commencement de l'acte. — Les voix s'approchent, — cris et tumulte.)
BURKE, au fond.
Silence, par le ciel! entendez-vous?... silence!
HENRIETTE.
Ces clameurs?...
PAUL.
Qu'est-ce donc?.
BURKE, au balcon.
C'est!.. c'est!.. bonne espérance!..
Courage, mes amis, bravo, bravo, bravo, lions!
Allons, Drake, haut la hache, au soldat! — les lurons
Font merveille... tenez!...
(Il ouvre les rideaux).
HENRIETTE.
Sauveront-ils mon père?...
BURKE.
Ils le tentent au moins...
PAUL.
Et tu crois?
BURKE.
Non, j'espère. —
PAUL.
Mais qui les guide?
BURKE.
Moi. — L'œuvre est de ma façon,
Il s'agissait de vous, quand j'ai fait la leçon.
(Henriette pousse un cri, — on aperçoit le docteur, qui monte au bûcher.)
BURKE, découragé.
Il a voulu mourir et Dieu l'a laissé faire!!
(A Drake, qui entre.)
Nous partons demain soir; regagnez la galère.
DRAKE.
La maison est cernée et le peuple nous suit.

BURKE.

Nous partons dans une heure, au large avant la nuit!
Il se précipite sur la porte en tirant son poignard. — Paul le suit, entraînant Henriette.)

TABLEAU FINAL.

Le golfe de Naples. — La ville au fond, — sur une grande barque Burke au gouvernail, — Henriette, — Paul, — groupe de matelots.

UN MATELOT.
Ma dulcinée
De la Guinée,
Revient souvent.
Quand la mer est folle de rage,
Voir, sur la plage,
Si reparaît son tendre amant.

CHOEUR.
Combien le vent
Qui pousse loin de la Guinée,
Mon bâtiment
Va désoler ma dulcinée
De la Guinée,
Va désoler ma dulcinée.
Cruellement!

FIN DU DOCTEUR PRICE.

A PROPOS D'UN GENDRE

COMÉDIE

EN DEUX ACTES ET EN VERS LIBRES

A MONSIEUR **L. DE LA ROQUE**

AVOCAT A LA COUR IMPÉRIALE DE PARIS.

Mon cher Louis,

Votre amitié saura bien trouver une excuse pour l'œuvre légère en tête de laquelle je place ici votre nom. Recevez-la comme un témoignage, insuffisant à mes yeux, de ma très-vive sympathie, et mon cœur sera réjoui de l'accueil.

L. D.

PERSONNAGES

Moisson.
Albert Vernon.
Lucy Lambert, nièce de Moisson.
Anna } filles de Moisson.
Henriette
Lambinet.

La scène se passé à la campagne, chez Moisson.

A PROPOS D'UN GENDRE

ACTE PREMIER.

Un salon d'été ouvrant sur le jardin. — A droite et à gauche, portes ouvrant sur les appartements.

SCÈNE PREMIÈRE.

MOISSON — *seul, assis près d'un petit bureau chargé de livres et de papiers, il écrit.*

Premièrement : — et dans toute saison,
A six heures, lever : — On procède au ménage ;
    Chacun, dans la maison,
    S'en tenant au partage,
    Réglé fort sagement
En l'article vingt-six du présent règlement.
Onze heures, — dejeûner. — Avec ces demoiselles,
  Lucy m'attend dans la salle à manger ;
J'y parais ; d'un coup d'œil, je vois si les donzelles
  Ont bien pris garde à ne rien négliger
    Des menus soins qu'imposent la décence
      Et le respect qu'on doit
      A ma présence. —
      C'est à bon droit
Que les anciens, philosophant sur l'âme,
N'en donnent guère au sexe cajoleur,
  Et semblent croire que la femme
  N'est, dans l'œuvre du Créateur,
  Qu'une malice, ou qu'une erreur.
Ah ! plaignez-moi d'avoir ici trois têtes folles !...
  Article quatre : — Il est défendu, tout à fait,
  De rien chanter. — Pas un couplet !
Point de ris agaçants, point de vaines paroles,
Lazzis, futilités, modes *et cætera...*

Supprimés ! — Si je daigne, à table,
Faire, à propos, un récit agréable,
En silence, — on m'écoutera!...
(Il s'arrête et contemple son travail.)

SCÈNE II

MOISSON, — LAMBINET.

MOISSON, appelant.
Eh ! Lambinet... où sont ces demoiselles ?
LAMBINET.
(Il entre en traînant les jambes.)
Dans le jardin...
MOISSON.
Comment, quand je défends!...
LAMBINET.
Ah! dam, les prun' sont belles,
Et v'là bon temps
Pour les cueillir.
MOISSON.
Arrête ce pillage,
Ou je te fais...
LAMBINET.
Quoi ?
MOISSON.
Payer le dommage.
LAMBINET.
Y faudrait voir...
MOISSON.
Va donc... J'attends !
LAMBINET.
J'y cours, Monsieur.
(Il sort en flânant.)
MOISSON, le regardant sortir.
Enfin !

SCÈNE III

MOISSON seul, relisant une lettre.
Je tiens un gendre !!..

Maintenant, préparons mon discours.
Le texte est délicat, et dangereux toujours.
  Il s'agit de me faire entendre
 A demi-mot, sans blesser la pudeur.
  Ce ne sont point là bagatelles
  A traiter en petit rhéteur.
  Bon ! m'y voici : — « Mesdemoiselles,
« Des devoirs sérieux vont commencer pour vous..
« Remerciez le ciel, qui m'a fait votre père...
« Les filles de votre âge ont coutume, chez nous,
    « D'accepter un époux...
   « L'usage a paru nécessaire
   « Au salut du genre humain... »
  Je suis, je crois, en bon chemin.
« Le jour où trépassa madame votre mère,
  « Jour que l'on eût marqué de noir.
 « Chez les Romains...

Il marche en prenant des airs d'orateur, — on frappe !

          Entrez ! — Mieux vaut m'asseoir.
  (Il s'établit dans son fauteuil.)
  Cela donne au discours une allure plus sage.

                (On frappe encore.)

Entrez !...

SCÈNE IV.

LUCY, — HENRIETTE, — ANNA, — MOISSON. *Lucy descend à gauche et prend son travail. — Henriette et Anna gagnent la droite, en saluant respectueusement.*

          MOISSON.

Très-bien ! fort bien ! — « Mesdemoiselles,
Je suis satisfait du maintien.
« Mesdemoiselles, — à votre âge,
 « Les jeunes filles ont, chez nous,
 « Droit de prétendre au mariage
  « Et d'accepter un époux.

        HENRIETTE.

De choisir !...

      MOISSON, *colère.*

   D'accepter ! — Ciel et terre !

Je me fâche à la fin, — taisez-vous !...
« Remerciez le ciel qui m'a fait votre père... »

ANNA, soumise.

Toujours, papa !...

HENRIETTE.

Que prouve ce courroux ?...

MOISSON.

Paix ! — « Le temps est venu d'accepter un époux. »

HENRIETTE.

De choisir !

MOISSON.

Je suis maître et sais ce que doit faire
Un homme...

ANNA, doucement.

Oui, papa !

HENRIETTE.

Vous me comprenez mal...

MOISSON.

Cessez de m'interrompre
Ou soudain je vais rompre
Cet entretien...

HENRIETTE.

Rompez. — Ça m'est égal.

MOISSON. Il se lève indigné.

Pécore ! — Oh ! comble d'insolence
Mais je saurai vous forcer d'obéir...

LUCY.

Le président se couvre, — on suspend la séance.

HENRIETTE.

Quoi d'étonnant que l'on veuille choisir
Son mari...

ANNA.

C'est un maître.

HENRIETTE.

Les meilleurs sont, dit-on, à ce point imparfaits,
Qu'il est prudent d'y regarder de près.

ANNA.

Il faudrait s'y connaître.

MOISSON.

Et vous en présenter peut-être

ACTE I, SCÈNE IV.

De tous petits échantillons.
Oui, dà. — Valez-vous mieux, mesdames,
Doctoresses en cotillons !.
Pièces rares vraiment, beaux trésors que les femmes !..

LUCY.

Ah ! mon oncle...

MOISSON.

Lucy, ton sexe est une erreur.

LUCY.

Mais point.

MOISSON.

Une injustice...

LUCY.

Pas davantage.

MOISSON.

Par faveur
Dans le tas, la nature en glisse
Une ou deux comme toi, qu'on trouve par hasard.
Et qu'à bon droit l'on met à part.
Le reste ne vaut pas le diable,
Avant moi, Molière l'a dit,
Et c'était un homme d'esprit.

HENRIETTE.

Ce n'était pas un homme aimable.
Je le répète : A quoi bon ce courroux ?

MOISSON.

On ne veut pas m'entendre ?...
Je sors...

ANNA, le retenant.

Papa, j'ai cru comprendre
Qu'il s'agit...

MOISSON, plus calme.

D'un futur.

ANNA.

Entre nous,
S'il joint à quelque esprit une heureuse tournure,
S'il est discret et blond... s'il est... rêveur et... doux...
Je ne dis pas...

MOISSON.

Voilà qui me rassure
Nous marirons Anna.

HENRIETTE.
Mais j'y prétends aussi
Et dans huit jours résolument j'épouse,
Si c'est un militaire...

MOISSON.
Hein! qu'en dis-tu, Lucy;
Tu l'entends, la jalouse.
Voilà qu'on se l'arrache. Eh! tout beau....

HENRIETTE.
Mais,..

MOISSON.
Bientôt
Vous l'allez voir...

HENRIETTE.
Quand?

ANNA.
Où?

MOISSON.
Tantôt
Ici...

HENRIETTE.
Son nom?

ANNA.
Son âge?

HENRIETTE.
Il est riche?

ANNA.
Avocat?

HENRIETTE.
Lieutenant, capitaine?

ANNA.
Écrivain? magistrat?

MOISSON.
Il est... tout ce qu'il faut pour entrer en ménage.
Vous n'en saurez pas davantage
Et tenterez en vain de m'étourdir.

HENRIETTE.
Ah! colonel.

ANNA.
Ah! préfet; petit père,
Soyez bon...

HENRIETTE.
Rien qu'un mot.

MOISSON.
　　　　　Je tiens à vous punir...
　　　　ANNA.
De grâce !...
　　　　MOISSON.
　　　Non, je veux me taire.
　　　　LUCY.
Quelle rigueur !
　　　　MOISSON.
　　　　Il va venir
Et dînera. — Soignez votre toilette.
　　　　ANNA.
Pour un vieillard...
　　　　MOISSON.
　　　　Anna!
　　　　HENRIETTE.
　　　　　Pour un sot...
　　　　MOISSON.
　　　　　　　　Henriette !
　　　C'est trop nous arrêter
A discourir. — L'affaire est capitale...
　　Allez-vous apprêter.
Point de gaîté railleuse, aujourd'hui, sans scandale.
N'allez pas vous jeter dans le contraire excès ;
Trop de timidité nuit de même au succès.
Observez mes regards, recueillez mes paroles.
Avec assez d'esprit, montrez beaucoup de cœur,
Renoncez, s'il se peut, à vos transports de folles,
Parlez peu, parlez bien, et piquez-vous d'honneur.
J'ai dit.
　　　(Henriette et Anna font un mouvement pour sortir.)
　　　Pourquoi courir ? — Avec quelle indécence
　　Vous me quittez ! — Que servent les discours,
Si la raison jamais ne vient à mon secours ?
　　　Et votre révérence !
　Cela promet.
　　　HENRIETTE à Lucy, en faisant un salut à Moisson.
　　　　Reste...
　　　　ANNA, de même.
　　　Nous reviendrons...

MOISSON.
C'est mieux. — Mesdemoiselles,
Tournez-moi les talons.
(Elles sortent moins Lucy.)

SCÈNE V

MOISSON, — LUCY.

MOISSON. Il se promène en homme satisfait de son mérite, — tandis que Lucy accompagne Henriette et Anna jusqu'à la porte.
Si je cessais de tenir l'œil sur elles
Que deviendrait ma maison !
J'aurais grand'peine à brider les donzelles
Sans notre règlement de l'institut Moisson ;
Un vrai chef-d'œuvre, il faut le reconnaître !
Oui, — l'instrument est merveilleux
Et rédigé de main de maître.
Un sénat n'aurait pas fait mieux.
Mon discours...

LUCY, se rapprochant.
Magnifique, sans doute. ;
Seulement, on pouvait s'en passer

MOISSON.
Oh ! s'en passer...

LUCY.
Voilà qui vous déroute.

MOISSON.
Tu me permettras de penser...

LUCY.
Tout ce que vous voudrez, mais néanmoins j'ajoute :
Pourquoi donc nous embarrasser
Et sans raisons ?

MOISSON.
Cela, ne t'en déplaise,
Est contestable...

LUCY, s'impatientant.
Alors !...

MOISSON.
Bon ! bien ! gronde à ton aise
Et sans raisons...

LUCY.
Donc, il ne fallait pas,
Prenant des airs de pédagogue,
Nous haranguer avec tel embarras.
Ce n'était point le lieu d'un monologue.

MOISSON.
J'ai parlé d'abondance...

LUCY.
Et maladroitement.
Savez-vous ce que font vos filles, — maintenant
Qu'on leur a mis ce futur à l'oreille.

MOISSON.
Elles s'ajustent apparemment !
Mais vas-y voir. Je veux qu'on les surveille.

LUCY.
Autre imprudence. — Grâce à vous,
Pour y loger la merveille,
Qu'on nous promet comme époux,
Nous bâtissons, là-haut, des châteaux en Espagne

MOISSON.
Maudites têtes à bonnet.

LUCY.
Dès le couvent, la plus simple, en secret,
Très-volontiers, court la campagne,
A la recherche d'un portrait
Qu'elle raconte à sa compagne.

MOISSON.
J'ai dit...

LUCY.
Bien plus qu'il ne fallait...
Vous prétendiez les rendre plus discrètes,
Malgré vos feints ménagements,
Elles seront, tantôt, ou sottes ou coquettes.
Et vous verrez que vos enseignements
Ne vont à rien qu'à leur troubler le sens.

MOISSON.
Mais...

LUCY.
Vous pouvez m'en croire
Car toute femme...

MOISSON.
>   Est un affreux grimoire
Dont nul ne lit couramment la leçon.
Je n'ai jamais repoussé ton contrôle,
Pourquoi ne m'avoir pas averti sans façon ?
>   Pour m'éclairer, — et c'est ici ton rôle,
>   Il suffisait d'un mouvement d'épaule.
Tu me connais...

LUCY.
>   Vous ne m'aviez rien dit
De vos desseins.

MOISSON.
>   C'est que j'en perds l'esprit.
Jadis, pour m'enfoncer plus avant dans l'étude,
Et me repaître mieux de grec et de latin,
>   J'ai pris la paisible habitude
De voir, chez moi, commander, haut la main,
>   Ta tante. — Elle était, d'ordinaire,
Mon trésorier, — souvent mon secrétaire.
En son savoir, comme j'avais grand'foi,
Pour me laisser en une paix parfaite,
Elle lisait les lettres avant moi,
Et m'en parlait quand réponse était faite.
>   Ainsi, dans un calme absolu,
J'ai pu mener à bien...

LUCY.
>   Tout ce qu'elle a voulu.

MOISSON.
Quelle heure est-il ?

LUCY.
>   Midi.

MOISSON.
>   Vrai ! Je te quitte...

LUCY.
Déjà...

MOISSON.
>   Cueille-nous de beaux fruits,
Pour le dessert. — Je vais rendre visite
Aux cantalous. — Prépare des biscuits ;
>   J'ai, pour les tiens, quelque faiblesse.
Que le rôt soit à point. — Je te laisse maîtresse.

LUCY.

Comme ma tante.
(Moisson sort.)

SCÈNE VI

ANNA, — LUCY, — HENRIETTE.

Henriette et Anna, qui se tenaient aux aguets, accourent aussitôt après la sortie de Moisson.

HENRIETTE.
Eh bien ?
ANNA.
Eh bien ?
HENRIETTE.
Dis-nous,
Enfin, le nom de ce futur époux ?
ANNA.
S'il était présentable,
On nous aurait épargné le sermon.
Je le crois laid...
HENRIETTE.
Il l'est.
ANNA.
Au moins est-ce probable.
HENRIETTE.
Dis-nous, Lucy, dis-nous son nom ?
ANNA.
Pourquoi le cacher davantage ?
HENRIETTE.
Que fait-il ?
ANNA.
D'où vient-il ?
LUCY.
Je n'en sais rien, hélas !
HENRIETTE.
Alors, son âge ?
LUCY.
Même embarras.
ANNA.
Très-sûr ?

LUCY.

Très-sûr ! — Prenez donc patience,
Puisqu'au dîner vous serez en présence.

ANNA.

Peut-être n'est-il pas
Si laid que je le crois.

HENRIETTE.

Pourtant... S'il était brave !

ANNA.

Blond !

HENRIETTE.

Brun !

ANNA.

Papa n'a pas été plus grave
Que de coutume...

HENRIETTE.

Et nous avons eu peur
Un peu bien vite, ce me semble,
De ses airs de docteur.

ANNA.

J'incline à le penser, et cependant je tremble...

HENRIETTE.

Bah ! bah ! je le sens là, c'est un cœur généreux.
Un soldat...

ANNA.

La vertu sans seconde,
C'est la bravoure, à tes yeux ;
Je souhaite, pour moi, qu'il soit homme du monde,
Et que sa grâce à son esprit réponde.

LUCY.

L'une des deux, au moins, nourit un vain espoir.

ANNA.

Mais laquelle ?

HENRIETTE, *regardant au dehors.*

Une malle !

LUCY.

Et Lambinet dessous !

HENRIETTE.

Nous allons donc savoir...

Quel coffre !

ANNA.
Une suite royale
Y logerait
Son bagage complet.

LUCY.
Remarquez que la bienséance
Exige, de qui fait la cour,
Quand il s'agit d'un projet d'alliance,
Au moins trois toilettes par jour.

HENRIETTE.
C'est vrai.

LUCY, à part.
Je me sens curieuse
Autant qu'elles...

ANNA.
Lucy, n'as-tu rien entendu ?
J'ai peur.

HENRIETTE, avec dédain.
De lui !

ANNA.
Qu'Henriette est heureuse !
Et quelle émotion ça fait un prétendu.

SCÈNE VII

HENRIETTE, — LUCY, — ANNA, — LAMBINET, il entre plié sous une lourde malle.

LUCY.
Posez là ce fardeau.

LAMBINET, il laisse lourdement tomber la malle.
Voici ! — Je suis en nage.
Ça doit être un homme comme il faut.

LUCY.
Vous le pensez ?

LAMBINET.
Dam ! au bagage !...

LUCY.
Faites la chambre verte, et revenez bientôt.
Vous êtes seul ?

LAMBINET.
Mais oui...
LUCY.
Vous n'avez vu personne
LAMBINET.
Mais non...
HENRIETTE.
Est-ce qu'il tonne?
LAMBINET.
Pour sûr.
(Il sort.)

SCÈNE VIII.

LUCY, — ANNA, — HENRIETTE.

LUCY.
Si votre adorateur
Est en chemin, sous un pareil orage,
Je le plains de bon cœur,
Ce serait là preuve d'un grand courage.
(A Henriette.)
Et je te vois réduite à l'adorer.
Sur le secret qui tant vous intéresse,
Voilà qui doit nous éclairer.
Nous en aurons, par cette adresse,
Le premier mot.
(Elles s'avancent toutes trois mystérieusement vers le coffre et lisent en hésitant.)

ANNA.
Monsieur...
LUCY.
Boniface!...
HENRIETTE.
Barbot!
ANNA.
Boniface!
HENRIETTE.
Insolent, — se nommer Boniface!
ANNA.
Boniface et Barbot!...

ACTE I, SCÈNE VIII.

HENRIETTE.
C'était déjà trop d'un.
Comment le regarder en face ?
ANNA.
Quel nom plus plat et plus commun !
Cela sent le commis d'une lieue.
LUCY.
Prenez garde à le juger mal...
HENRIETTE.
Barbot ! il doit porter la queue.
LUCY.
Qu'est-ce qu'un nom ? — Rien, un cachet banal
Que le hasard nous applique...
HENRIETTE.
Délicieux ! divin ! — Monsieur Barbot !...
Tu perds tes frais de rhétorique.
ANNA.
Barbot est... primitif...
HENRIETTE.
Autant vaudrait... Magot !
ANNA.
Boniface est simplet...
HENRIETTE, allant au coffre.
Barbot de Barbotage !...
La corde ne doit pas tenir...
J'irai jusqu'au bout, — mais j'enrage !...
Point de clef, — nous pouvons ouvrir,
Et j'ouvre...
LUCY, l'arrêtant.
Non.
HENRIETTE.
Laisse que j'examine...
LUCY, de même.
Non, vous dis-je...
ANNA.
Et qui le saura ?
HENRIETTE.
Les habits nous diront la mine.
ANNA.
Nous souffrirons tant qu'il nous restera
Un doute...

HENRIETTE.

C'est un moyen. — J'en use!...
Anna, viens donc. — Fais comme nous, Lucy.
Terminons vite, point d'excuse !

LUCY.

Ah ! je suis femme aussi.

(Elles s'agenouillent devant la malle ouverte.)

HENRIETTE, montrant un à un les objets.

Des mouchoirs à tabac !

ANNA, de même.

Je tiens la tabatière

HENRIETTE.

Culottes de velours ! — l'habit de nos aïeux !

ANNA.

Boucles de jarretières !

HENRIETTE.

Et des bas bleus !

ANNA.

Sommes-nous assez malheureuses !

LUCY.

Mon oncle est fou.

HENRIETTE, continuant.

Chaussons garnis
Cravates merveilleuses,
A coins brodés !...

ANNA.

Chemise à petits plis !

HENRIETTE, à Lucy.

Eh bien ? — Voyons le fond de l'antre.
Des guêtres à boutons de buis !
Breloques des grands jours ! Que pensez-vous du ventre !

LUCY, à part, en riant.

Je n'en puis revenir.

ANNA.

Des bonnets de coton !

HENRIETTE.

D'une tête caduque,
Vénérable ornement !

ANNA, se relevant.

C'est à n'y pas tenir.

ACTE I, SCÈNE IX.

HENRIETTE.
Et voici la perruque !
LUCY.
Très-complet.
HENRIETTE.
De quel droit prétend-on,
Par une indigne surprise,
Nous livrer, poings liés, à quelque vieux garçon ?
ANNA.
J'en vais mourir, — mon cœur se brise.
HENRIETTE.
D'où te vient ce lâche effroi ?
ANNA.
Lucy !...
HENRIETTE.
Le temps est précieux, — suis-moi.
ANNA.
Je ne peux pas...
HENRIETTE.
Point de sottise.
ANNA.
Que n'ai-je, comme toi,
Une âme que rien n'épouvante ?
HENRIETTE.
Finis, alors, par le bon mot,
Conviens que le monsieur te tente.
ANNA.
Non !
HENRIETTE, saluant ironiquement.
Mes respects à madame Barbot !
ANNA.
Barbot, jamais !
HENRIETTE.
Viens donc.
(Elle entraîne Anna et sort.)

SCÈNE IX

LUCY, seule.

Ah ! l'aventure est neuve.
Je me résigne à mourir veuve,

Si je comprends. — Voilà tout déplié...
Rétablissons, à peu près, chaque chose...
Henriette, jamais, ne fait rien à moitié...
Pauvre futur ! — J'en ai quelque pitié...
La malle est close...
Comme, si vieux qu'on soit, il est dur de jeûner,
Pour le... Barbot, préparons à dîner.

(Elle va pour sortir et se rencontre avec Albert, qui arrive mouillé et les habits en désordre.)

SCÈNE X

LUCY, — ALBERT.

ALBERT.
Je n'ai point rencontré de concierge à la porte,
Et j'entre sans façon.
Vous m'excusez, Madame.

LUCY.
Il pleut de telle sorte,
Que je le dois...

ALBERT.
Monsieur Moisson ?

LUCY.
Mon oncle... J'ai l'honneur, sans doute,
De recevoir monsieur Barbot ?

ALBERT.
Mon oncle... Il est en route,
Et n'arrivera que tantôt.
Nous ne pouvions partir ensemble,
Et j'ai pris les devants...

LUCY, à part.
J'ai déjà vu ce jeune homme, il me semble...

ALBERT.
Son rhumatisme annonçait le beau temps...
J'ai l'honneur de parler à madame ?...

LUCY.
Lucy...

ALBERT, à part.
En vérité, cette femme ressemble
A quelqu'autre...

ACTE I, SCÈNE X.

LUCY, de même.
　　　　Je tremble...
　　　ALBERT, de même.
Ce sont les yeux...
　　　　LUCY, de même.
　　　　Le trouble où me voici
Est étrange...
　　　　　ALBERT.
　　　Je crois..
　　　　LUCY, saluant.
　　　　Lucy... Lambert.
　　　　ALBERT.
　　　　　　　　　　Mais...
　　　　LUCY.
　　　　　　　　　　　　Veuve,
Depuis trois ans, de monsieur Maisonneuve.
　　　　ALBERT, très-animé.
O beaux jours envolés ! — O riants souvenirs !
　　Rêves fleuris de la jeunesse !
　　Bonheurs faciles, vrais plaisirs !
　　Je vous salue...
　　　　　LUCY.
　　　　A quelle adresse
Cette apostrophe ?
　　　　　ALBERT.
　　　　A mon printemps.
Souvenez-vous...
　　　　　LUCY.
　　　　Alors, mon père...
　　　　ALBERT.
Notre voisin...
　　　　　LUCY.
　　　　Etait notaire...
A Bernay.
　　　　ALBERT.
　　　　Dans les champs,
Dans les prés, par les bois...
　　　　LUCY,
　　　　　Sous les yeux de ma mère...
　　　　ALBERT.
Ensemble, nous avons couru...

LUCY.
Jusqu'à quinze ans!...
ALBERT.
Béni soit le hasard. — Vous étiez ravissante
De grâce, de gaîté.
LUCY.
Vous étiez emporté...
ALBERT.
Vous, fort impatiente...
LUCY.
Vous très-capricieux...
ALBERT.
Oui ; mais vous souriez, quand je tranchais du maître,
Un désir, un blâme dans vos yeux,
Et c'était moi qui, croyant l'être,
Obéissais...
LUCY.
Comme une sœur traite un frère indocile,
Je vous traitais...
ALBERT.
Je vous aimais...
LUCY.
Oh ! point d'idylle.
ALBERT.
Soyons amis, Lucy, c'est moi qui t'en... qui vous...
Le poëte m'emporte... on est clément aux fous.
LUCY.
Vous l'êtes donc toujours...
ALBERT.
Soyons amis, vous dis-je ;
Je suis votre hôte, et vous fûtes le mien,
Autant que le présent, le passé nous oblige.
LUCY.
Pour m'éprouver, vous ne demandez rien.
ALBERT.
Une chambre d'abord... l'orage
M'a surpris, et j'étais en nage.
LUCY.
Ah ! pardon... j'oubliais...

ACTE I, SCÈNE X.

ALBERT.
Oh ! j'oubliais aussi,
Mais le bonheur !...

LUCY.
Soit, mais le rhume.
Tout est prêt, ou doit l'être...

ALBERT.
Merci.

LUCY.
Où donc est votre malle ?

ALBERT.
Ici,
Je le présume,
Depuis une heure...

LUCY.
A défaut du costume,
Sauvez-vous par l'esprit.

ALBERT.
De quoi ?

LUCY, montrant la malle de Barbot.
Voyez...

ALBERT.
Le coffre de mon oncle... Et vous riez !

LUCY.
Bien malgré moi.

ALBERT.
C'est peu drôle.

LUCY.
On accepte
Ces contre-temps gaîment... résignez-vous...

ALBERT.
Le beau précepte !

LUCY.
Jusqu'à tantôt, pour dîner avec nous.

ALBERT.
Ce serait neuf...

LUCY.
Ce serait sage...

ALBERT.
En carnaval !

LUCY.
Quand on est beau garçon,
Pour prendre un tel habit, il faut quelque courage.

ALBERT.
Ah ! vous raillez toujours...

LUCY.
Je sais qu'on a raison
D'aider, par la toilette, à sa grâce ordinaire,
Lorsqu'aux filles de la maison,
On a dessein de plaire.

ALBERT.
Hein ! Je ne comprends plus...

LUCY.
Discret ! — C'est de bon ton.
Mais, avec moi, laissez là le mystère.
Vous venez épouser...

ALBERT.
Moi ! — Non.

LUCY.
Comment ?

ALBERT.
Je dois trouver ici deux jeunes filles,
J'en suis aise. — On m'en a fait,
Chez mon tuteur, un séduisant portrait,
Et mieux vaut qu'elles soient gentilles ;
Mais voilà tout. — Le reste est un secret,
Au moins pour moi.

LUCY.
Vous tremblez ?...

ALBERT.
Je grelotte.

LUCY.
Changez donc de costume, et revenez bientôt...
Allez, point de vanité sotte.
(Elle sonne, Lambinet paraît.)
Portez cette malle là-haut.

ALBERT.
Je me résigne à l'aventure,
Puisqu'il le faut ;

Et j'y vais faire une triste figure ;
  Mais, pour en rire, attendez-moi.
(Il suit Lambinet.)

SCÈNE XI

LUCY, seule.

D'où vient qu'ainsi je suis émue,
Qu'est-ce donc que ce vague effroi ?
Cette rencontre inattendue
A réveillé mes rêves endormis.
  Rêves d'enfant ! — Rêves trahis
Pour un hymen qu'on m'a dit nécessaire.
  Ce m'était presque un frère...
Et c'est un frère encor que je retrouve en lui...
  Ne restons pas en face de moi-même...
Il était riche alors, il est riche aujourd'hui !
Lucy, vous n'êtes pas des veuves que l'on aime.

FIN DU PREMIER ACTE.

ACTE II

Une salle à manger. — Table servie, etc.

SCÈNE PREMIÈRE.

MOISSON, — ANNA, — HENRIETTE, — LUCY.

MOISSON, il entre avec Henriette et Anna qui semblent le quereller.
Cela n'est pas, et vous perdez l'esprit.
(Montrant une lettre qu'il lit.)
« Jeune !... fort bien fait de figure !...
« On s'accorde à louer sa tournure !...
J'en crois ce que Barbot m'écrit.
« Jeune... » Il sera mon gendre, je le jure.
LUCY, qui vient d'entrer, et place des serviettes sur la table.
A quoi bon ce débat?
HENRIETTE.
Plutôt que de subir un hymen détestable,
Nous ferons vœu de célibat.
LUCY, de même.
Il est ici...
MOISSON.
Déjà !
LUCY, de même.
Pour être présentable,
Il passe un autre habit.
MOISSON.
Et tu n'en disais rien !
Je vais mettre le mien.
Toi, donne encore un coup d'œil à la table.
HENRIETTE, à part.
Où je lui servirai quelques prudents avis.
MOISSON, à ses filles.
Et vous, faites-lui bon visage.
(Il sort.)

LUCY.
Je crois l'entendre...
HENRIETTE, à Anna.
Viens...
ANNA, vivement.
Oui. — Sauvons-nous, tant pis !

SCÈNE II

LUCY, seule.

Je m'étais bien promis
D'arrêter cet enfantillage,
Et je ne l'ai pas fait. — Dans le trouble où je suis,
Certainement, c'eût été sage.
Où me conduira ce retour
Aux rêves d'un premier amour ?

SCÈNE III

LUCY, — ALBERT.

ALBERT, revêtu des habits de son oncle, il en dissimule autant que possible le ridicule.
Voici le masque.
LUCY.
Il est superbe !
Tournez un peu... là... de profil... au mieux...
ALBERT, prenant des airs.
Hein ! ne dirait-on pas d'un marguillier en herbe.
LUCY.
Vous produirez un effet merveilleux.
ALBERT.
Et vous croyez que l'on s'apprête...
A me marier ?
LUCY.
Oui. — La dot est fort belle, et la famille honnête ;
Mais n'allez pas trop vous faire prier.
ALBERT.
Je déplais ?...

LUCY.
Oh! beaucoup.
ALBERT.
Les raisons?...
LUCY.
Sérieuses.
Nous sommes toutes curieuses,
Et, de par cette malle, on vous sait laid et vieux.
Le nom dont ici l'on vous nomme,
A fait de vous un déplaisant bonhomme;
Un bonhomme à bas bleus,
Un bonhomme qui prise et qui porte perruque,
Car vous êtes pelé du front jusqu'à la nuque.
ALBERT.
Ah! oui-dà. — Je deviens le bonhomme qu'on croit.
LUCY.
Réfléchissez.
ALBERT.
Je prends, du personnage,
Et l'encolure et l'âge.
LUCY.
C'est mal agir...
ALBERT.
On m'en donne le droit,
Puisque l'on s'ingénie
A me défigurer...
(Poussant son costume au grotesque.)
Achevons... le jabot.
Maintenant, que le col, et bien raide et bien sot,
Monte à me couper les oreilles...
LUCY.
Renoncez donc à ce projet de fou.
ALBERT, à part, lui donnant une épingle.
Où rencontrer grâces pareilles?
(Haut.)
Attachez ici ce bijou.
LUCY.
Non.
ALBERT,
Promptement...
LUCY, se décidant.
C'est une extravagance...

Vous n'irez pas trop loin...
ALBERT, à part, pendant que Lucy fixe l'épingle à sa cravate.
Mon tuteur a raison,
Pour moi, le mariage est chose de saison...
LUCY.
Vrai, je n'aurais pas dû...
ALBERT.
Même par complaisance...
LUCY.
On vient...
(Lucy s'éloigne. — Albert se pose en vieux galant.)

SCÈNE IV

HENRIETTE, — LUCY, — ALBERT, — MOISSON, — ANNA.

MOISSON, donnant le bras à ses filles qui se font traîner.
Ah! l'on prétend déranger mes projets.
Me fausser compagnie... Allons, mesdemoiselles...
Vous faites en vain les rebelles...
Je vous surveille, et, je vous le promets,
J'aurai mon tour. — Çà, qu'on avance!...
(Il les pousse devant lui.)
HENRIETTE, bas à Anna.
Est-il laid!...
ANNA, de même à Henriette.
Vieux!...
HENRIETTE, de même.
Cinquante ans!
MOISSON, bas à ses filles.
Saluez...
(Elles obéissent gauchement.)
Quelle révérence!
ANNA, bas.
J'en ai des éblouissements.
MOISSON.
Mon hôte, excusez-moi... Je me suis fait attendre...
HENRIETTE, bas.
Ah! je serai fille longtemps.

ALBERT.
En venant ainsi vous surprendre,
Suis-je donc indiscret ?
MOISSON.
Nullement. — Point d'excuse...
ALBERT.
Vous voyez que j'en use
Avec vous comme avec un ami...
(A Lucy.)
Eh bien ?
LUCY, bas, à Albert.
Assez...
ALBERT, de même.
Non pas, cela m'amuse...
MOISSON, à Albert.
Très-cher, n'usez point à demi,
Permettez que je vous présente,
Pour vous mettre à l'aise chez nous,
Mes deux filles...
(Il les cherche. — Bas.)
Mais où sont-elles ?...
Avancez donc ici...
(A Anna.)
Avancez, pleurnicheuse...
(A Henriette.)
Avancez, insolente...
(Il les pousse en avant. — Elles répètent gauchement leur salut.)
LUCY, bas, à Albert.
Comment les trouvez-vous ?
ALBERT, de même, à Lucy.
De fort mauvaise humeur, et raides...
MOISSON, bas.
Péronnelles !
(A Albert.)
Vous connaissez déjà Lucy,
Ma nièce que voici.
LUCY, saluant.
Pauvre oncle !
MOISSON, bas, avec colère.
Ah ! vous aurez tantôt de mes nouvelles...

(Haut.)
Je les gâte et beaucoup trop.
Monsieur...
ALBERT, saluant.
Boniface Barbot.
HENRIETTE, à Moisson.
Là, maintenant, vous nous croirez, j'espère.
ANNA, de même.
Que dites-vous, enfin, du nom ?
MOISSON, bas à ses filles.
Je dis qu'il faut vous taire.
HENRIETTE, de même.
Et trouver cet Orgon charmant...
MOISSON, de même.
Charmant !
HENRIETTE, de même.
Non !
ANNA, de même.
Non !
MOISSON, de même.
Bah ! Moisson vaut Barbot, et Barbot vaut Moisson,
Le tout est de s'y faire.
Et vous vous y ferez.
(Haut à Albert.)
Jeune homme, votre main...
Votre oncle n'est-il pas aussi votre parrain ?
ALBERT.
Lui, mon parrain... sans doute...
MOISSON.
C'était probable... Et comment va sa goutte ?
ALBERT.
Un tout petit accès l'a fait rester au bourg,
Par prudence, et pour un jour.
MOISSON, offrant du tabac à Albert.
A table, s'il vous plaît, mon hôte...
En usez-vous ?
ALBERT, prenant une large prise.
Beaucoup ! — et je voudrais avoir
D'un macouba divin qui me fait faute
Aujourd'hui...

MOISSON, indiquant une place à Albert.
Daignez donc vous asseoir...
ALBERT, s'asseyant.
C'est un tabac parfait! tabac de contrebande,
Et rarissime. — Quel parfum !
MOISSON, à Albert qui éternue.
A vos souhaits !
ALBERT, continuant d'éternuer.
Mon...si...eur, Dieu... vous... le... rende !...
ANNA, regardant Albert manger.
Il est gourmand !
HENRIETTE, de même.
Glouton !
ALBERT.
Chacun
L'ayant goûté n'en veut plus priser d'autre.
Cependant, je reviens au vôtre,
Par courtoisie.
MOISSON, bas, en présentant sa tabatière.
On n'est pas plus poli...
ALBERT, présentant son assiette.
Encore un peu de ce potage...
HENRIETTE, bas.
Le discours est vraiment joli.
MOISSON, se posant et regardant successivement ses filles.
Dans mon humble ménage,
La cuisine est modeste et pauvre le festin.
Que n'ai-je à vous servir quelque gala romain.
Au lieu de ce petit vin
Anna nous verserait le Falerne divin
Qu'en bon disciple d'Épicure
Un gourmet... le consul...
HENRIETTE, en écolier.
Romulus !...
ANNA, de même.
Scévola !...
ALBERT, à Lucy.
Voyez quelle figure.
LUCY, doucement.
Lucullus.

ACTE II, SCÈNE IV.

MOISSON, *continuant furieux.*

Offrait à ses amis.

(Bas.)

Est-il filles plus sottes...

HENRIETTE, *bas et s'excusant.*

Nous croyions...

MOISSON.

Il fallait réfléchir
Ah! les cervelles de linottes.

ALBERT, *bas à Lucy.*

J'étouffe... et je vais me trahir.

LUCY, *à Albert.*

Finissons là ce jeu.

ALBERT.

Votre oncle recommence.

Écoutons...

MOISSON, *à ses filles.*

Ou parlez à propos
Ou gardez le silence.

(A Albert.)
Vous avez voyagé?

ALBERT.

De Paris à Vervins,
De Vervins à Bernay, pour aller en vacance.

MOISSON.

Quoi, si peu ! — Quand j'étais plus jeune et plus dispos,
J'aurais aimé les courses vagabondes,
Jusques aux rivages lointains,
Jusqu'à l'extrémité des mondes...
Et vous?

ALBERT.

La terre est grande et les mers sont profondes.
Bonne table et bon lit, — je ne m'en défends pas,
Ont toujours eu, pour moi, beaucoup d'appas.

HENRIETTE.

Homme, j'aurais rêvé conquêtes et combats.

ALBERT.

Des vieux buveurs, on ignore le nombre,
Et l'on compte les vieux soldats.

ANNA.

Mais les bois...

ALBERT.
Il y fait froid et sombre.

ANNA.
Ils sont charmants, — quand les oiseaux bavards,
    Sous l'abri du vert feuillage,
Célèbrent de leurs nœuds les amoureux hasards,
    Et font assaut de doux ramage.
Ah! s'oublier sous un épais ombrage,
    Écouter la chanson des vents,
Deviner ce que l'eau raconte aux cailloux blancs,
Et rentrer quand les feux sont éteints au village.

ALBERT.
J'aime mieux les jeux innocents.

MOISSON.
Et vous avez raison. — Qu'est-ce que ce ramage.

ALBERT.
Tout beau! — de par les droits de l'hospitalité,
    Ici, je suis un peu le maître.
Aujourd'hui, laissez là cette sévérité,
    Et trinquons. — Vous devez connaître
Un illustre viveur...

MOISSON, embarrassé.
Je le connais peut-être

ALBERT.
L'ami d'Auguste, Horace, à qui je bois.
    Combien de fois,
  Sans ce nectar qui soutenait sa muse,
    Il eût manqué de voix.
L'heure est prompte, et Jupin commande qu'on en use.
    La sentence est de lui,
    Convenez qu'elle est sage
  Et vaut bien, pour chasser l'ennui,
  Celles que nous font aujourd'hui,
    Dans le plus ténébreux langage,
  Nos philosophes en renom.
Vous fûtes, autrefois, quelque peu diable à quatre,
    M'a dit mon oncle.

MOISSON, scandalisé.
Ah! non, mais non.

ACTE I, SCÈNE IV.

ALBERT.
Pourquoi tant vons débattre ?...
Il n'en faut pas rougir. — Allons, docte Moisson,
Trinquons, buvons ensemble à la vieille chanson,
Car vous chantiez...

MOISSON, étonné
Je chantais?

ALBERT.
La romance.

MOISSON.
On vous en a compté...

ALBERT.
Aussi, la gaudriolle.

MOISSON, scandalisé, presque colère.
La gaudriolle ! — En vérité,
Je vous en donne ma parole,
Jamais, jamais, je n'ai chanté.

ALBERT.
Oh ! je comprends la préférence
Vive le vin ! l'amour et la gaîté !...
Vous étiez un grivois compère.

MOISSON.
Je n'ai jamais été grivois.

ALBERT.
Vous niez, je vous crois.
Mon oncle, cependant, ne ment pas d'ordinaire.

MOISSON.
Mais, jeune homme, ni moi non plus.

ALBERT.
Certainement. — Le cas n'est pas pendable...
Sans manquer à l'honneur, on peut fêter Momus.

HENRIETTE, bas à Anna.
Je n'y puis plus tenir...

ANNA, de même à Henriette.
Abandonnons la table...

ALBERT.
Et c'est vertu que la gaîté.
(Bas à Lucy.)
Ai-je assez fait l'aimable !

LUCY, bas.
Plus encore que tantôt vous êtes détestable
Et détesté.
ALBERT, de même.
Quelle injustice.
HENRIETTE, bas à Anna.
Anna, c'est arrêté,
A ce Monsieur je demande audience,
(De même à Albert.)
Nous réclamons un moment d'entretien
De votre complaisance...
Ici...
ALBERT.
Comment donc, il n'est rien
Que puisse refuser aux rivales des grâces
Un chevalier français !
HENRIETTE, à part.
Vous descendrez bientôt de vos échasses,
Triste Adonis, et nous verrons après.
MOISSON, à Lucy.
Il serait, ce me semble,
Pas mal imaginé de les laisser ensemble :
Qu'en penses-tu, Lucy ?
LUCY.
Je n'y vois rien à contredire,
Si vous le jugez bon ainsi.
MOISSON.
En ce cas, viens, suis-moi.
HENRIETTE, à part.
Nous allons l'éconduire,
Et sans discours.
MOISSON, à ses filles.
Réparez, s'il vous plaît,
Par un peu d'abandon et de coquetterie
Le tort que vous ont fait
Votre ignorance et votre étourderie.
(A Albert.)
Monsieur, vous permettez...
ALBERT, quittant à peine la table.
Allez à vos affaires...
(Il sort suivi de Lucy.)

SCÈNE V

ALBERT, — HENRIETTE, — ANNA.

HENRIETTE.

Monsieur.

ALBERT.

Mademoiselle.

HENRIETTE.

En dépit qu'on en ait,
Certains moyens deviennent nécessaires
Contre certains hasards...

ALBERT, à part.

Oh ! voilà qui promet...

(Haut.)
Veuillez vous expliquer...

HENRIETTE.

A peine si je l'ose,
Il est, Monsieur, très-indiscret
Qu'à pareil entretien une femme s'expose.

ALBERT.

Mais pourquoi donc ?

ANNA.

Il faut, pour être heureux...
Des époux assortis.

ALBERT.

Dans les liens du mariage !...
Ce refrain, quoique vieux,
N'en est pas moins très-sage.
(Chantant.)
Il faut des époux assortis
Dans les liens du mariage.

HENRIETTE.

Monsieur, je vous en avertis,
Nos goûts s'accordent mal aux vôtres...

ALBERT.

S'il ne s'agit que de nos goûts...

HENRIETTE.

Vous ne changerez pas...

ANNA.

Nous tenons trop aux nôtres...

HENRIETTE.

Pour que l'hymen soit... prudent entre nous.

ALBERT, à Henriette.

Pour moi, j'incline à penser le contraire.
Vous prétendez que votre époux
Soit plus ou moins homme de guerre...
Vous auriez dû le voir à mon maintien,
Je suis officier...

HENRIETTE.

Vous!... officier!...

ALBERT.

Citoyen...

HENRIETTE.

Oh, Mars! comme mon père,
Qui fut quarante ans rapporteur...

ANNA.

Et qu'on a surnommé le soldat orateur...

ALBERT, à Anna.

Votre belle âme est toute poésie ;
Elle a vers l'inconnu de naïves ardeurs.
Les parfums de nos champs lui sont de l'ambroisie,
Il vous faut de l'ombrage et des fleurs,
Vous aurez, près de moi, des fleurs et de l'ombrage,
Des légumes friands, et les fruits les plus doux.
Je sens déjà redoubler près de vous
Ma passion de jardinage.

ANNA, à part.

Beau maraîcher, — retournez à vos choux...

HENRIETTE.

Plus d'insistance est inutile.

(Bas.)

Nous épouser... Parfois mentir est difficile...
(Haut.)
Cela ne se peut pas...

ANNA.

Cela ne se peut plus...

ALBERT.

Quoi! l'hymen, en cachette,
Vous enchaîne ! — J'en suis confus...
Comment une union secrète?..

ACTE II, SCENE V.

ANNA, effrayée.

Que dit-il ?...
HENRIETTE, blessée.
Mais, Monsieur !...
ALBERT, mystérieusement
Je comprends...

Le papa ne sait pas la chose.
Diable ? le cas est grave...
HENRIETTE.
Assez de faux fuyants.
Nos refus ont une autre cause.
ALBERT.
Alors, quelqu'innocent amour,
Qui n'ose encor s'avouer au grand jour ?
Un rival ?.. deux ?.. qui sait ? — Cela change l'affaire.
Écarter quelque sot jaloux
N'a rien qui puisse me déplaire.
Sans vanité, permettez que j'espère...
HENRIETTE.
Monsieur. — Pour le repos de l'une d'entre nous,
Choisissez...
ALBERT.
Moi, choisir ! Quelle injure à vous faire !
Par Cupidon, que me demandez-vous !
Non. — Décidez vous-même et je promets, d'avance,
A vos arrêts, complète obéissance.
J'entrevois, cependant, un moyen...
ANNA.

Lequel ?
HENRIETTE.
Parlez...
ALBERT.
L'exposer m'embarrasse.
HENRIETTE, impatientée.
Mais parlez donc...
ALBERT.
Eh ! bien...
ANNA, de même.

Eh ! bien ?
ALBERT.
Jouez à pile ou face...

Et remettez au sort de trancher le débat.
                HENRIETTE.
Que c'est bien là du Boniface !
                ANNA.
On n'est pas plus indélicat !
                ALBERT.
J'avais prévu cette réplique
(Il prend la main d'Anna, qui le laisse faire.)
Permettez-vous qu'on vous baise la main.
Douce comme velours, — blanche comme satin !
(Il essaie d'en faire autant à Henriette, qui s'y refuse dédaigneusement.)
Platon dit, dans sa République,
Qu'il faut en tout considérer la fin.
                HENRIETTE.
Platon, s'il vous ressemble, est un petit plaisant :
                ALBERT.
Il ajoute, belle inhumaine,
Que l'on voit, et cela fort souvent,
L'amour jaloux commencer par la haine.
                      (Il sort.)

SCÈNE VI

ANNA, — HENRIETTE.

              ANNA, soupirant.
Qu'en dis-tu ?
            HENRIETTE, de même.
Hélas ! que veux-tu que j'en dise,
Sinon que nous devons achever l'entreprise.
                ANNA.
Ah ! j'ai le cœur bien abattu.
Et puis, est-il si laid ?...
            HENRIETTE, indignée.
            Faiblesse ! lâcheté !
Tu le jouerais à pile ou face ?
J'aurai, moi, plus de dignité ;
    Je te cède la place...
(Plus calme.)
A moins que... Lucy...

ANNA, vivement.
Quoi ?
HENRIETTE, avec mystère.
Pour agir prudemment,
Laisse-moi réfléchir un moment.
Lucy... oui... j'ai lieu de croire...
Son veuvage l'ennuie, et si, tout doucement,
On pouvait arranger une histoire...
(Lucy paraît.)
C'est à tenter... Tu nous viens à propos.

SCÈNE VII

HENRIETTE, — ANNA, — LUCY.

HENRIETTE.
J'ai des nouvelles à t'apprendre ;
Ce sera fait en quelques mots.
LUCY.
J'écoute...
HENRIETTE, s'arrêtant.
Non, mieux vaut attendre
Et voir papa d'abord...
LUCY.
Dieu, quel empressement.
ANNA.
Je t'accompagne ?
HENRIETTE, à part.
Oh ! nous nous débarboterons...
LUCY.
Est-elle nécessaire à ton plan de campagne ?...
HENRIETTE.
Oui... non... pas absolument.
LUCY.
Je la garde...
HENRIETTE.
Attends-moi...
(Elle sort.)

SCÈNE VIII

ANNA, LUCY.

LUCY.
Peut-on savoir l'issue
De cette très-grave entrevue.
Votre futur ?...

ANNA.
Il sait que nous résisterons.

LUCY.
Tant de haine est étrange,
Il m'a paru fort bien.

ANNA.
A quelle intention me fais-tu sa louange ?

LUCY.
C'est qu'en lui je ne vois rien
Qui donne excuse à votre répugnance.
Beau cavalier, jeune, joyeux,
Il me faudrait beaucoup de complaisance
Pour le voir avec vos yeux.

ANNA.
Mais, j'en conviens sans résistance,
Il a bon air...
Certain laisser-aller, respectueux et fier,
Beaucoup d'entrain, trop de malice..
Et si ce n'était son habit,
On pourrait, sans injustice,
Le regarder comme un homme d'esprit.

LUCY.
Alors j'ai grand'peine à comprendre
D'où vient que tu prenais
Tant d'ardeur à te défendre.

ANNA.
Mon Dieu, tu me connais,
Et cette ardeur, déjà je la regrette ;
Si l'on pouvait ou si j'osais,
Malgré notre imprudence...
Revenir...

ACTE II, SCÈNE X.

LUCY.

Pourquoi, non... va, va faire ta paix,
  Avec mon oncle, et par obéissance
Consens au mariage...

ANNA.

Et ma sœur ?

LUCY.

Il suffit
Que tu dises céder aux ordres de ton père,
Ordres qu'impunément on ne brave jamais ;
  Le reste est mon affaire.

ANNA.

Et si je n'allais plus lui plaire.

LUCY.

Ne m'as-tu pas dit
Qu'on peut le regarder comme un homme d'esprit
  (Anna sort.)

SCÈNE IX

LUCY, seule.

J'ai le temps de me reconnaître ;
J'aurai la force d'oublier.
Non, mon cœur, non. — Vous n'êtes point le maître.
  Ce regard sera le dernier
Jeté sur un amour un peu prompt à renaître,
  Et qu'il est bien de châtier.
  Albert, je dois vous marier
Je vous marîrai donc. — C'est lui...

SCÈNE X

LUCY, — ALBERT.

ALBERT.

Seule ! . je tremble,
  Grand enfant que je suis,
Pour la première fois, de nous trouver ensemble...

LUCY, à part.

Courage, pauvre folle !...

ALBERT, en costume très-élégant.
A présent... votre avis ?

LUCY.

Fort bien.

ALBERT.

J'étais superbe avec l'habit vert-pomme
De mon cher oncle. — Au moins, vous l'avez dit,
Et vous avez autant de bon goût que d'esprit.
J'y perds en somme.

LUCY.

Des compliments! Monsieur le prétendu,
Je vous permets ce badinage.
Ce n'est point là du temps perdu.
Essayez-vous au beau langage,
Et répétez, autant qu'il vous plaira,
Les jolis mots qu'une autre vous rendra.

ALBERT.

Pourquoi railler, Lucy, soyez plus généreuse.

LUCY.

Moi, railler vos amours.

ALBERT.

Ma jeunesse assez orageuse
Ne peut pas durer toujours,
Prétend mon oncle, et je vois, non sans crainte,
Qu'il me faudra...

LUCY.

Faire une fin.
Des étourdis comme des sages
C'est, dit-on, le commun destin.
Mes cousines sont fort jolies,
Elles auront assez de bien.
Je n'y vois pas sujet de plainte ;
Vous êtes un heureux... vaurien.

ALBERT.

Nous laisserons ces bavardages
Lucy, si vous le voulez bien.

LUCY.

Trouvez-m'en de plus accomplies...

ALBERT.

J'en connais une au moins...

ACTE II, SCÈNE X.

LUCY.

Et qui ne prête, hélas !
Qu'une oreille distraite
A vos soupirs. — Quelqu'amourette ?

ALBERT.

Un amour sérieux...

LUCY.

Et qu'on n'accueille pas !
Voilà qui pourrait être,
Un jour, un embarras,
Mais un obstacle point...

ALBERT.

Qu'en savez-vous... peut-être,
Ou plutôt c'est, assurément,
Un obstacle fort redoutable.
Mon oncle veut absolument
Que j'épouse. — Il fera le diable
Si je ne le fais pas grand'oncle avant un an...
Comme un sot, j'ai promis d'avance.

LUCY.

Alors, Monsieur, prenez femme chez nous.

ALBERT.

Si fort que je répugne à cette obéissance !...

LUCY.

Vous êtes galant homme, et serez bon époux.

ALBERT.

Bon père, bon ami. — La phrase est sépulcrale

LUCY.

Je conviens que la phrase est banale ;
Mais aussi, convenez qu'assez mal à propos
Vous défendez une mauvaise cause.

ALBERT.

Il se peut que d'autres, jaloux
De mon bonheur, et je les absous,
Trouveraient à leur gré, l'hymen qu'on se propose ;
Ce qu'il me faut à moi, je le confesse à vous,
C'est une femme aimable,
Qui, bien loin de chercher un mari sans défauts,
Se montre à mon endroit tout à fait raisonnable,
Et m'accepte au hasard, pour le peu que je vaux.

D'ailleurs, j'ai quelques répugnances
A faire ici tout platement ma cour,
J'y blesserai les convenances,
Mon oncle rouvrira son sac aux remontrances,
Et puisqu'il me reste un jour,
Je voudrais lui jouer au moins un dernier tour.
Vous m'aiderez...

LUCY.

Moi?

ALBERT.

Soyez ma complice.

LUCY.

Comment ?

ALBERT.

Si c'est un sacrifice,
Faites-le pour un vieil ami...

LUCY.

J'essaie, en vain, de vous comprendre:

ALBERT.

J'ai tort, — pourquoi m'expliquer à demi :
Pour ne pas me laisser surprendre
Au sot hymen qu'on a voulu me tendre,
Pour que je sois trop heureux d'obéir,
Tout en feignant de m'en défendre,
A m'épouser voulez-vous consentir?

LUCY.

Albert !

ALBERT.

Par dévouement.

LUCY.

J'excuse la folie...

ALBERT.

Folie... oh ! non, car l'égoïsme à deux,
Que j'ai tant raillé dans ma vie,
Est devenu le plus cher de mes vœux.

LUCY, à part.

L'attachement qu'en son cœur je retrouve,
Sans l'y chercher, est mon bien...

ALBERT.

Vous ne répondez rien ?

ACTE II, SCÈNE X.

LUCY.
Hélas! monsieur, ce qui vous prouve
Jusqu'où va mon étonnement,
Et combien je doute encore.

ALBERT.
Vous faut-il un serment?...

LUCY.
Non, votre recherche m'honore;
Mais le secret amour,
Dont vous m'avez parlé, s'il renaissait un jour?...

ALBERT.
Vous semblez vous complaire à secouer ma chaîne.
Vous ne le savez que trop bien,
Le premier anneau du lien
Qui désormais, à vos grâces, m'enchaîne,
A son attache aux temps si doux
Où, joyeux étourdi, j'ai vécu près de vous,
Sans paraître touché des charmes de votre âme.
Faut-il tomber à vos genoux,
Feindre le désespoir et des transports jaloux?
Faut-il vous dépeindre ma flamme
En interminables discours?
Non, non, tout amour qui se fonde
Sur le respect qu'inspire une estime profonde,
Se défend de ces plats détours.
On ne saurait tromper un cœur comme le vôtre
Par un semblant d'emportement.
A ma franchise alors que la vôtre réponde,
Lucy, je le dis simplement:
Vous serez ma compagne, ou, j'en fais le serment,
Vous ne serez jamais la compagne d'un autre,
Car je les tûrai tous...

LUCY.
A pareil argument,
Point de réplique. — Il lève tout scrupule.
Les tuer tous! — N'en parlons plus, j'ai peur,
Et vous remets le soin de mon bonheur;
Pour ne vous point laisser recommencer Hercule.
Je ne veux pas vous voir, à tout moment,
Massue au poing, grâce à votre serment,

18.

ALBERT.
Pourquoi vous plaire à troubler mon ivresse?...
LUCY.
Allons, je vous en fais l'aveu...
ALBERT.
Ah! vous croyez à ma tendresse!...
LUCY.
Non, de Bernay je me souviens un peu.
(Elle lui abandonne sa main.)

SCÈNE XI

ALBERT, — LUCY, — MOISSON, — ANNA, — HENRIETTE.

HENRIETTE, surprise, à part.
Comment!
ANNA, à part, elle n'a rien vu.
Il est très-bien.
HENRIETTE.
Je commence à comprendre...
ANNA, à Lucy.
A placer un seul mot, je n'ai pu réussir...
HENRIETTE.
Le plus fin s'y serait laissé prendre...
ANNA.
Henriette s'est fait comme un malin plaisir
De me gêner...
(Regardant Albert.)
Quelle métamorphose !
MOISSON, préoccupé.
Trousser court et tourner poliment
Un mauvais compliment
N'est point du tout commode chose.
(A Albert.)
Cher monsieur...
(A part.)
Voilà du nouveau.
La tenue est vraiment parfaite,
Et semble démentir les propos d'Henriette.

ACTE II, SCÈNE XI.

Très-charmant jouvenceau,
Qu'avons-nous fait ?...

ALBERT.

De notre habit vert-pomme.
Celui de mon tuteur...

MOISSON, riant.

L'orage ?

ALBERT.

Eh ! oui.

MOISSON.

L'orage. — Ah ! fort drôle... jeune homme,
Fort drôle !... mais causons..

ALBERT.

De mon bonheur.

MOISSON.

D'abord, cher Boniface...

ALBERT.

Aujourd'hui, je me nomme
Albert...

HENRIETTE, à part.

Albert !

ANNA, à part.

Albert !..

ALBERT.

Albert Vernon...

HENRIETTE, de même.

Mais c'est abominable !

ANNA, de même.

Un assez joli nom ?

MOISSON, riant plus fort.

Toujours l'orage. — Adorable ! adorable !
Le tour est fort plaisant.

HENRIETTE, à part.

Et moi, je dis qu'il est pendable.

ANNA, à Henriette.

Je compte l'accueillir d'un cœur plus complaisant.

HENRIETTE.

Voilà ce que tu ne peux faire
L'épouser !.. toi ?.. lui ?..

ANNA.

Mais !...

HENRIETTE.
Je ne le permettrai jamais.
Jamais, il ne sera mon mari, ni mon frère.
(A Moisson.)
Votre discours doit être préparé
Commencez donc...

MOISSON.
Comment, tu veux encore ?

LUCY, à Albert.
Henriette médite un coup désespéré.

HENRIETTE, à Moisson.
Je le hais !...

MOISSON.
Mais ta sœur...

HENRIETTE.
Anna l'abhorre !

MOISSON.
Cependant, je ne puis...

HENRIETTE.
A la fin, je vous prends
En flagrant délit de faiblesse.

MOISSON.
Mon enfant, tu comprends...

HENRIETTE.
Ah ! je comprends... que j'ai votre promesse

MOISSON, résigné.
Soit alors...

HENRIETTE.
Il y va de votre dignité.

MOISSON, embarrassé.
Mon jeune ami, vous voyez ma famille...
Ces demoiselles ont seize ans...
Ce sont des mules de Castille...

ANNA, bas.
Mais, papa, moi, je consens...

HENRIETTE, bas à Moisson.
Achevez donc...

MOISSON, à Henriette.
Puisqu'Anna se décide,

HENRIETTE.
Elle a peur...
MOISSON.
S'il en est ainsi...
HENRIETTE.
Pour un rien elle s'intimide...
MOISSON.
Je n'aurai pas deux fois pareil souci.
Or, donc : — Au chien je jetterais ma langue
J'ai perdu le fil de ma harangue.
ALBERT.
Monsieur Moisson, si je comprends,
Un mot suffit pour nous entendre :
Ces demoiselles ont seize ans
Et désirent, encore attendre,
Pour faire un choix.
C'est à peu près cela, je crois...
MOISSON.
Et j'en suis très-fâché...
ALBERT.
Fâché d'une vétille...
Je n'en prise pas moins à sa juste valeur
Un projet qui m'honore...
MOISSON.
Et qu'on pourra reprendre...
ALBERT.
La seule intention me fait beaucoup d'honneur.
MOISSON.
Que n'ai-je une troisième fille?
ALBERT.
Puisque le ciel vous a refusé ce bonheur.
Consolez-moi par une autre faveur.
Ne pouvant être votre gendre.
Je serai, s'il vous plaît, le neveu le plus tendre.
MOISSON.
Le neveu?
ANNA.
Que dit-il?
HENRIETTE.
Quelle indélicatesse!
ANNA.
Je vais m'évanouir...

MOISSON.
Voulez-vous répéter.
ALBERT.
Vous m'accordez la main de votre nièce.
ANNA.
Lucy nous trahissait!..
HENRIETTE.
J'aurais dû m'en douter!
MOISSON.
Ma nièce est veuve et je suis veuf aussi.
J'ai mal compris. — Rien ne nous presse.
Que deviendrait ma maison sans Lucy.
HENRIETTE.
Offrez Anna.
MOISSON.
Prenez Anna, je vous la donne,
Lucy, de mon vivant, n'épousera personne.
HENRIETTE.
Tenez ferme ; vengez-nous.
ALBERT.
Voilà bien comme raisonne
Un égoïste. — Et seriez-vous plus doux
Si nous vous promettions de rester près de vous.
MOISSON.
Dès que vous arrangez les choses de la sorte...
Mais il me faudra trouver
Deux gendres...
HENRIETTE.
Refusez... allons! Lucy l'emporte...
MOISSON.
L'échec que je viens d'éprouver
Me décourage fort...
ALBERT.
Oh! qu'à cela ne tienne,
Comptez qu'avant un mois,
Je vous en offrirai trente ou quarante au choix.
Quelle affaire aurez-vous qui ne soit pas la mienne.
MOISSON.
Quoi, vous prendriez l'embarras!...
LUCY.
Nous le prendrons...
HENRIETTE.
C'est vraiment trop de zèle.
Madame se résigne...

ACTE IV, SCÈNE VII.

LUCY.
A vous sauver, ma belle.
ANNA.
Madame consent donc...
LUCY.
A se sacrifier...
HENRIETTE.
Et sans trop se faire prier.
LUCY.
Oui, ma bien bonne.
HENRIETTE.
En vérité ! — L'adorable personne.
ALBERT.
Vivez en paix...
MOISSON.
Je n'y manquerai pas.
ALBERT.
Avocats ou notaires,
Diplomates, marchands, écrivains, militaires,
J'en fournirai, pour tous les goûts.
MOISSON.
Je ne cède qu'à vos promesses.
HENRIETTE.
On tâchera de se passer de vous.
ANNA.
Mon beau cousin.
MOISSON.
Pourvoyez les princesses.
J'entends ne me mêler de rien.
Ce que vous règlerez je le trouverai bien.
Mais pour vous donner du courage,
Tout en reconnaissant vos droits,
Je garde ici Lucy comme un otage.
Trouvez, et nous ferons trois noces à la fois.

FIN DU DEUXIÈME ET DERNIER ACTE

LES SECRETS D'OLIVIA

COMÉDIE EN UN ACTE ET EN PROSE.

A M. L'ESSORÉ DE SAINTE-FOIX

CONSEILLER RÉFÉRENDAIRE A LA COUR DES COMPTES

Mon cher ami,

Vous avez souvent fait des vœux ardents et tenté ce qu'il vous a été possible pour voir s'ouvrir devant moi les portes d'une maison dramatique quelconque ; vous me la désiriez digne du mérite que votre affection attribue à mes œuvres..... C'est justice de placer, ici, votre nom en tête de l'une d'elles. Heureusement vous n'aurez pas à recommander LES SECRETS D'OLIVIA.

On vous contesterait le titre... parce qu'il ne trahit en rien les conclusions de la pièce.

Je renverrais à mille autres plus à côté du sujet et plus gros de promesses.

On vous reprocherait, probablement, une simplicité de moyens qui tient de la naïveté.

Je répondrais que, volontairement, j'ai enfermé l'image dans si petit cadre.

On vous objecterait qu'avec un bracelet, un ciseleur amoureux, une ingénue, un galant généreux, une protectrice sur le retour, rien n'était plus facile que d'agencer une intrigue charmante. Il ne fallait pour cela qu'un peu d'imagination et d'esprit.

Je répliquerais qu'une idée étant choisie, quelques caractères franchement esquissés suffisaient au développement nécessaire, et qu'ici la sobriété m'a semblé habile.

J'ajouterais, en forme de conclusion : accordez-nous seulement une ingénue comme il y en a deux ou trois dans Paris, et laissez-nous ensemble le soin de gagner le public, vous verrez que nous nous en tirerons à notre honneur.

On me riposterait par une fin de non-recevoir de bonne compagnie, et tout serait dit.

C'est à quoi je ne veux exposer ni vous ni moi. Pour n'être pas révélée à la foule qui ne lit pas, notre douce amitié n'en sera ni moins sincère, ni moins prompte aux bons offices.

Le reste, entre nous, sera à peine un regret.

L. D.

PERSONNAGES

Pauline d'HOSTAL.
Olivia LORMEL.
Mme PRIEUR.
James LORMEL.
Siméon RODIAN.
Un concierge.

La scène se passe chez Pauline ; un salon d'étude ; à droite, une porte ; à gauche, une porte et la cheminée ; au fond, une autre porte ; piano, table, mobilier simple.

LES SECRETS D'OLIVIA

SCÈNE Ire

OLIVIA, elle dessine.

Bien !... voilà mon crayon cassé... (Cherchant sur la table.) Et mon canif.. perdu... (Elle se lève et s'arrête devant la glace.) Oui... décidément... j'ai eu raison de changer ma coiffure... j'ai vingt ans ainsi... (Elle retourne à la table et s'assied.) Pauline ne rentrera guère avant midi... J'aurai terminé. (On sonne doucement.) Ah ! si l'on m'interrompt... Ne pas ouvrir... mais ne pas savoir ! (On sonne une seconde fois un peu plus fort.) Qui donc est là ?... une visite pour Pauline, certainement... Une visite importune, assurément. (Troisième coup de sonnette.) Ce monsieur se trompe de porte... (Encore un coup de sonnette, doux, mais lent.) Oh ! voilà une dame qui s'impatiente un peu bien vite... Certes, je n'y mets pas de précipitation, mais à peine de la politesse.. (Elle feint de terminer sa toilette.) Justifions autant que possible ma lenteur à ouvrir,.. Et James prétend que la curiosité est mon péché mignon... (Dernier coup de sonnette plus énergique.) C'est un cocher qui rapporte un parapluie... (Elle ouvre la porte du fond.)

SCÈNE II

RODIAN, — OLIVIA.

RODIAN, parfait de réserve et de tenue, saluant profondément.
Mademoiselle Pauline d'Hostal...

OLIVIA, saluant de même.
Vous êtes chez elle, monsieur.

RODIAN.
N'est-elle point visible ?...

OLIVIA.
Elle est sortie ; (Avec empressement.) mais je pourrai peut-être...

RODIAN.

Vous êtes... sa sœur, mademoiselle...

OLIVIA, saluant encore.

Sa cousine, monsieur... Notre appartement communique au sien, et je vais...

RODIAN, à part, en regardant autour de lui.

Point de luxe... de l'élégance...

OLIVIA, continuant.

Prévenir ma mère, s'il vous plaît.

RODIAN.

Non... non... je reviendrai.

OLIVIA.

Qui nommerai-je à ma cousine, monsieur ?...

RODIAN, à part.

Cette jolie enfant aime à causer... causons un peu... (Haut.) J'aurais désiré prendre quelques renseignements auprès de votre...

OLIVIA.

Cousine, monsieur... mais dites ma sœur, car nous aimons Pauline, ici, à ne pas lui refuser ce doux nom. Il s'agit de leçons peut-être...

RODIAN.

Il s'agit de leçons. (A part.) Autant vaut ce prétexte qu'un autre. (Haut.) Et les renseignements que je voudrais obtenir sont tels que...

OLIVIA.

Je puis vous les fournir, sans doute... Veuillez vous asseoir, monsieur...

RODIAN, lui présentant un siége.

Oh! après vous, mademoiselle...

OLIVIA, à part.

Quelle distinction! quelle politesse! Et pour moi, une petite fille, hélas! (Elle s'assied.) Ce monsieur a beaucoup d'esprit... beaucoup d'esprit. (Haut.) Il s'agit donc de leçons de piano ou de chant?

RODIAN.

A peu près... (Mouvement d'Olivia.) Mademoiselle d'Hostal a un talent...

OLIVIA.

Incontestable... incontesté !... supérieur !... Ajoutez,

SCÈNE II.

monsieur, qu'elle est doublement artiste ; car ces paysages sont de sa composition.

RODIAN, examinant de près les tableaux accrochés aux murs.

C'est joli, c'est gracieux !... on ne m'avait pas trompé en me disant que mademoiselle d'Hostal est une élève distinguée de Saint-Denis.

OLIVIA.

Oh ! distinguée... mieux que cela... Pauline était la meilleure élève de son temps... et les études étaient très-fortes à Saint-Denis du temps de Pauline.

RODIAN, montrant le carton d'Olivia.

Vous dessinez aussi, mademoiselle ?...

OLIVIA.

Moi... presque pas... je commence... Pauline est mon professeur...

RODIAN.

Heureux les professeurs que leurs élèves paraissent devoir égaler si vite, quant ils ne les dépassent pas plus vite encore. (A part.) Voilà qui est franchement bête... elle n'y a rien compris, Dieu merci !

OLIVIA, à part.

On ne saurait encourager avec plus de délicatesse... Le compliment me semble fort bien tourné...

RODIAN, à part.

J'ai beau jeu ici, pour gagner du temps...

OLIVIA.

Vous l'avez souvent entendue au piano, ma cousine ?

RODIAN, à part.

La charmante petite machine à questions. (Haut.) Je n'ai eu qu'une seule fois ce plaisir... ce bonheur...

OLIVIA.

Au concert de madame Renoux?

RODIAN.

Non, mademoiselle.

OLIVIA.

Chez la présidente de Miréville ?

RODIAN.

Non, mademoiselle.

OLIVIA.

Pauline a tant et de si belles relations que je renonce à découvrir...

RODIAN.

Je veux bien vous aider un peu... Voyons... J'arrive de Bretagne...

OLIVIA.

Ah ! j'y suis... du château de Kerradec... vous y avez rencontré Pauline...

RODIAN.

C'est cela même..

OLIVIA.

Elle a émerveillé la province... n'est-il pas vrai ?... elle n'en veut pas convenir... car elle est d'une modestie... effrayante pour qui lui souhaite l'avenir qu'elle mérite... La baronne de Kerradec a été bien charmante... elle a donné à notre artiste un très-beau collier de perles.

RODIAN, à part.

Il y a des méchants qui penseront que l'idée est du jeune baron... (Haut.) Vous avez deviné, mademoiselle ; j'ai vu là-bas tant d'esprits distingués en admiration devant le talent de mademoiselle d'Hostal, que moi-même, un profane...

OLIVIA.

Un profane... vous, monsieur !... cela vous plaît à dire... Et vous venez nous demander des leçons, pour mademoiselle votre fille ?. . De piano... de chant... de dessin... Quel âge a notre élève ?

RODIAN, à part.

Je tiens pour une machine à questions... Mais, vive Dieu ! quelle adorable petite machine...

OLIVIA, continuant.

Je crois devoir vous prévenir que Pauline est fort occupée... Cela ne serait pas, monsieur, que je devrais encore vous le dire... mais, quoique cela soit, je me plais à penser que, pour vous, Pauline pourra, par certains arrangements que j'entrevois déjà, répondre comme il convient à l'honneur que vous nous faites.

SCÈNE II.

RODIAN.

Je vous remercie, mademoiselle, de daigner, en cette circonstance, m'accorder votre protection...

OLIVIA, à part.

Voilà une élève comme il nous les faut... franche aristocratie... d'argent... et de nom, probablement... (Haut.) Je n'aurai guère à insister auprès de ma cousine... Il suffit que vous soyez des amis de la baronne de Kerradec... votre nom, monsieur, lèvera toutes les difficultés.

RODIAN.

Mon nom ne rappellerait aucun souvenir à mademoiselle d'Hostal. Il y avait foule au château... je n'ai pas cru devoir me présenter alors. J'aurai l'honneur de revenir tantôt ou demain... Excusez, je vous prie, mon importunité, mademoiselle, et permettez-moi d'espérer vous rencontrer quelquefois dans le monde, auprès de votre parente... (Il lui baise la main.)

OLIVIA, bas.

Oh ! (Haut.) Je ne vais pas dans le monde, monsieur.

RODIAN.

Vous n'y perdez guère, mais le monde y perd beaucoup.

OLIVIA, bas.

Encore un compliment... et plus joli que l'autre... tâchons de le retenir celui-là, pour le raconter à Pauline. (Haut.) Maman dit que je suis trop jeune, et mon frère prétend que nous ne sommes pas assez riches... Aussi n'est-ce pas maman qui accompagne Pauline...

RODIAN, souriant.

C'est votre frère ?...

OLIVIA.

C'est une amie.

RODIAN, à part.

Le frère m'aurait déplu.

OLIVIA.

Je ne sais plus, monsieur ; mais il me semble que vous avez parlé de revenir tantôt... Je suis si étourdie que j'oublierais d'en avertir Pauline.

RODIAN.

Vous me feriez grand plaisir d'oublier... je n'ai aucun

19.

droit à préoccuper l'esprit de mademoiselle d'Hostal...
Je crois pouvoir compter sur votre discrétion.

OLIVIA, avec importance.

Comptez-y, monsieur, le secret restera entre nous tant qu'il vous plaira. Je serai muette, pour vous obéir. (Bas.) Il m'en coûtera bien un peu...

RODIAN.

Je me retire... Agréez, mademoiselle, mes civilités respectueuses. (Il salue profondément. — Révérence non moins profonde d'Olivia. — Il sort.)

SCÈNE III
OLIVIA, seule.

Le succès va toujours au talent, quoiqu'en dise mon frère. — Avant six mois, Pauline aura des leçons à la cour. (Elle reprend son dessin.) Vite... vite... ce monsieur de.. trois étoiles, m'a fait perdre une demi-heure. (Elle dessine.) Ah ! c'est égal, je voudrais bien savoir le nom. Mais, comment insister, avec un homme si poli... si galant... car il m'a baisé la main, à moi... une petite fille, hélas ! A la tournure, au langage, à la figure, à tout un je ne sais quoi, dans l'ensemble, j'incline à penser que c'est un très-grand personnage. Pourquoi m'a-t-il priée de taire sa visite, cela d'un air si grave, qu'il m'a semblé recevoir un ordre... ce doit être ainsi qu'on les donne dans la belle compagnie... Quelque éminence incognito... Le mieux est de n'en rien penser, puisque j'ai promis de n'en rien dire. (Regardant sa main.) Ma jolie main... êtes-vous jolie ?... oui, pas mal, et, sans vanité... ma jolie main, voilà la première fois qu'on traite votre maîtresse, comme le mérite, sinon son âge, au moins l'âge qu'elle voudrait avoir, et qu'elle aura bientôt, Dieu merci !

SCÈNE IV
OLIVIA, — JAMES.
James descend à petits pas derrière Olivia et lui pose la main sur les yeux.
OLIVIA.

Ce n'est pas... maman, — ce n'est pas... Pauline, — donc, c'est James.

SCÈNE IV.

JAMES, l'embrassant.

Bonjour, sœur.

OLIVIA, lui rendant son baiser.

Bonjour, frère !... tu m'as fait presque peur, j'étais...

JAMES.

Dans les nuages...

OLIVIA, regardant son dessin qu'elle enferme.

Oui, dans les nuages... Et, par quel hasard, ce matin ?

JAMES.

Cela te fâche... je retourne...

OLIVIA.

Méchant frère... tu déjeuneras avec nous pour ta punition...

JAMES.

J'y dînerai, pour la tienne... Maman va bien. Et... tout le monde, ici ?...

OLIVIA.

Comment, tout le monde... il n'y a, ici, que notre mère, Pauline et moi... tout le monde... c'est donc Pauline ?

JAMES.

Elle est de retour ?

OLIVIA, avec curiosité.

Depuis jeudi. — Tu as quelque chose à lui dire ?

JAMES.

Quelques mots seulement.

OLIVIA.

Pour une leçon ?...

JAMES.

Les leçons regardent madame Prieur.

OLIVIA.

Que tu détestes.

JAMES.

Que j'aime peu.

OLIVIA.

Pour une affaire ?

JAMES, souriant.

Pauline en a de si compliquées.

OLIVIA.

Enfin, tu es son fondé de pouvoirs.

JAMES.

Pouvoirs embarrassants... Deux fois par an, je touche la mince pension que lui a laissée son père... Elle mériterait cependant la fortune, notre chère Pauline.

OLIVIA, mystérieusement.

Ne t'inquiètes plus... elle est sur le chemin de la fortune, notre chère Pauline.

JAMES.

Un mariage ?... en projet.

OLIVIA.

Oh ! pas encore.

JAMES, à part.

L'espiègle m'a fait peur...

OLIVIA, toujours mystérieusement.

Mais cela ne peut tarder, au point où nous en sommes.

JAMES.

Raconte... raconte...

OLIVIA, vivement.

Figure-toi... (S'arrêtant court.) Non, ne te figures pas... c'est un secret !

JAMES.

Ah ! mademoiselle a un secret.

OLIVIA.

D'importance, railleur, et mademoiselle le gardera.

JAMES, montrant le carton.

Mademoiselle a même plusieurs secrets, dont un là-dedans.

OLIVIA, troublée.

Là-dedans... là... tu te trompes... Non, tiens, ce secret qui est à moi... bien à moi seule... je te le livrerai peut-être, mais aussi à toi seul. (Elle ouvre le carton.) Tu es connaisseur.

JAMES.

Tu me flattes, donc tu as peur de ma sentence. Va, hors mon métier de ciseleur, je ne sais pas grand chose.

OLIVIA.

Un artiste.

JAMES.

Un artisan.

SCÈNE IV.

OLIVIA.

Que j'en veux à maman de n'avoir pas fait de toi un peintre, un sculpteur, un graveur... tu serais maintenant au sommet.

JAMES.

Au sommet de quoi ?

OLIVIA.

De la gloire.

JAMES.

Avec le souci du pain quotidien... la perspective d'un célibat prudent, ou la nécessité de renoncer à l'art pour retomber au métier. — Autant valait le métier d'abord... notre mère a eu raison.

OLIVIA.

Je ne dis pas non; mais je crois, moi, que tu serais arrivé...

JAMES.

Je serais, ma chère Olivia, ou encore perdu dans l'ombre, ou déjà fatigué de la lutte... En voudrais-tu aussi à notre mère de te garder près d'elle et de t'habituer aux soins les plus vulgaires de la vie... ces soins-là te vaudront quelque jour, belle envieuse, un mari bien heureux; ces vulgarités-là m'assurent que messieurs mes neveux et mesdemoiselles mes nièces seront de petites bonnes gens très-aimés et très-gâtés.

OLIVIA.

Laissons là tes neveux et tes nièces, dont il ne saurait être question, puisque je ne suis encore qu'une petite fille... hélas !

JAMES.

Petit démon deviendra grand, et nous verrons alors. — Nous voici loin de tes secrets.

OLIVIA, sérieuse.

J'y reviens... convenons que tu n'en diras rien à Pauline.

JAMES, de même.

Rien à Pauline...

OLIVIA, plus sérieuse.

Ni à maman.

JAMES, de même.

Encore moins à maman.

OLIVIA.

Cependant, plus tard..

JAMES.

Beaucoup plus tard... D'ailleurs, que faire d'un secret, si on doit le garder toujours. Mais il devient important de t'expliquer...

OLIVIA, mettant la main sur son carton.

Eh ! bien...

SCÈNE V

PAULINE, — OLIVIA, — JAMES.

PAULINE, elle entre par le fond, très-mouillée.

Me voilà belle... hein?

OLIVIA, qui a refermé le carton.

Ah ! pauvre cousine.

PAULINE.

James ne m'en reconnaît pas. (Elle lui tend la main.)

JAMES, gaîment.

Et puis, vous avez été si longtemps absente que je vous ai oubliée...

PAULINE.

Quinze jours à peine...

JAMES.

Dix-sept, nous les avons comptés.

PAULINE.

Merci ! le reproche m'est doux.

OLIVIA, à James, montrant le carton.

Chut !

JAMES, même jeu.

Chut!

PAULINE, elle ôte ses gants et son chapeau.

Ah ! l'agréable matinée !

JAMES.

Mais, vous frissonnez...

OLIVIA.

Vite, du feu, du feu ! (Elle va au foyer qu'elle ranime.) Sèche tes pieds... il pleut donc beaucoup ?

PAULINE, près du feu.

La naïve supposition. — Heureuse mortelle, qui n'as point quitté tes pantoufles !... Dieu te préserve à toujours des courses obligées à heure impérieuse... L'averse m'a surprise au beau milieu d'un pont... et pas un abri, pas un omnibus, pas une voiture quelconque...

OLIVIA, elle plie le voile de Pauline.

Au moins, tu avais déjeuné.

PAULINE.

Oui, fort mal... mais j'en prendrai l'habitude.

JAMES.

Mieux vaudrait changer d'habitude, et déjeuner ici.

PAULINE.

Ce n'est pas facile... je sors trop tôt, et, comment voulez-vous que je rentre à temps, lorsque je me trouve à une extrémité de Paris ? — Une femme seule... de mon âge, est toujours mal à l'aise au restaurant... J'en ai essayé une fois ou deux... mais il m'a fallu en revenir au petit pain grignoté discrètement sous mon voile. Le plus fâcheux, aujourd'hui, c'est que j'ai manqué une leçon et que ma robe... mon chapeau sont à peu près perdus...

JAMES, à part.

Et voilà à quoi mènent les arts dits d'agréments, quand il en faut vivre...

OLIVIA.

Je repasserai ta robe, maman rajustera ton chapeau... ce soir il n'y paraîtra plus.

PAULINE.

Vous êtes d'une complaisance infatigable... Madame Prieur n'est pas venue ?

OLIVIA.

Pas encore...

PAULINE.

Je vais refaire toilette, mademoiselle de Kerradec m'attend à midi. (Elle sort par la gauche.)

SCÈNE VI

OLIVIA, — JAMES.

JAMES.

Ah ! Pauline a choisi là une triste carrière.

OLIVIA, avec importance.

La vocation aidant, nulle carrière n'est triste, monsieur

mon frère... Faut-il juger des choses sous le reflet d'un accident... Pour une averse, une carrière honorable, pleine de satisfactions peut-elle devenir triste ?... Une averse ! mais qui n'en a reçu, qui n'en recevra ? — Il me semble que tu n'approuves pas Pauline ?...

JAMES.

Que j'approuve ou que je blâme, qu'importe, le mal est fait, si mal il y a. — Pauline n'a pas de fortune, elle a reçu l'éducation des gens réputés bien élevés... elle possède les talents des oisifs... elle en veut vivre, elle en doit vivre... je n'ai rien à y voir... Et puisqu'elle y trouve jusqu'à des ressources pour aider les vieux parents qui ont protégé son enfance... j'admets que tout est pour le mieux...

OLIVIA.

Alors...

JAMES.

Alors... j'en dirais plus que tu ne me comprendrais pas.

OLIVIA.

Galanterie de frère..., Que je sois capable de comprendre ou non, sache que je ne vois rien de plus beau, de plus digne, de plus noble, de plus magnifique...

JAMES.

Oh ! Sévigné, que d'épithètes...

OLIVIA.

De plus séduisant que le professorat pour une femme...

JAMES.

Pas même les confitures... et les plats sucrés...

OLIVIA, continuant.

Quand elle a conquis sa réputation...

JAMES.

A la pointe de ses bottines...

OLIVIA, de même.

Quand chacun l'apprécie ce qu'elle vaut.

JAMES.

De un franc à cinq francs le cachet.

OLIVIA, impatientée.

Raille... mais, au moins, essaie de me montrer une vie plus indépendante...

SCÈNE VI.

JAMES.

De l'heure...

OLIVIA, continuant.

Plus affranchie...

JAMES.

Des exigences du monde.

OLIVIA.

Plus agréable, en somme !... Pauline est déjà admise dans de très-bonnes maisons... ses élèves deviendront presque toutes ses amies... Et quoique tu répliques, elle peut un jour gagner beaucoup d'argent... madame Prieur le répète assez...

JAMES, interrompant.

Pour que je n'y croie point... Madame Prieur est une égoïste, qui aime le monde et à qui il fallait un prétexte pour y aller le plus possible, malgré son âge ; Pauline s'est trouvée fort à propos pour devenir ce prétexte-là...

OLIVIA, gravement.

Madame Prieur est une amie dévouée, Pauline lui doit presque toutes ses élèves... mais tu dirais vrai de madame Prieur, que notre débat n'en serait pas plus avancé, et je te tiendrai tête... car, moi, j'ai longuement examiné la situation...

JAMES.

Aussi, comme je te vois armée d'arguments irrésistibles, je te dispense de pousser jusqu'aux conclusions... J'aime mieux la confidence commencée...

OLIVIA, avec mystère.

Je ne l'aurais pas oubliée... A cette occasion, — la question se rattache à la confidence, — comment me trouves-tu coiffée aujourd'hui ?

JAMES.

Très-bien.

OLIVIA.

Ma physionomie y gagne-t-elle un peu de sérieux ?

JAMES.

Si peu, si peu !...

OLIVIA.

Quel âge me donnerais-tu, si tu me voyais pour la première fois ?

JAMES.

Tes quinze ans bénis, tes quinze ans en fleurs...

OLIVIA.

Rien de plus ?

JAMES.

Rien de plus, et c'est bien assez...

OLIVIA.

Non pas, monsieur...

JAMES.

Tout de bon, Olivia, te moques-tu de moi ?

OLIVIA.

Oserais-je !... (Elle ouvre son carton.) Sans flatterie, là, comme sans sévérité outrée, ton avis ?

JAMES, prenant un premier dessin.

Mauvais! (Un second.) mauvais! (Un troisième.) mauvais !

OLIVIA, dépitée.

Certainement... ce n'est pas parfait... je le sais bien... mais ne remarques-tu pas certains traits assez... heureux... certains coup de crayon qui... que...

JAMES.

Je remarque une maison qu'il faut étayer, ou elle va piquer une cheminée dans le petit lac que voici... Ce bonhomme n'a pas la bouche suffisamment sous le nez, et, à moins que ce ne soit un portrait, il a tort...

OLIVIA, naïvement.

C'est Ajax.

JAMES.

Oh! Ajax, — un héros... grec, — tu sais, la beauté grecque! — retouche la bouche... Quant à cette dame, elle louche légèrement de l'œil gauche...

OLIVIA, presque colère.

Tes critiques sont ridicules... Il n'y a que deux mois que je dessine, et à mes moments perdus...

JAMES.

Voilà des moments bien nommés. Il est vrai qu'en deux mois on ne peut pas devenir un Raphaël.

OLIVIA, colère.

Ris de mes essais, s'il le faut absolument pour ton bonheur ; — mais, sache-le bien : (Avec importance.) Certains élèves égalent très-vite leurs maîtres, quand ils ne les dépassent pas plus vite encore...

JAMES.

Ceci est du M. de La Palisse...

OLIVIA.

De La Palisse !... l'auteur s'y connaît, et mieux que toi, certainement...

JAMES.

Qui donc est-il, ce phénix ?

OLIVIA, mystérieusement.

Il m'est absolument impossible de le nommer.

JAMES.

Ah ! oui, l'autre secret, le premier... Olivia, tu succomberas sous le fardeau... Chère sœur, pour te distraire, use des crayons, puisque cela t'amuse.

OLIVIA.

Cela ne m'amuse pas... il s'agit bien d'amusements, en vérité... cela m'ennuie même ; mais j'ai un projet très... très-arrêté, très... très-sérieux. Pauline me donne volontiers des conseils... J'arriverai à un certain talent, puisque je le veux... Dans deux ou trois ans, je pourrai, comme ma cousine, me consacrer à l'enseignement... L'une aidant l'autre, nous aurons vite la plus belle clientèle de Paris. — Suis-je donc si enfant, qu'il faille rire à mes dépens comme vous le faites, monsieur.

JAMES.

Admirable ! superbe ! le plan est aussi simple que... profond !... voilà de la vocation, ou bien il n'y eut jade vocation... Je comprends les essais de coiffure il est très à propos de te vieillir.

OLIVIA, très-sérieuse.

Tu comprends alors pourquoi je me cache.

JAMES.

Comment donc, les vocations contrariées sont les vocations qui réussissent.

OLIVIA, de même.

Je n'ai rien révélé, parce qu'il faut que je sois un peu plus forte, pour avoir ce droit.

JAMES.

Je m'incline devant tant de prudence. (A part.) Pauvre

espèce humaine, voilà une enfant qui est la finesse, la malice incarnées, et, sur certain chapitre, elle déraisonne avec un aplomb qui tient du merveilleux. (Haut.) Mais dis-moi si, par hasard, dans deux ou trois ans, juste quand tes études artistiques seront en leur plein soleil, si quelque maladroit, bien intentionné, se présente alors en qualité de mari, avec préméditation de jeter par terre ton château de cartes ?...

OLIVIA.

Pour moi, un mari ?...

JAMES.

Oui, un mari ! — Qui aura la prétention, le barbare, de te garder beaucoup près de lui.

OLIVIA.

Je le refuse.

JAMES.

Ah! bah... Nous en sommes là ?

OLIVIA.

Pauline songe-t-elle à se marier ? Non...

JAMES, inquiet.

Elle t'a fait ses confidences ?

OLIVIA.

Elle me les aurait faites, si elle y songeait; je crois donc pouvoir être sûre...

JAMES, rassuré.

Qu'elle n'y songe pas...

OLIVIA.

Nous vivrons ensemble, libres, recherchées, demoiselles...

JAMES.

Vous ferez bien d'acheter un équipage à frais communs, pour éviter l'aventure de ce matin.

OLIVIA, avec dédain.

La pluie... Oui, monsieur le plaisant, mais remarquez qu'on viendra à mon atelier, — les professeurs un peu bien posés ne se dérangent pas.

JAMES.

Tant mieux, car vous déjeunerez chez vous.

OLIVIA.

Toutes les fois qu'il vous plaira de déjeuner avec nous,

vous trouverez votre couvert mis... méchant!... et comme ce sera joli notre appartement! que maman sera heureuse! — Grâce à nos relations très-puissantes, que de travaux tu auras aussi, toi, mon James.

JAMES, l'embrassant.

Tu es une adorable folle...

OLIVIA.

Plus un mot, voici Pauline.

SCÈNE VII

OLIVIA, — PAULINE, — JAMES, — puis UN CONCIERGE.

PAULINE.

Vite, vite, Olivia, une aiguille. Ces manchettes n'ont plus de boutons.

OLIVIA.

Donne-les moi, j'aurai plus tôt fait.

PAULINE.

Trouve moi des gants frais. — J'ai tout retourné dans ma chambre sans pouvoir en rencontrer une paire, — c'est un désordre chez moi!

JAMES.

Vous en souffrez?...

PAULINE.

Un peu, — mais j'en souffre seule, heureusement.

OLIVIA, cousant.

Je rangerai, ne t'inquiètes pas...

PAULINE.

Si je ne t'avais point, comment ferai-je? je n'ai le temps de rien.

JAMES.

Pas même celui de recevoir cet argent?

PAULINE, cherchant de la musique.

Non, gardez-le, vous l'enverrez en Lorraine. Les bons parents l'attendent, et avec quelqu'impatience sans doute. — Hélas! c'est bien peu de chose... L'année prochaine je veux que leur pension soit plus grosse... J'ai beaucoup dépensé cette année... Mon voyage en Bretagne m'a coûté fort cher... Et puis les toilettes... les voitures... quelques cadeaux obligés... Que sais-je, mille petites nécessités auxquelles il est impossible de se soustraire, tout cela me ruine, et...

JAMES.

Vous travaillez beaucoup, sans grand profit....

PAULINE.

Les profits viendront, madame Prieur s'occupe de plusieurs élèves... d'ailleurs, je suis décidée à d'importantes réformes.

OLIVIA.

Sur quels chapitres, s'il vous plaît?

PAULINE.

Sur l'ensemble de mon budget... J'accepterai beaucoup moins d'invitations... Mon travail particulier en sera meilleur et ma santé s'en trouvera bien.

JAMES, à part.

Mais madame Prieur s'en plaindra.

OLIVIA.

Voilà tes manchettes... et tes gants... Tu as mis une bien jolie robe par ce temps incertain...

PAULINE, à James en caressant Olivia.

Oh! la précieuse ménagère que fera cette chère enfant.

OLIVIA, offensée.

Ménagère! ménagère! Ayez des attentions, des complaisances, même avec ceux que vous aimez...

PAULINE.

Ils sont ingrats... n'est-il pas vrai? Non, non, chère fée qui présidez au bon ordre, ou mieux, au bonheur de mon logis; on vous sait gré, on vous est très-reconnaissante, on vous adore... Mais je ne peux pas aller en négligé chez la baronne...

OLIVIA.

Certainement. (Reprenant son air mystérieux.) Peut-être même seras-tu forcée bientôt à plus de luxe encore...

PAULINE.

Moi, du luxe!... et plus de luxe!... Que veux-tu dire?

OLIVIA, se recueillant.

Rien, j'ai déjà trop parlé... Ne m'interrogez pas...

PAULINE.

Mais, cependant...

SCENE VII.

JAMES.
Par pitié, cousine, c'est un secret... secret d'État.

OLIVIA.
Probablement...

JAMES.
Moi j'ignore, Olivia ne sait pas grand chose ; mais, si vous la pressiez, elle dirait tout, ce qui pourrait tout compromettre...

PAULINE.
Un enfantillage.. J'attendrai votre heure.

LE CONCIERGE, entrant par le fond.
Une lettre et un paquet, pour mademoiselle d'Hostal.

PAULINE.
De quelle part ?

LE CONCIERGE.
La lettre, on ne m'a rien dit, naturellement je n'ai rien demandé... Le paquet, j'ai demandé naturellement, on ne m'a rien dit.

PAULINE, prenant la lettre.
C'est bien, merci. (Olivia s'est emparée du paquet qu'elle retourne avec une curiosité mal dissimulée. Le concierge sort. Pauline lit :) « Je ne prendrai pas ma leçon aujourd'hui, « j'en informe mademoiselle d'Hostal. »

« Hélène DE KERRADEG. »

JAMES.
C'est concis, mais peu gracieux.

PAULINE.
Ni plus ni moins gracieux que la jeune fille qui est bien la plus impertinente personne qu'on puisse imaginer.

OLIVIA.
Encore, si elle faisait honneur à tes soins... Ces élèves-là, tu devrais les remercier.

JAMES.
Et que lui resterait-il ? — Les élèves qui ont la vocation... Celles-là usent peu des maîtres et le moins longtemps possible...

PAULINE.
Les ennuis du métier ont bien quelques compensations : ainsi la baronne, à force de gracieusetés, me fait

accepter les sots dédains de sa nièce... — Donc, me voilà libre !...

OLIVIA.

Tu vas t'ennuyer..., Fais des visites...

PAULINE.

Non, non. — j'entends ne point sortir... (Elle ôte ses gants, son chapeau.) C'est si bon d'être chez soi, bien chez soi ! sans toucher à sa montre. Je vais lire... broder... ranger...

OLIVIA.

Nous causerons, tu me raconteras ton séjour en Bretagne...

JAMES.

Vous y avez eu grand plaisir...

PAULINE.

Oui, très-grand plaisir, je l'avoue. Et pourquoi m'en défendrais-je : cette large vie de château, tout ce monde en souci de plaire, ce laisser-aller de bonne compagnie, ce mélange intelligent de lectures, de promenades, de musique; ces conversations sur mille sujets imprévus, pris, quittés, repris suivant l'humeur et le caprice, me font oublier quelques tristes moments passés çy et là, devant un mauvais piano, en compagnie d'une petite niaise, maladroite ou paresseuse.

OLIVIA.

Et quel succès tu y as eu !

PAULINE.

Oh ! du succès...

OLIVIA, vivement.

Pourquoi nier... On me l'a dit.

PAULINE.

Qui donc ?

OLIVIA, s'arrêtant.

Ah ! voilà sur quoi je ne puis te répondre.

JAMES à Pauline.

C'est le secret...

PAULINE.

D'Etat !

OLIVIA.

Probablement. — Me feras-tu dessiner un peu ?

SCÈNE VII.

PAULINE.
Si tu le désires beaucoup...

OLIVIA.
Toujours.

JAMES.
Vous avez là une élève qui vous fera honneur... (Olivia prend son carton.)

PAULINE.
Je l'espère bien ainsi...

JAMES.
Qui ira loin.

PAULINE.
Mais, pourquoi non?

JAMES.
Qui ira haut... très-haut!

OLIVIA.
Ne lui réponds rien, c'est un méchant frère, un abominable cousin...

JAMES.
Qui sait même si quelque jour...

OLIVIA.
Ah! James, c'est affreux, cela... Je vais me fâcher ou pleurer...

JAMES.
La paix, ma sœur, vrai, j'oubliais le second secret...

PAULINE.
Un second secret. Aussi d'État?

OLIVIA.
Non, secret intime, mais également sérieux...

PAULINE.
Prends tes crayons.

OLIVIA.
Avant, j'irai faire déjeuner ce monsieur... Je sais un certain plat dont il est très-gourmand, et que je ne laisse préparer à personne ici ; il en mangera, ce matin, pour l'obliger à convenir que je suis bonne.

JAMES, l'embrassant.
Belle et bonne ! ai-je jamais pensé le contraire... mais ne te presse pas, j'ai une course obligée et je reviens.

(Il sort par la droite.)

SCÈNE VII

OLIVIA, — PAULINE, — puis Mme PRIEUR.

OLIVIA.

Et ce petit paquet que nous laissons là. — Oh! tu n'es pas curieuse.

PAULINE.

Autant que toi... Ouvre.

OLIVIA, enlevant le papier.

La jolie boîte!

PAULINE, elle a pris cette boîte des mains d'Olivia.

Elle n'est pas vide.

OLIVIA, avec importance.

Ouvre, mais ouvre donc...

PAULINE, ouvrant la boîte.

Tu n'y tiens plus... Un bracelet!

OLIVIA, tenant le bracelet.

D'un travail exquis!... Délicieux!...

Mme PRIEUR, entrée. — Derrière Olivia.

D'un goût parfait... J'avais grand'peur que vous fussiez sortie, ma chère belle... J'ai tant et tant de choses à vous dire, qu'il m'a paru prudent d'en dresser une liste... Qui vous envoie ce bijou?

PAULINE.

Je ne sais encore.

OLIVIA, examinant le fond de la boîte.

Ni billet, ni carte. Rien!...

Mme PRIEUR.

Donnez l'enveloppe, il y a un cachet... (Olivia lui remet le papier). R. — Je l'aurais parié, il y a un R. — Rénée... c'est Rénée!

PAULINE.

Qui nommez-vous Rénée?

Mme PRIEUR.

Madame Ausmon...

PAULINE, d'un air de doute.

Vous croyez...

Mme PRIEUR.

J'affirme...

SCÈNE VIII. 335

OLIVIA.

Madame Ausmon aura su que tu t'appelles Elisabeth, et elle a saisi cette occasion...

Mme PRIEUR.

C'est cela même...

OLIVIA, avec impatience.

L'attention est délicate, assurément, mais il faut t'attendre un peu à ces agréables surprises, chère Pauline. Elles se multiplieront, avec les appréciateurs de ton mérite...

Mme PRIEUR.

Il est en vérité fort joli, ce bracelet. J'ai vu vendre hier le pareil, chez mon bijoutier, à un monsieur... un peu raide... un peu froid, mais fort distingué.

(Olivia et Pauline examinent de nouveau le bracelet en écoutant madame Prieur.)

C'est Rénée qu'il faut lire.

OLIVIA, gaiement.

Lisons Rénée et essayons le bijou.

PAULINE, posant le bracelet.

Quand j'aurai remercié madame Ausmon.

Mme PRIEUR.

A nos affaires... Ah! bon Dieu, qu'ai-je fait de mes notes. — Les voici : Demain, à une heure, matinée musicale dans les salons de Paul-Henry. J'ai deux billets... Si je m'en procure un troisième, comme je l'espère, nous emmènerons cette belle enfant...

OLIVIA.

Madame, je vous sais gré et je vous remercie... Mais, demain, c'est impossible...

Mme PRIEUR.

D'où vient cette impossibilité ?

OLIVIA.

De mes occupations à la maison, et d'un travail pressé pour lequel ma mère aura besoin de moi.

Mme PRIEUR.

Si nous la priions bien fort votre maman.

OLIVIA.

Elle ne résisterait pas; cependant, je sais qu'au fond

elle serait fâchée qu'il lui ait été fait violence, et moi, madame, je jouirais mal d'un plaisir accepté aux dépens d'un devoir.

Mme PRIEUR.

Que de raison !...

OLIVIA.

Oh ! des habitudes, à peine prises... Mais laissons ce sujet, si vous le voulez bien.

Mme PRIEUR.

Je me contenterai de Pauline...

PAULINE.

Et mes leçons.

Mme PRIEUR.

Le vendredi, vous n'allez plus à Montrouge, madame Thomassin part pour les eaux. — Reste la petite Mathilde Burnichet : vous n'en ferez jamais rien de cette marmotte ; une leçon de plus ou de moins, peu importe...

PAULINE.

Pour elle, mais pour moi.

Mme PRIEUR.

Sa mère doit la conduire à cette réunion. Faites un peu de toilette... J'ai des fauteuils réservés, nous serons vues. Venez me prendre à dix heures, avec une voiture... de remise, c'est plus convenable et pas beaucoup plus cher.

PAULINE.

J'aurais voulu...

Mme PRIEUR.

Ah ! point d'objections, chère enfant... Ceci réglé... Voyons, j'avais autre chose à vous dire. — Le capitaine Balmer marie sa fille dans quinze jours. Nous serons invitées... Il serait malséant de refuser.

OLIVIA.

Nous te ferons une robe de crêpe... Je t'y vois belle à ravir... tu étrenneras le bracelet... Et James qui va rentrer... Vite à mon plat mignon... Au revoir, madame... (A part.) Est-elle heureuse, Pauline... Oh ! dans deux ou trois ans, ce sera mon tour... si maman le permet.

(Elle sort.)

SCÈNE IX

Mme PRIEUR, — PAULINE.

Mme PRIEUR.

Etes-vous souffrante, ma bonne? Je vous trouve l'air triste, presque maussade... Vos quasi-refus me chagrinent.

PAULINE.

Pardonnez-moi, madame... Ce n'est rien, un peu d'ennui, un peu de vague, un peu de fatigue.

Mme PRIEUR.

Secouez tout cela... Au reste, si vous ne voulez pas absolument venir à cette matinée, j'irai seule, quoiqu'il m'en coûte. — Où trouver une compagnie qui vaille la vôtre? D'ailleurs, il serait trop tard pour chercher...

PAULINE.

Mais j'accepte, et avec empressement, dès qu'il s'agit de vous être agréable.

Mme PRIEUR.

Dites qu'il s'agit de votre avenir. — C'est un grand service vous rendre, mon enfant, que de ne pas vous permettre ces accès de sauvagerie. — Je vais dans le monde rien que pour vous. Il faut qu'on vous y voie, si vous voulez qu'on vous recherche.

PAULINE.

Je croyais avoir quelques bonnes raisons à vous opposer; mais quelles raisons peuvent être bonnes devant votre obligeance?

Mme PRIEUR.

Je recevrai... pour vous... la semaine prochaine... une petite soirée... quelques mamans, les frères et les sœurs... vous nous ferez danser.

PAULINE.

Vous nous aviez parlé de leçons.

Mme PRIEUR, reprenant ses notes.

J'y arrive : 1° un pensionnat déjà très en vogue, trois heures par jour, six francs pour ces trois heures, la maison se réservant de traiter avec les familles... c'est peu payé, mais il en pourra sortir quelques heureuses relations; 2° une petite fille de huit ans, un prodige d'intelligence, elle vous fera grand honneur... Je l'ai entendue... mais il s'agit là d'une bonne action... famille pauvre... On vous paiera au mois, et vous comprenez que, pour une enfant si étonnante et si jeune... il faudra faire un sacrifice...

PAULINE.

Je ne suis guère dans une position à faire des sacrifices. Je vous avoue, en outre, que ces façons de marchander me répugnent. Mes leçons valent ou ne valent pas, qui les recherche doit les payer ou s'en passer...

Mme PRIEUR.

Croyez-vous donc que j'aie, sur ce qui vous touche, moins de susceptibilité que vous-même... malheureusement, ici, l'occasion était si belle, la bonne fortune si rare, que je me suis à peu près engagée... 3° Ceci, c'est autre chose : me donneriez-vous des leçons de chant ?

PAULINE.

A vous ?

Mme PRIEUR.

A moi.

PAULINE, souriant.

Mais... très-volontiers.

Mme PRIEUR.

Et à quelles conditions ?

PAULINE, de même.

Madame, vous me jugez bien mal, des conditions, de vous à moi...

Mme PRIEUR.

Il en faut faire... je ne veux point abuser...

PAULINE.

En ce cas, vous les ferez vous-même.

Mme PRIEUR.

C'est convenu, puisqu'il vous plaît ainsi. — Il s'agit, sinon de moi, au moins de presque moi, une jeune amie, qui sera ravie d'avoir obtenu vos conseils. — Ah ! vous vous engagez peut-être un peu légèrement, car elle compte prendre au moins six mois de vos leçons... mais j'ai votre parole. — Pour terminer, une bonne nouvelle, une très-bonne nouvelle : mademoiselle Corbelli quitte ses élèves, elle m'a promis de vous recommander très-particulièrement. — Entre nous, je crois qu'elle a raison, elle passe de mode.

PAULINE.

Déjà ! à quoi sert donc le talent ?

Mme PRIEUR.

Elle touche à la quarantaine. — C'est une vieille fille, maigre, fanée, désagréable, ses élèves font sa caricature.

PAULINE.

Voilà qui est fait pour effrayer. J'aurai quarante ans aussi quelque jour, je pourrais bien être alors maigre, fanée, désagréable, et je n'ai pas le mérite de mademoiselle Corbelli.

Mme PRIEUR.

Oh ! vous, nous vous marierons.

PAULINE.

Suis-je donc un parti ?

Mme PRIEUR.

Si nous le voulions bien, ce serait fait. — Il y a déjà des échantillons de maris autour de vous.

PAULINE.

Où les voyez-vous ?

Mme PRIEUR.

D'abord, un grand et assez beau garçon que j'ai rencontré ici, votre cousin.

PAULINE.

Nous nous aimons, oh ! jusqu'au dévouement le plus absolu, mais il n'a jamais songé à moi, pas plus que je n'ai songé à lui.

Mme PRIEUR.

Il serait un peu vulgaire pour vous.

PAULINE.

Je ne dis pas cela.

Mme PRIEUR.

Vous pouvez le penser sans injustice.

PAULINE.

Pardon, vous ne connaissez pas James, il est moins étranger aux délicatesses de l'art que vous ne paraissez le croire.

Mme PRIEUR.

C'est possible, mais l'enveloppe trompe... nous vous trouverons mieux. La baronne avait pensé...

PAULINE.

A qui donc ?

Mme PRIEUR.

L'idée était un peu bizarre... quoiqu'elle vaille la peine qu'on s'y arrête... ce que nous ferons quelque jour.

PAULINE.

Expliquez-vous...

Mme PRIEUR.

La semaine dernière, je crois, la baronne parlait à son fils...

PAULINE, émue.

A son fils ?...

Mme PRIEUR.

De vous faire épouser leur intendant.

PAULINE, blessée.

Ah!... et qu'a répondu le baron ?

Mme PRIEUR.

Il a répliqué par la négative, et avec une vivacité qui nous a fort diverties... Je dirais qu'il est amoureux de vous, ma belle, si je ne savais que le baron ne s'éprendra jamais sérieusement que d'une fille de son rang... c'est un garçon plein de droiture, quoique très-exagéré dans ses jugements. En somme, l'intendant dont on voudrait faire un prétendant n'est point à dédaigner. Il a quarante ans, il n'a jamais été beau, ce n'est pas un esprit supérieur, il s'en faut, mais excellent homme, au demeurant, il possède net quatre mille francs de revenu... Vous pourriez être très-heureuse, car vous seriez très-aimée... Cela, peut-être, demande réflexion...

PAULINE, avec curiosité.

Je suis presque de votre avis... et je ne vois pas quelles objections pouvait faire le baron...

Mme PRIEUR.

Il les a brodées sur un éloge très-mérité de votre personne... Il a dit, entre mille choses charmantes pour vous: que vous étiez trop jeune, trop bien douée, que votre éducation vous appelait, partout, au premier rang, et que vous donner à monsieur Cornillard, c'était un crime contre les droits de la distinction, du talent et de la beauté.

PAULINE, très-émue.

Comment, il a dit cela... le baron... il a dit cela ! (A part.) Oh ! folle, folle, étouffe les battements de ton cœur... tu n'es pas une fille de son rang.

Mme PRIEUR.

Nous en reparlerons, de l'intendant Cornillard...

PAULINE, troublée.

Oui, oui, certainement... quand vous voudrez.. tant que vous voudrez...

SCÈNE X

OLIVIA, — PAULINE, — Mme PRIEUR.

OLIVIA.

Encore des lettres pour mademoiselle Pauline d'Hostal...

PAULINE, après avoir lu.

Madame Ausmon suspend les leçons... sa femme de chambre me remettra ce qui m'est dû...

OLIVIA.

Alors le bracelet ne vient pas de madame Ausmon.

Mme PRIEUR.

Pourquoi non ? — pour prendre congé...

OLIVIA.

Et la femme de chambre.

Mme PRIEUR.

Un détail...

PAULINE.

Ces détails-là font nos douleurs... (Ouvrant une autre lettre.) Invitation pour une soirée, lundi, chez la baronne... C'est très-gracieux à madame de Kerradec d'avoir pensé à moi.

Mme PRIEUR, prenant la lettre.

Tiens !... l'écriture de son fils... il a mis jusqu'à l'adresse.

PAULINE.

Sous la dictée de sa mère.

Mme PRIEUR.

Ce n'en est pas moins une attention. (A part.) Et ces attentions répétées ne laissent pas de donner prise à la médisance...

OLIVIA.

Tu acceptes ?...

PAULINE, regardant Mme Prieur.

Je ne dois pas repousser ces occasions de me produire, si je veux qu'on me recherche... c'est l'avis de madame Prieur.

Mme PRIEUR.

Oui, mais vous êtes connue chez la baronne, nous pouvons n'y point aller, si vous le désirez... A part deux amies de pension, comme moi, on n'y voit que des gens à blason, ces gens-là sont d'une hauteur !... Ne vous y laissez pas prendre, chère petite, il y a un piége sous ce billet.. on vous priera de chanter.

OLIVIA.

Pauline chantera...

PAULINE.

Je ne crois pas...

Mme PRIEUR.

Moi, j'en suis sûre... on trouve votre voix charmante, depuis certain duo de Mozart essayé avec le baron.

PAULINE.

Il le chante avec un goût parfait... J'ai été d'une faiblesse très-fâcheuse pour mon amour-propre... c'est que j'avais grand'peur.

Mme PRIEUR.

Ce qui vous arrivera encore... la galerie, chez madame de Kerradec, n'est pas indulgente. (A part.) Et je n'y trouve personne avec qui causer.

OLIVIA.

Ne l'effrayez donc pas ainsi à plaisir...

PAULINE.

Laissez-moi penser qu'on m'invite un peu pour moi-même.

Mme PRIEUR.

Ne prenez pas dépit de ma franchise.

SCÈNE XI.

OLIVIA.

Votre franchise a tout l'air d'un parti pris contre le salon de la baronne.

Mme PRIEUR.

Sans doute, on s'intéresse à vous ; mais, je vous l'ai dit, vous n'en serez pas moins l'incident agréable de la soirée. Madame de Kerradec se fera honneur de vous avoir découverte... elle a de ces fantaisies-là.

OLIVIA.

Qu'importe, si la fantaisie de madame de Kerradec peut servir les intérêts de Pauline... Il faut aller à cette soirée... tu iras...

Mme PRIEUR, se résignant.

Nous irons. (A part.) Je m'y ennuierai, voilà tout. (Haut.) Et quelle toilette ?

PAULINE.

Celle obligée pour le bal du capitaine Balmer.

OLIVIA.

Robe de crêpe... grenades dans les cheveux... tu seras belle, oh ! bien belle.

Mme PRIEUR.

Allons, c'est convenu. A demain, chez Paul-Henry. — Un dernier mot : je vais de ce pas voir une dame russe, toujours pour vous... on n'y paiera pas vos leçons moins de dix francs... c'est une affaire à peine ébauchée, j'espère pourtant réussir... Je vous apporterai la réponse tantôt... si j'en ai une... à tantôt, donc.

PAULINE.

Merci !

OLIVIA, reconduisant Mme Prieur, qu'elle accompagne.

Ce doit être bien beau une soirée chez madame de Kéradec... vous me raconterez le succès de Pauline... par elle je n'en saurais rien. (Elles sortent.)

SCÈNE XI

PAULINE, seule.

Où sont mes résolutions, mes économies de ce matin ? Madame Prieur ne les approuvait pas, il a bien fallu y renoncer... Récapitulons : quelques leçons pour le moment, nombre de promesses pour l'avenir, un concert, un bal chez madame Prieur, un autre chez le capitaine Balmer, une soirée chez la baronne, beaucoup de fatigue à supporter... beaucoup d'argent à dépenser, et peu de plaisir... Pour ce qui est du bonheur, viendra-t-il jamais ? Ah ! tout n'est pas contentement dans l'indépendance que j'ai rêvée. En certains jours, je me prends à envier les filles ignorantes et pauvres, qui arrivent, par le chemin de tous, aux simples devoirs d'un ménage obscur. — Encore, si mon cœur voulait bien dormir, et laisser en paix sa très-humble esclave... Le baron a écrit lui-même cette invitation !... comme toutes les autres, pour sa mère, sans doute ; car à quel titre se serait-il souvenu de moi ?... Je ne suis point une fille de son rang. (Rencontrant le bracelet sur le table.) Et ce bracelet ! qui donc m'a envoyé ce bracelet ? Le baron se nomme aussi Réné ! (Elle semble rêver en regardant le bracelet.)

SCÈNE XII

PAULINE, — JAMES.

JAMES, à part, en entrant.

Se dire tous les jours, depuis six mois... je parlerai, et se taire devant la crainte d'une douleur plus poignante que le doute... Allons, voyons si j'oserai en finir... (Haut.) Votre envoi est à la poste, Pauline.

PAULINE, surprise, elle replace vivement le bracelet dans le coffre.

Merci, James... — Quand pourrai-je, à mon tour, vous rendre quelque service ?

JAMES, vivement.

A l'instant, si vous le voulez bien.

PAULINE.

Parlez vite, alors.

JAMES, bas.

Eh ! c'est là le difficile. (Haut.) Je suis en guerre ouverte avec mon plus intime, sinon mon meilleur ami.

PAULINE.

Votre plus intime ami doit avoir tort. Que puis-je à cela ?

SCÈNE XII.

JAMES.

Me donner un conseil.

PAULINE.

Il s'agit ?...

JAMES.

D'un mariage... en projet.

PAULINE, curieusement.

Le vôtre ?

JAMES.

Le mien, le sien, le sien le mien, c'est presque la même chose... vous devez comprendre...

PAULINE.

Pas encore, mais j'écoute.

JAMES.

Le pauvre diable m'entretient du matin au soir, plus souvent du soir au matin, de ses craintes, de ses espérances, de ses hésitations. — Il aime, et très-sérieusement, une fille charmante.

PAULINE.

Jusque-là, je ne le vois pas fort à plaindre. — Pourvu qu'il soit aimé ou parvienne à se faire aimer...

JAMES.

C'est un garçon dans mon genre. Point du tout dépourvu de bonnes qualités, d'instincts honnêtes et même relevés ; mais peu instruit, peu riche, peu brillant d'allures ; tandis que la demoiselle...

PAULINE.

A une grosse dot.

JAMES.

Oh ! la difficulté est plus infranchissable. — La demoiselle a reçu une éducation de princesse... elle a des talents, des goûts, des occupations, des amitiés qui les séparent.

PAULINE, avec intérêt.

Il souffrira beaucoup.

JAMES.

C'est déjà fait, il souffre...

PAULINE.

Elle ne répondra probablement jamais à cet amour.

JAMES.

Insensé, n'est-ce pas ?

PAULINE.

Malheureux, au moins. — Elle ne s'en avisera même pas.

JAMES.

C'est ce que je répète tous les jours à mon vieil ami.. Rien n'y fait, ni raisonnements, ni remontrances, ni conseils... — Il essaie, en désespéré, de me persuader que son dévouement, sa franchise, sa loyauté, son courage au travail, son habileté d'ouvrier, la dignité de sa vie, pourraient bien, enfin, lui donner gain de cause. — Pour en finir avec nos querelles, il veut risquer une demande en mariage...

PAULINE.

Il a peut-être raison...

JAMES.

La forme nous arrête... nous avons griffonné vingt lettres ensemble... — Je les ai déchirées toutes. Je veux qu'il parle, les gens comme nous se tirent encore mieux d'affaire aux discours qu'aux épîtres... Ne serait-ce pas aussi votre opinion, cousine ?

PAULINE, souriant avec sympathie.

Dame ! en fait de demande en mariage, j'ai peu d'expérience. — Puisque vous servez de conseil, c'est le cas d'en donner un bien précis... S'il s'agissait réellement de vous, vous auriez un plan ?

JAMES.

Oh ! moi, je suis brave. — J'aborderais le péril en face...

PAULINE, presque avec abandon.

Vous feriez bien, ce me semble. Qui sait, d'ailleurs, si le péril est aussi grand que paraît le croire votre ami ?

JAMES.

Sans préambule... simplement... brusquement même, pour tâcher de paraître plus sincère, je dirais : Ma chère Pauline... (Mouvement de Pauline.) Laissez-moi supposer qu'elle se nomme Pauline... Donc, ma chère Pauline, — je suis malhabile aux compliments, — vous êtes, à mes yeux, parfaite... adorable entre toutes... On m'accorde quelques bonnes qualités... mon cœur s'est imaginé que nous serions heureux unis l'un à l'autre, voulez-vous de moi pour mari ? Je ne vous offre, hélas ! ni le rang, ni la fortune dont vous êtes cent fois digne ; mais, dans l'ombre où vous auriez daigné descendre près de moi, vous trouverez le respect de tous, l'affection dévouée et les saintes joies de la famille...

PAULINE, émue et lui tendant la main.

James, ce serait très-bien dit cela, oui, très-bien dit, mon ami...

JAMES, continuant.

Sous ma rude écorce, j'ai eu assez d'esprit pour vous admirer. Certainement, j'aurai assez de cœur pour m'élever aux choses que vous aimez et les comprendre un jour.—Prenez votre temps pour en juger. Je ne veux pas que vous me répondiez aujourd'hui... Restons, l'un vis-à-vis de l'autre, comme s'il n'avait été question de rien entre nous. — Dans quelques jours... quand vous croirez l'émotion disparue... quand il vous semblera que la lumière s'est faite en vous, nous reprendrons l'entretien.— Jusqu'à ce qu'il vous plaise, je vous jure d'être assez discret pour n'y revenir jamais... Et...

PAULINE, très-émue.

Et...

JAMES.

Et sur ce... je chercherais mon chapeau, pour m'enfuir au plus vite. (Sur la porte.) A tantôt, ma cousine ! (Il sort en courant.)

SCÈNE XIII

PAULINE, — OLIVIA.

PAULINE.

James ! James !... que signifie donc ?... Il s'agissait de lui... de moi !... de moi ! Oh ! le noble cœur, et digne d'être aimé.

OLIVIA.

Comment me trouves-tu coiffée ?

PAULINE, distraite.

Très-bien.

OLIVIA.

James vient de m'en répondre autant, avec l'air non moins affairé... sans m'avoir plus regardée... Examine attentivement, ces boucles me vieillissent-elles ?

PAULINE.
Tu as douze ans.
OLIVIA.
Bien ! encore comme James... vous vous êtes donc entendus... pour vous moquer de moi... — C'est à désespérer... Je ne peux pourtant pas porter perruque... (On sonne.) C'est chez toi... je sais qui... je vais ouvrir... (Elle ouvre, Rodian entre. — Bas.) Voilà mon secret... une excellence... qui a une sœur. (Rodian, très-grave, semble attendre qu'Olivia se retire ; il la salue, elle répond, comprend et sort par la droite.)

SCÈNE XIV.
PAULINE, — RODIAN.
RODIAN.
Avant d'en venir au but de ma visite, mademoiselle, je vous dois des excuses pour cette façon insolite de me présenter chez vous... j'ai eu le bonheur de vous entendre au château de Kerradec.
PAULINE.
A mon tour, monsieur, je vous demande pardon de ne pas vous reconnaître...
RODIAN.
Ce qui est fort naturel, mademoiselle, les artistes ne sauraient être tenus de distinguer tous ceux qui les admirent... Vous auriez eu trop à faire ce soir-là.
PAULINE.
De grâce, monsieur.
RODIAN.
Je m'arrête ; les éloges deviennent des banalités auprès des femmes telles que vous. — Si, d'ailleurs, je vous admire, je vous plains peut-être encore plus. Je connais vos efforts... je sais par cœur vos déceptions. — C'est l'histoire un peu monotone et fatale de toutes celles qui, comme vous, travaillent fastidieusement et presque sans profit... La réputation, à laquelle vous avez droit de prétendre, sera lente à venir... si elle vient...
PAULINE.
Me suis-je donc plainte à qui que ce soit ? A vous surtout, monsieur, que je ne connais pas ?— Je vis de mes le-

SCÈNE XIV.

çons, cela me suffit. — La carrière que j'ai choisie, si elle n'est pas à l'abri de certains ennuis, de certains dégoûts, est au moins fort honorable, et les travaux qu'elle nous impose doivent encore la relever aux yeux des honnêtes gens. — Je ne me crois, monsieur, ni méconnue, ni malheureuse.

RODIAN, à part.

Ah! de la dignité... très-bien. (Haut.) Permettez-moi de penser qu'il y a dans votre affirmation un effort suprême de modestie et de résignation. — Laissez-moi vous dire, dans l'intérêt de votre avenir, que ces vertus-là peuvent devenir une faute... Cent fois vous avez dû rêver le bruit, l'éclat autour de votre nom, et le légitime hommage rendu, par la voix publique, à votre talent. — Vous avez entrevu mille moyens de rompre avec l'obscurité, mais vous n'avez jamais osé... C'est, qu'en effet, les impossibilités qui se dressent devant vous sont telles, que la lutte s'annonce dangereuse... longue surtout, et probablement inutile...

PAULINE.

Je vous remercie, monsieur, de la très-haute opinion que vous avez prise de mes mérites... Quant à la résignation que vous me supposez très-gratuitement, gardez votre pitié... Je regrette la peine que vous avez prise de m'en apporter l'expression.

RODIAN, à part.

Quoi! je serais repoussé à la première attaque. (Haut.) En ce moment, mademoiselle, je ne puis être pour vous qu'un indiscret, et j'estime tout ce qu'elle vaut la fierté de votre réponse ; mais daignez m'accorder encore quelques instants..

PAULINE.

Soit, monsieur, quoique je ne comprenne ni l'utilité ni le but de vos discours.

RODIAN.

Quelques salons vous sont ouverts... Dans les uns, les maîtres, par économie, usent et abusent de votre complaisance au profit de leurs invités, qui ne le méritent guère. — Dans les autres, on se soucie peu de vous servir de réclame. Volontiers par un mensonge charitable on y ferait de vous une jeune personne du monde, artiste par goût et par occasion...

PAULINE.

Qu'importe, monsieur.

RODIAN.

Toutes les caresses, toutes les cajoleries dont on vous comble, ne vont à rien autre chose qu'à vous prendre votre temps, au meilleur marché possible.

PAULINE.

Je ne crois pas, monsieur....

RODIAN.

En quelque saison que ce soit, en quelque état d'humeur et de santé que vous soyez, il vous faut aller où vous attend une fillette maussade que vient de gronder sa maman.

PAULINE.

Vous chargez le tableau.

RODIAN.

Dans dix ans, dans quinze ans, à force de courage, de patience, d'entêtement, vous prendrez le haut de la situation... Connue... à la mode enfin, — je veux le supposer, — on viendra vers vous, et vous gagnerez peut-être quelque argent.. Mais pour arriver à ce que les écrivains moraux ont nommé si plaisamment une honnête aisance, vous aurez compromis votre santé, perdu votre beauté, éteint les aspirations de votre jeunesse... Vous aurez contenu, étouffé les ardeurs, les penchants, les désirs, les rêves qui auraient fait la joie de l'homme aimé de vous...

PAULINE.

Mais, monsieur...

RODIAN.

Puisque cela se peut encore, arrêtez-vous au seuil de cette vie misérable, prenez la résolution d'en appeler directement au vrai public... à celui qui ne demande d'un artiste ni le rang ni la vie, à qui le nom suffit...

PAULINE.

Et le moyen ?

RODIAN.

Plusieurs personnes qui s'intéressent à votre fortune

voudraient vous voir donner un concert. — Je dis donner, mademoiselle, car il est bien convenu que tous les concerts se donnent... — Après le premier, il en faudrait annoncer un second, préparer un troisième et davantage si la réputation tardait à vous venir. — Beaucoup de médiocrités honorables sont arrivées ainsi... Nul doute que, pour vous, les succès ne soient rapides.

PAULINE.

Mais, monsieur, quand je partagerais ce désir de... quelques personnes, qui s'intéressent à moi, — les impossibilités dont vous m'avez parlé au début de cet entretien cesseraient-elles donc d'exister ?

RODIAN.

On s'offre à les écarter... ne vous souciez que de votre beauté et de votre art... Le soin du reste incombe à d'autres.

PAULINE.

Qui donc, monsieur, vous a chargé de ces propositions ?...

RODIAN.

Je n'ai pas mission de vous l'apprendre, avant que vous n'ayez accepté.

PAULINE à part.

Le baron peut-être... Oh! non, non. — Il y mettrait moins de détours... Il aurait confié ce soin à sa mère... (Haut.) Avez-vous pu supposer un instant, monsieur, que je m'exposerais à une protection anonyme.

RODIAN.

Il y a toujours, en pareil cas, une certaine délicatesse à garder l'anonyme. (A part.) Je commence à croire qu'elle cédera.

PAULINE.

Je dois cependant, monsieur, exiger de vous une explication plus franche... Ma susceptibilité ne saurait devenir une offense... Votre réserve semble en cacher une.

RODIAN.

J'aurais donc mieux fait de me nommer tout d'abord... (Saluant.) Siméon Rodian, mademoiselle, maître d'une fortune s'élevant à huit cent mille francs de revenu environ, par le fait de son père, jadis entrepreneur de travaux publics. — Pardonnez-moi de maladroits détours, pour ne vous souvenir que de mes offres...

PAULINE.

Je veux essayer de croire à leur loyauté, tout en les refusant, monsieur...

RODIAN.

Vous vous hâtez trop peut-être...

PAULINE.

N'insistez donc pas, monsieur. — Bien au-dessus des gloires de l'artiste, je place le nom de mon père.

RODIAN.

Je n'en ai jamais douté, mademoiselle, mais vous voyez mal la situation... Remarquez qu'en échange de l'appui qu'on vous offre, on ne vous demande rien, absolument rien, pas même de la reconnaissance... Et encore moins de l'amour...— Ces sentiments ne relèvent que du temps... Vous avez peur des suppositions du monde... Eh! laissez-le supposer, puisque cela l'amuse... Son opinion sur vous n'est d'aucune importance, puisque vous n'aurez rien à attendre de lui... Je me charge d'ailleurs d'apprendre aux curieux par quelles circonstances je suis entré dans votre vie... Comme ami des arts et de leurs interprètes, j'ai aidé vos débuts... Je suis riche... Quoi de plus légitime?... Nous vous placerons, au besoin, sous la tutèle de quelque dame d'assez bonne renommée pour écarter les mauvaises pensées. — Que ces mesquines inquiétudes ne vous arrêtent donc point... Et pour vous mettre en paix avec vous-même, dites-vous bien qu'il n'est guère de jeunes filles, dans votre position, à l'abri des calomnies...

PAULINE.

Suis-je donc déjà pâture à la médisance?

RODIAN.

Eh! eh! les attentions du baron de Kerradec...

PAULINE.

Elles sont restées celles d'un galant homme, monsieur. Elles n'autorisent personne à essayer avec moi des tentations.. (Montrant le bracelet.) Vous savez qui m'a envoyé ce bijou... Ne niez pas... Si j'étais du monde auquel vous semblez tout d'abord appartenir, je sonnerais un valet qui vous jetterait à la porte... Pauvre et seule, mais chez moi, je vous ordonne de sortir... Ne sentez-vous pas que vous m'insultez...

RODIAN, à part.

Décidément, j'ai fait fausse route, tâchons au moins de sauver la retraite. (Haut.) Je vous obéis, mademoiselle, mais souffrez que j'ajoute quelques mots... Ce sera, sinon l'excuse, au moins l'explication de ma conduite : — Je vous ai rencontrée jeune, belle, spirituelle, presque savante, mais pauvre et sans nom, dans un monde riche et titré. — On y admirait votre talent, il m'a paru que vous attachiez grand prix aux louanges et que les enivrements de ce milieu auraient, pour vous, grand charme... J'en ai conclu que fatalement un homme heureux saisirait, tôt ou tard, l'occasion de seconder vos secrets désirs et que cet homme mériterait, par là, une part des tendresses que vous avez imprudemment résolu d'étouffer en vous, si vous les sentiez s'y éveiller jamais. — J'ai voulu, tout simplement, essayer de me trouver sous le rayonnement de vos yeux, quand sonnera l'heure dont je vous entretiens...

Ce n'était de ma part ni fatuité ni insolence, ce n'était même pas une espérance qui vaille ce nom... Des hauteurs où m'a placé la fortune, j'ai vu passer, en vous, un hasard fait pour tenter de moins oisifs que moi... J'ai cru pouvoir, sans nuire, détourner ce hasard au profit de mon bonheur... Et voilà mon erreur... Pour longtemps ma visite vous laissera un pénible souvenir... Je ne cherche point à atténuer mes torts... La méprise est venue de ce que je n'ai pas tenté de causer un peu intimement avec vous, au château de Kerradec... La présence du baron...

PAULINE.

Ah ! monsieur...

RODIAN.

Pardon! je vous quitte... J'emporte, tout à la fois, la honte et le regret de n'oser vous offrir, en tout honneur, cette fois, un appui qui vous serait toujours suspect (A part.) Ah ! c'est dommage... (Fausse sortie.)

PAULINE, replaçant le bracelet dans la boîte et la présentant à Rodian.

Votre coffret, monsieur...

RODIAN.

Vous en ferez des aumônes, mademoiselle. (Il sort, Pauline enferme la boîte dans un meuble.)

SCÈNE XV

PAULINE, — OLIVIA.

OLIVIA.

C'est arrangé ?

PAULINE.

Quoi ! arrangé...

OLIVIA.

Cette leçon... La sœur du prince ?

PAULINE.

Qui t'a parlé de leçon... de prince ?

OLIVIA.

Ce monsieur... qui était là tout à l'heure... il est déjà venu ce matin... Je l'ai reçu... et à ses discours, j'aurais cru...

PAULINE

Tu te trompais...

OLIVIA, à part.

Non... je... ne... me... trompais pas... (Haut.) Si nous dessinions.

PAULINE.

Comme tu voudras...

OLIVIA.

Tu as l'air si préoccupé... Si triste... Oh ! mais si cela t'ennuie... ne dessinons pas...

PAULINE.

Oui, oui, dessinons... Je suis gaie, très-gaie... Seulement, je ne sais pas pourquoi... j'ai mal aux nerfs.

OLIVIA, à part.

Il est évident qu'à son tour elle a un secret. (Haut.) Je m'étais imaginé que ce monsieur venait pour une très-belle leçon, et, là-dessus, j'avais bâti un superbe roman...

SCÈNE XV.

car je suis très-occupée de ton avenir, ma chère Pauline. (A part.) Elle ne veut pas parler. (Haut.) Moi, vois-tu, je n'ai rien de caché pour toi, et à propos d'avenir j'ai un projet qu'il faut que tu saches... Je m'étais promis de ne t'en faire confidence que plus tard, mais pourquoi attendre... Tu n'en seras que plus à portée de me venir en aide...

PAULINE.

Voyons ce projet...

OLIVIA.

Je veux donner des leçons, comme toi.

PAULINE.

Enfant, qui ris de tout, même des choses les plus graves...

OLIVIA.

Mais point... Je n'ai garde d'en rire... Oui, des leçons de dessin... quand j'aurai assez reçu les tiennes.

PAULINE.

Ah! ma pauvre chérie... que Dieu te défende contre une pareille pensée... — Toi! abandonner les humbles et doux travaux auxquels t'a si sagement habituée ta mère. Toi! courir le cachet... dédaignée chez les uns, exploitée chez les autres. Ne venir dans l'estime des femmes qu'après la couturière... Livrer volontairement ta jeunesse à la convoitise des hommes qui te voient seule et libre, à l'âge où nous avons tant besoin de protection... Exposer ton cœur à quelqu'amour impossible. Non, non, mon enfant, repousse cette tentation... Si elle reparaît jamais... bien vite accours dans mes bras... Viens y chercher mes baisers... et... ma confession...

OLIVIA.

Comment peux-tu t'effrayer ainsi pour moi?... Quand toi-même...

PAULINE troublée.

Moi!... moi! je ne savais pas.

SCÈNE XVI.

OLIVIA, — Mme PRIEUR, — PAULINE, — puis JAMES.

Mme PRIEUR.

J'ai réussi! ma très-bonne, vous avez un pied dans

l'empire russe... C'est arrangé... pour l'an prochain.

JAMES.

Olivia, je viens te dire adieu. — Pauline, je viens prendre congé...

PAULINE.

Pour longtemps ?

JAMES.

Non pour quelques jours seulement... Ma mère fera quelques visites dimanche, elle m'a demandé mon bras.

Mme PRIEUR.

Et quelles nouvelles du bracelet ?

PAULINE.

Une erreur d'adresse, on est venu le réclamer tout à l'heure...

OLIVIA.

Quoi, ce monsieur !... c'était ?

PAULINE.

Un bijoutier...

OLIVIA.

Ah !... c'est bien singulier... Qui l'eût dit à ses discours...

Mme PRIEUR.

Je viens d'apprendre un grand mariage arrêté d'hier. — Le baron de Kerradec épouse sa cousine Sophie d'Equilly. — Elle est laide, elle est sotte, un peu moins riche que le baron...

PAULINE, troublée, faisant effort sur elle-même.

Mais elle est de son rang,..

OLIVIA à James.

Prends donc garde à mes dessins.

JAMES.

Grand Dieu ! quelle profanation. — J'ai failli effacer le dernier chef-d'œuvre de mademoiselle Olivia Lormel, profess...

OLIVIA.

Tu peux parler...

PAULINE.

J'ai reçu les confidences d'Olivia et aussi sa promesse d'abandonner ce projet. — Pour la confirmer dans d'aussi sages résolutions, je renonce moi-même...

SCÈNE XVI.

JAMES.

Il est possible? Il est vrai?

PAULINE, lui donnant la main.

Très-vrai, mon ami.

Mme PRIEUR.

Je ne veux pas comprendre... Quoi! briser ainsi une carrière comme celle qui vous attendait... Et si bien commencée.

PAULINE.

Vos soins n'y ont point fait défaut, madame, je vous suis très-reconnaissante, mais je sens que j'y réponds mal... Heureuses celles dont l'énergie se soutient, dont le talent se développe, si longue que soit l'épreuve. — Pour moi, d'aujourd'hui, je me sens vaincue... D'ailleurs, il est question de me marier... Si James le veut bien, nous reprendrons à ce sujet un entretien ébauché tantôt...

OLIVIA.

Ah! voilà donc le secret qui te tourmentait si fort... (A James). Tu connais le futur?

JAMES.

Un peu...

OLIVIA.

Le bijoutier?

JAMES.

Peut-être bien...

Mme PRIEUR.

Si vous vous mariez, ma belle, tout est pour le mieux... Espérons que votre mari nous laissera bien aller encore un peu dans le monde ensemble.

JAMES.

Pauline ne voudra peut-être pas vous imposer plus longtemps ce sacrifice, elle n'a déjà que trop usé de votre complaisance...

Mme PRIEUR.

Oh! la chère enfant, j'ai été trop heureuse de lui être bonne à quelque chose.

JAMES.

Que ceci ne dérange pas tes études, Olivia, travaille, travaille petite sœur... Tu as fait vœu de célibat.

OLIVIA.

Ah! si Pauline se marie... (James lui parle bas.) Toi! (Elle se jette à son cou.)

FIN DE LA PIÈCE ET DU PREMIER VOLUME.

TABLE

	pages.
Une âme en peine, comédie en 3 actes et en prose........	1
La grand'maman de Boismignon, comédie en 1 acte et en vers..	109
Le docteur Price, mélodrame en 5 actes et en vers........	159
A propos d'un gendre, comédie en 2 actes et en vers libres.	257
Les secrets d'Olivia, comédie en 1 acte et en prose.......	309

DU MÊME AUTEUR :

Pervenches, poésies, 1 volume.
Madame Louise, roman, 1 volume.
Le Bréviaire des Comédiens, 1 volume.

SOUS PRESSE :

Ours et Oursons, 2ᵉ volume.
Le Casseur de pierres, roman, 1 volume.

www.ingramcontent.com/pod-product-compliance
Lightning Source LLC
Chambersburg PA
CBHW050550170426
43201CB00011B/1634